高速公路旅客周转量

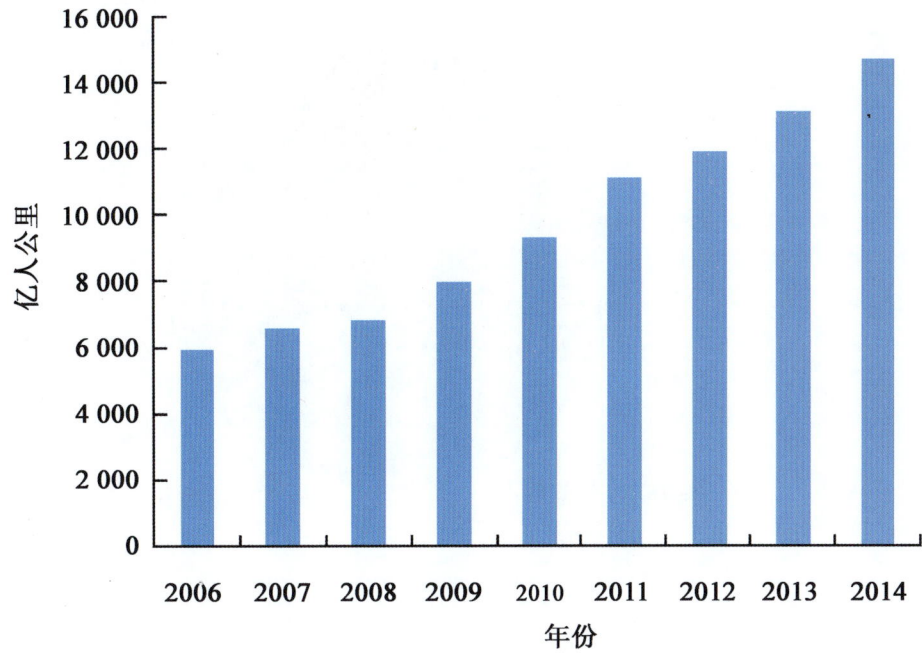

高速公路≥20座客车在全社会营业性客车旅客周转量中的比重

高速公路≥20座客车
旅客周转量占46.16%

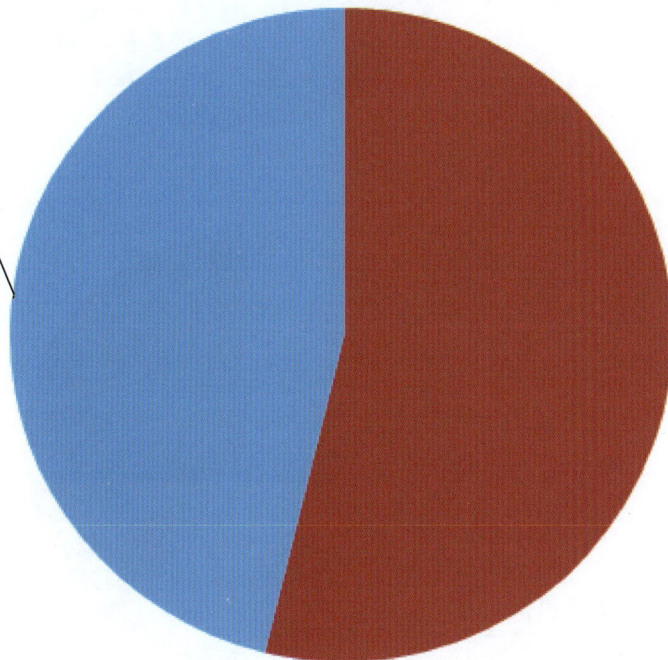

客车组成结构

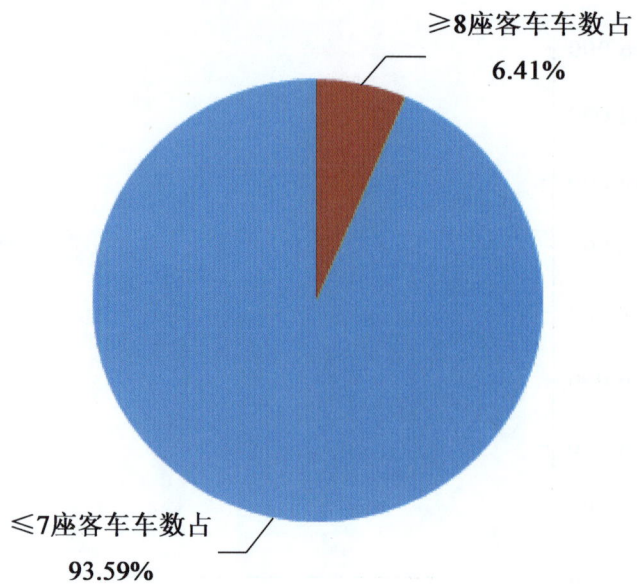

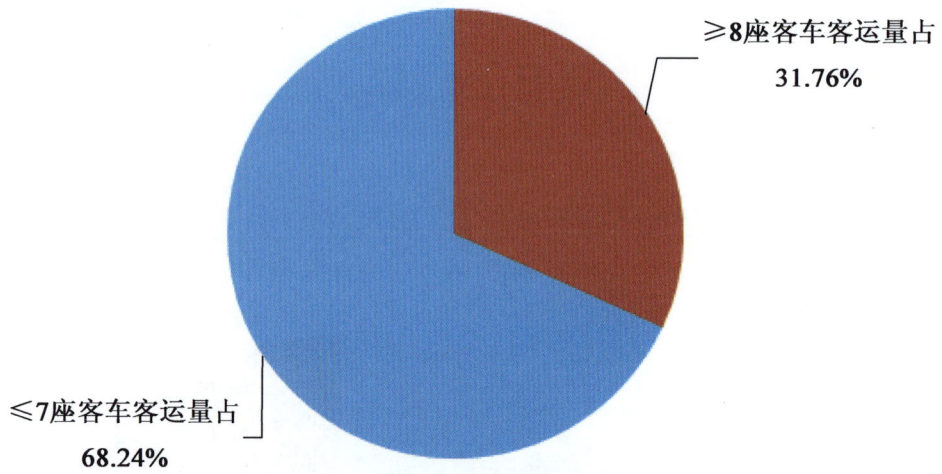

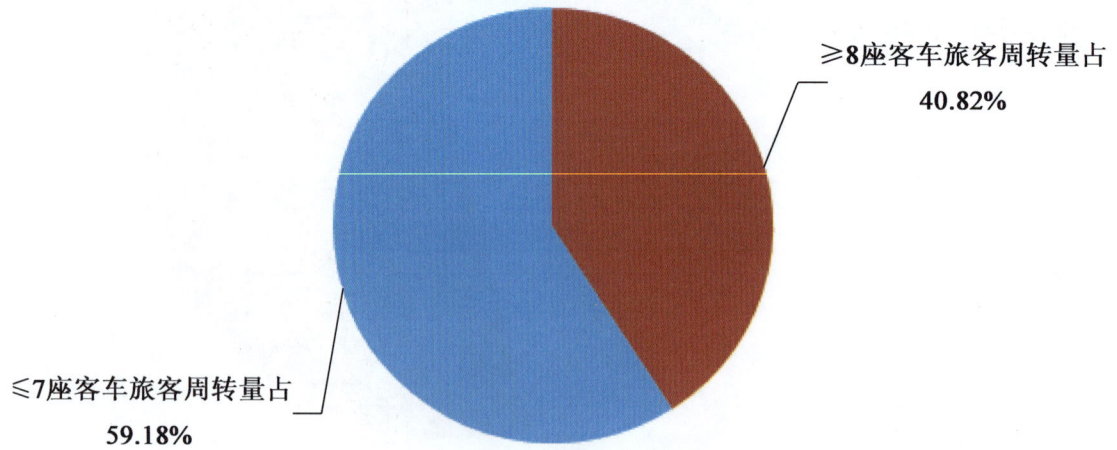

≥8座客车车数占
6.41%

≤7座客车车数占
93.59%

≥8座客车客运量占
31.76%

≤7座客车客运量占
68.24%

≥8座客车旅客周转量占
40.82%

≤7座客车旅客周转量占
59.18%

高速公路货物周转量

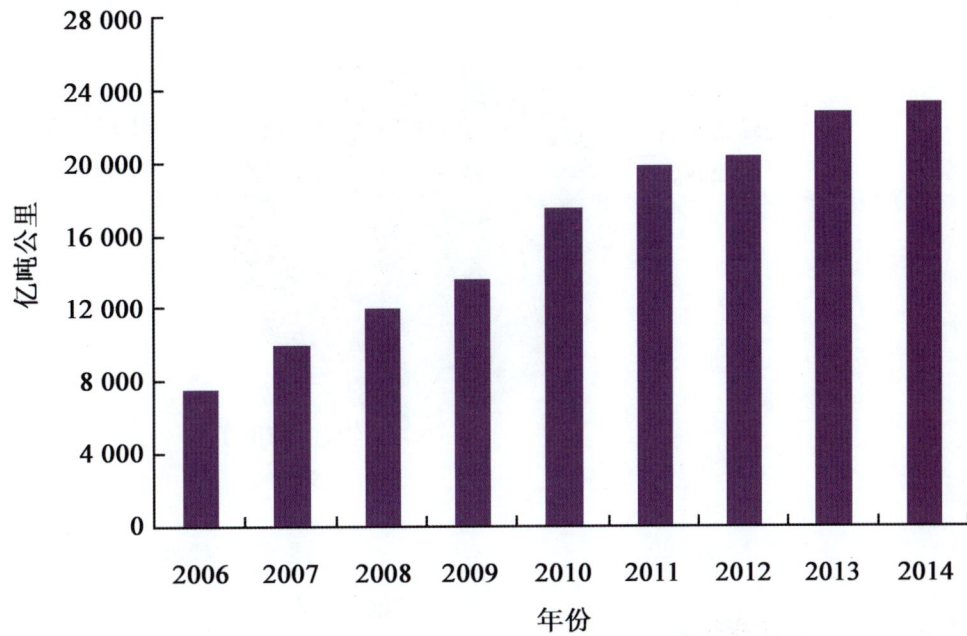

高速公路在全社会营业性货车货物周转量中的比重

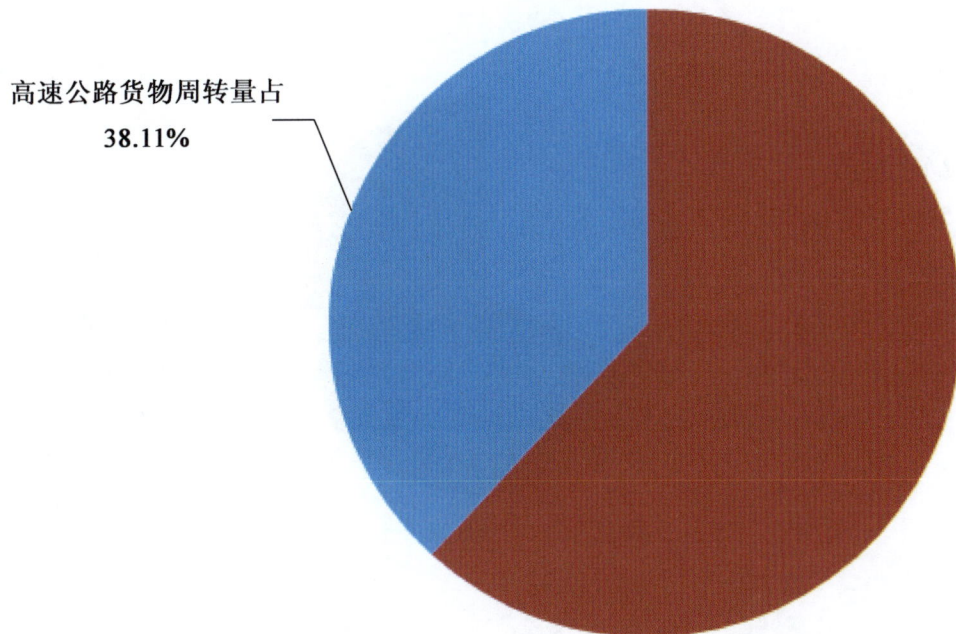

高速公路货物周转量占 38.11%

货车组成结构车数构成

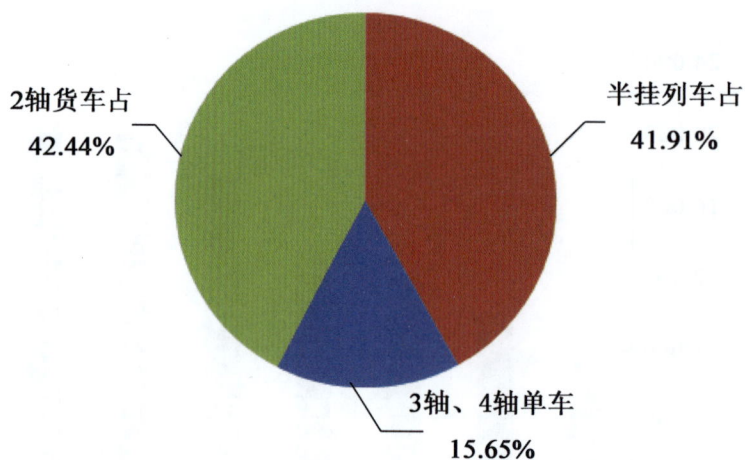

2轴货车占
42.44%

半挂列车占
41.91%

3轴、4轴单车
15.65%

行驶量构成

2轴货车占
30.87%

3轴、4轴单车占
15.11%

半挂列车占
54.02%

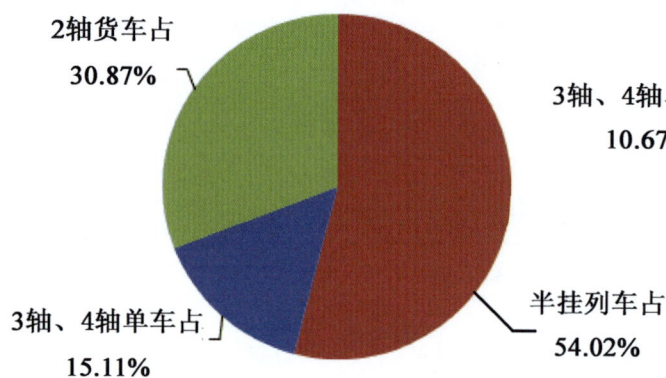

货物周转量构成

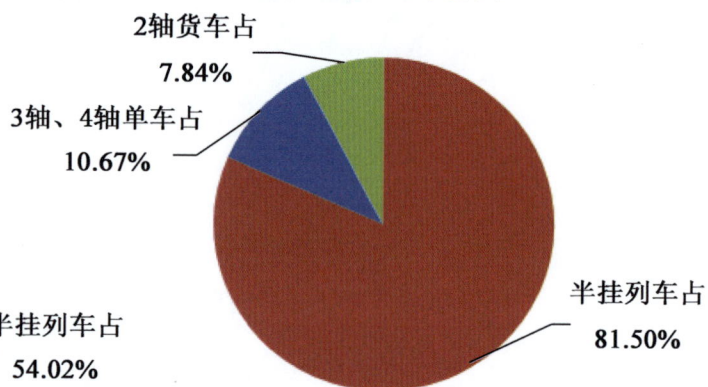

2轴货车占
7.84%

3轴、4轴单车占
10.67%

半挂列车占
81.50%

高速公路行驶量

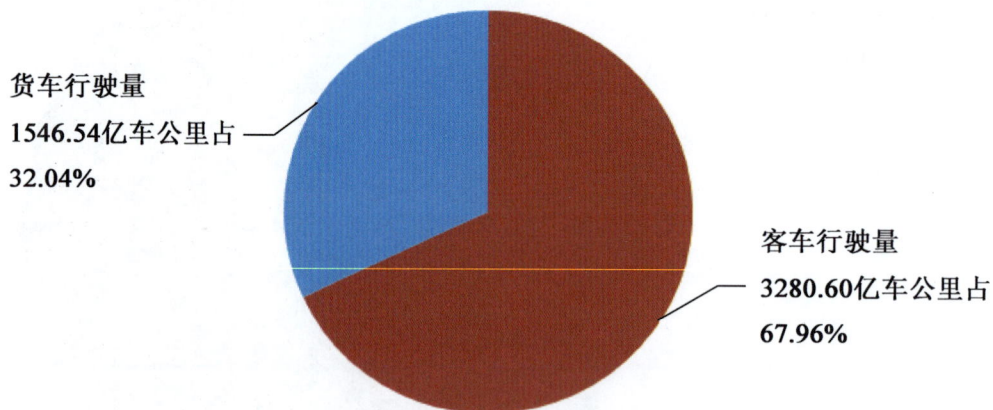

货车行驶量
1546.54亿车公里占
32.04%

客车行驶量
3280.60亿车公里占
67.96%

2014

中国高速公路
运输量统计调查分析报告

长安大学运输科学研究院　编

人民交通出版社股份有限公司
China Communications Press Co.,Ltd.

内 容 提 要

　　本报告发布了2014年中国高速公路运输量数据和ETC系统应用情况,定量分析了我国高速公路近年来运输结构的变化,还对经济结构调整期间高速公路和铁路运输量不同变化趋势进行了探讨。

　　本报告可以为高速公路的规划、设计以及相关科研工作提供重要的基础资料,为高速公路建设、管理、运营和养护提供决策依据。

图书在版编目(CIP)数据

2014中国高速公路运输量统计调查分析报告 / 长安
大学运输科学研究院编. — 北京 : 人民交通出版社股份
有限公司,2015.11
　　ISBN 978-7-114-12629-1

　　Ⅰ. ①2… Ⅱ. ①长… Ⅲ. ①高速公路—运输量—调
查报告—中国—2014 Ⅳ. ①U492.2

　　中国版本图书馆 CIP 数据核字(2015)第 274689 号

2014 Zhongguo Gaosu Gonglu Yunshuliang Tongji Diaocha Fenxi Baogao

书　　　名:**2014中国高速公路运输量统计调查分析报告**
著 作 者:长安大学运输科学研究院
责任编辑:赵瑞琴
出版发行:人民交通出版社股份有限公司
地　　　址:(100011)北京市朝阳区安定门外外馆斜街 3 号
网　　　址:http://www.ccpress.com.cn
销售电话:(010)59757973
总 经 销:人民交通出版社股份有限公司发行部
经　　　销:各地新华书店
印　　　刷:北京市密东印刷有限公司
开　　　本:880×1230　1/16
印　　　张:13.25
插　　　页:3
字　　　数:360 千
版　　　次:2015 年 11 月　第 1 版
印　　　次:2015 年 11 月　第 1 次印刷
书　　　号:ISBN 978-7-114-12629-1
定　　　价:68.00 元
(有印刷、装订质量问题的图书由本公司负责调换)

编　委　会

编　写　组

组　长　陈荫三

副组长　肖润谋

各省区市高速公路收费数据库数据采集组

陈荫三　肖润谋　杨　铭　王剑波　林文新　李　彬

张小刚　熊演峰　刘洪震　陈李军　闫晟煜　张　磊

任　满　杨　翔　代　倩　赵转转

收费站补充调查组

肖润谋　李　彬　闫晟煜　李腾飞　刘　旋　郑帅广

邓　群　曹文娟　王剑梅　张　磊　任　满　杨　翔

代　倩　赵转转

数据处理和运输分析组

陈荫三　李　彬　闫晟煜　张　磊　任　满　杨　翔

代　倩　赵转转

报告撰写组

陈荫三　李　彬

各省(区、市)统计组

李　彬　张　磊　任　满　杨　翔　代　倩　赵转转

文印组

李　彬　刘　博

— 1 —

编制工作参与单位

北京市交通委员会发展计划处

北京市首都公路发展集团有限公司

天津市市政公路管理局

天津市高速公路管理处

华北高速公路股份有限公司

天津高速公路集团有限公司

天津滨海新区高速公路投资发展有限公司

天津津滨高速管理有限公司

河北省交通运输厅综合规划处

河北省交通通信管理局

京沈高速公路联网收费联合结算中心

河北省高速公路管理局

山西省交通运输厅综合规划处

山西省高速公路管理局

内蒙古自治区交通运输厅规划处

内蒙古高等级公路建设开发有限责任公司

辽宁省交通厅综合规划处

辽宁省高速公路管理局

吉林省交通运输厅综合规划处

吉林省高速公路管理局

黑龙江省交通运输厅综合规划处

黑龙江省交通信息通信中心

哈尔滨太平国际机场收费站

黑龙江省交通科学研究所

上海市交通委员会

上海市路政局路网监测中心

江苏省交通运输厅综合计划处

江苏省高速公路联网营运管理中心

浙江省交通运输厅规划计划处

浙江省公路管理局高速公路收费结算中心

安徽省交通运输厅综合规划处

安徽省高速公路联网运营有限公司

安徽省交通运输联网管理中心

福建省交通运输厅综合规划处

福建省高速公路有限责任公司

江西省交通运输厅综合规划处

江西省高速公路联网管理中心

山东省交通运输厅综合规划处

山东省交通通信信息中心

河南省交通运输厅综合规划处

河南省高速公路联网监控收费通信服务有限公司

湖北省交通运输厅计划处

湖北省高速公路联网收费中心

湖南省交通运输厅计划统计处

湖南省高速公路监控中心

广东省交通运输厅综合规划处

广东省交通运输档案信息管理中心

广东联合电子收费股份有限公司

广东清连公路发展有限公司

广西壮族自治区交通运输厅综合规划处

广西壮族自治区高速公路管理局

海南省交通运输厅综合规划处

海南省公路管理局养护科

重庆市交通委员会综合规划处

重庆高速公路集团有限公司路网管理中心

四川省交通运输厅综合规划处

四川省交通运输厅高速公路监控结算中心

四川高速公路建设开发总公司

贵州省交通运输厅综合计划处

贵州省高速公路管理局

云南省交通运输厅综合规划处

云南省交通运输厅规费征收管理办公室

云南省交通运输厅高速公路联网管理中心

陕西省交通运输厅综合规划处

陕西省高速公路收费管理中心

甘肃省交通运输厅综合规划处

甘肃省高速公路管理局

宁夏回族自治区交通运输厅规划处

宁夏交通信息监控中心

青海省交通厅综合规划处

青海省高等级公路建设管理局

新疆维吾尔自治区交通运输厅综合规划处

新疆维吾尔自治区公路管理局

编制工作参与人员

佟　乐　毕志明　许勇强　李忠新　麻丽娅　许　乐　赵丽莉

吴玉清　张宏国　王一宁　步佳慧　安　宁　潘　敏　洪　斌

王凌霄　任　燕　费勤瑛　林　瑾　冯业宏　王胜华　唐先亮

张建勇　赵　博　范　雯　马先兵　李　强　陈显露　马根峰

陈伟明　赵益段　朱和林　刘锡珍　李莹英　陆　彬　何　定

赵　海　寇芳玲　郑　毅　孙元成　李文杰　李光倩　陈学华

刘　华　苏　菁　赵　琼

目录 *Mulu*

第1章 高速公路运输态势分析

2014 年年底,我国高速公路通车里程 111 936 公里(不含港澳特别行政区和台湾省,下同),同比增长 7.18%。

2014 年我国高速公路行驶量 4 827.14 亿车公里,同比增长 14.13%。实现货物周转量 23 253.32 亿吨公里,同比增长 2.35%。实现旅客周转量 14 695.15 亿人公里,同比增长 12.07%。

2014 年我国高速公路占公路总里程的 2.51%,实现的货物周转量占全社会营业性货车货物周转量的 38.11%,同比下降 2.65 个百分点。高速公路上≥20 座客车实现的旅客周转量占全社会营业性客车旅客周转量的 46.16%,同比降低 1.91 个百分点。

2014 年每万元国内生产总值(按现价计算)的高速公路货运量 1.806 6 吨,同比减少 0.118 0 吨。2014 年我国平均每人在高速公路上乘车次数为 12.232 2 次,同比增加 1.539 0 次。

1.1 高速公路交通状况

2014 年我国高速公路行驶量 4 827.14 亿车公里,其中货车行驶量 1 546.54 亿车公里,客车行驶量 3 280.60 亿车公里。

2014 年我国高速公路车道里程 49 5614 公里,日均车道交通量为 2 649 辆次,其中货车 849 辆次,客车 1 800 辆次。

逐年的行驶量增长状况以及日均车道交通量变化见表 1.1。乘用车数量持续增长,推动日均客车车道交通量逐年增加。各省(区、市)日均车道交通量分布不均匀,见图 1.1 和图 1.2。

高速公路交通状况 表 1.1

年份	2008	2009	2010	2011	2012	2013	2014
车道里程(公里)	265 784	287 152	328 642	375 866	424 588	461 284	495 614
行驶量(亿车公里)	2 005.37	2 310.27	2 808.29	3 240.26	3 633.75	4 229.61	4 827.14
日均车道交通量(辆次)	2 067	2 203	2 341	2 361	2 327	2 495	2 649
货车(辆次)	877	873	957	888	818	855	849
客车(辆次)	1 190	1 330	1 384	1 473	1 509	1 640	1 800

2014 年我国高速公路日均货车车道交通量 849 辆次。高于 849 辆次的有江苏(1 476 辆次)、浙江(1 475 辆次)、北京(1 440 辆次)、山东(1 362 辆次)、海南(1 356 辆次)、上海(1 307 辆次)、广东(1 198 辆次)、河北(1 036 辆次)、天津(985 辆次)、江西(898 辆次)、重庆(883 辆次)、陕西(874 辆次)、安徽(873 辆次)、四川(857)共计 14 个省市。

2014 年我国高速公路日均客车车道交通量 1 800 辆次。高于 1 800 辆次的有北京(4 525 辆次)、广东(3 946 辆次)、江苏(3 773 辆次)、上海(3 447 辆次)、浙江(3 041 辆次)、四川(2 594 辆次)、重庆(2 593 辆次)、山东(2 281 辆次)、海南(2 187 辆次)、安徽(1 854 辆次)共计 10 个省市。

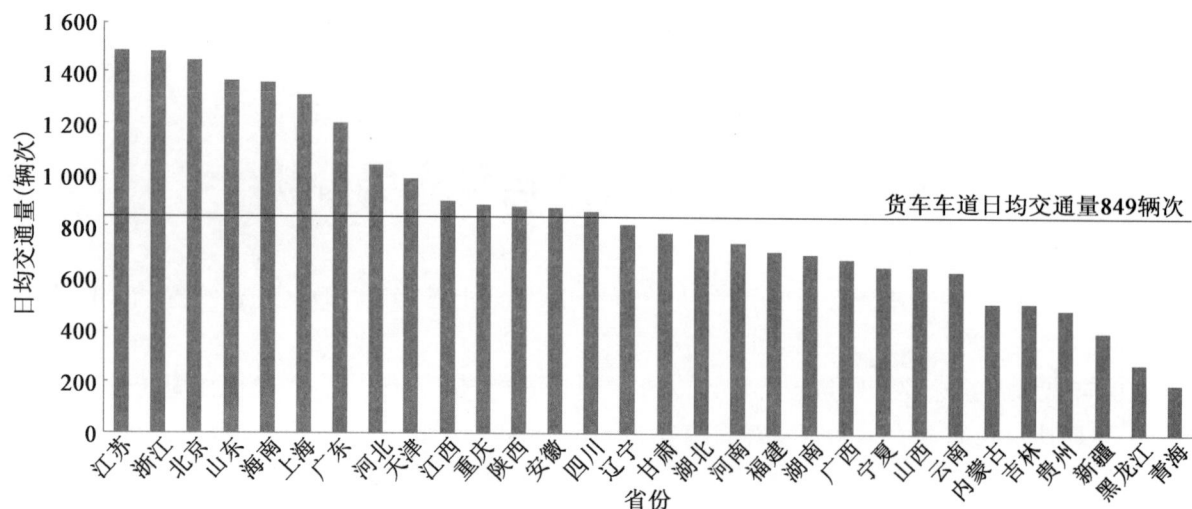

图 1.1　日均货车车道交通量分布

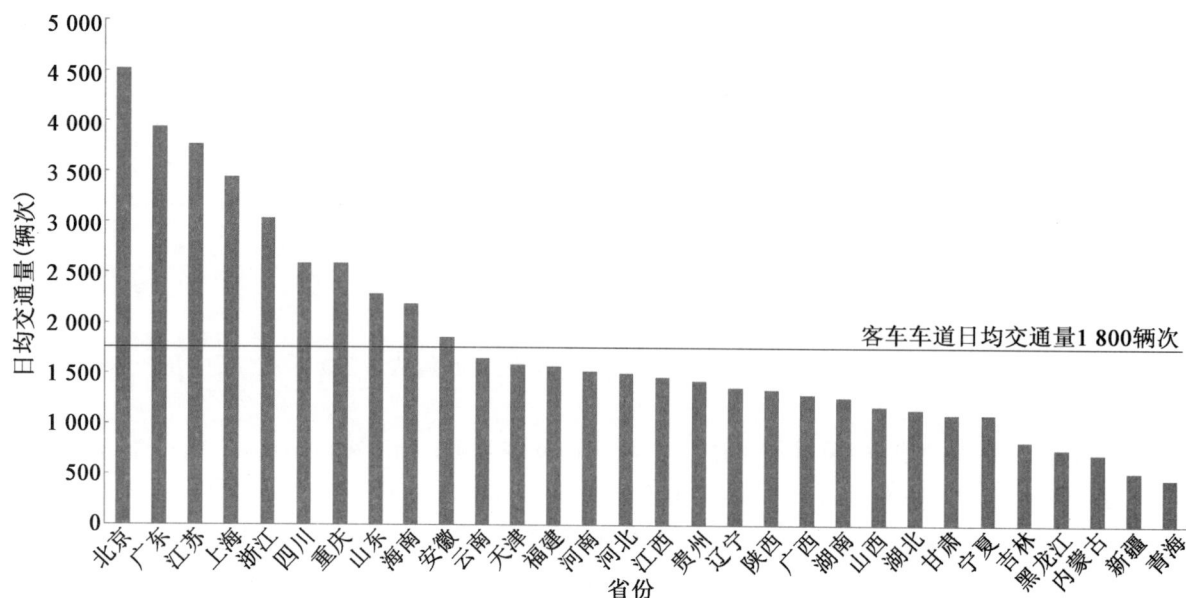

图 1.2　日均客车车道交通量分布

1.2　高速公路旅客运输状况

2014 年,高速公路旅客周转量达到 14 695.15 亿人公里,高于铁路的旅客周转量,相当于铁路旅客周转量的 126.63%。从 2009 年起高速公路旅客周转量高于铁路,见表 1.2 和图 1.3。

2006—2013 年旅客周转量趋势(以 2006 年为 100%)　　　　　　　　　　　　表 1.2

年份	2006 年		2007 年		2008 年		2009 年		2010 年	
	亿人公里	%	亿人公里	%	亿人公里	%	亿人公里	%	亿人公里	%
铁路	6 622	100.0	7 217	109.0	7 778	117.5	7 879	119.0	8 762	132.3
高速公路	5 901	100.0	6 591	111.7	6 850	116.1	7 978	135.2	9 293	157.5

年份	2011		2012		2013		2014			
	亿人公里	%	亿人公里	%	亿人公里	%	亿人公里	%		
铁路	9 612	145.2	9 812	148.2	10 596	160.0	11 605	175.2		
高速公路	11 087	187.9	11 916	201.9	13 112	222.2	14 695	249.0		

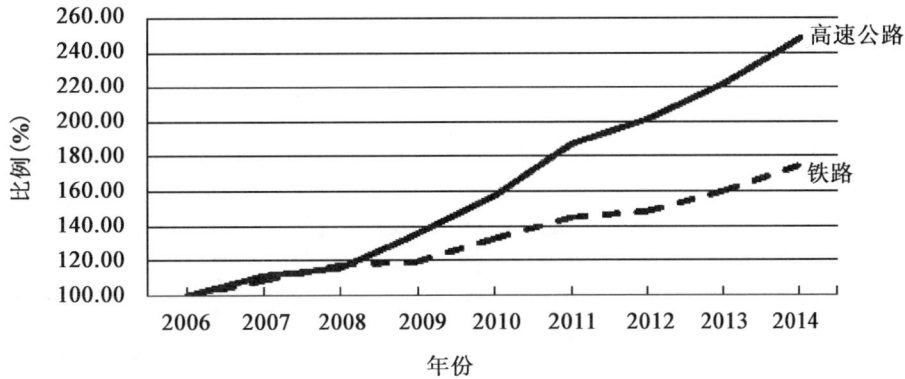

图 1.3　旅客周转量增长趋势(以 2006 年旅客周转量为基数)

1.2.1　乘用车旅客周转量快速增长

2014 年高速公路乘用车旅客周转量达到 8 696.24 亿人公里,同比增长 19.17%,占高速公路旅客周转量的比重为 59.18%,比 2013 年增加 3.53 个百分点。乘用车客运比重呈快速增长态势,见表 1.3 和图 1.4。

高速公路客运中≤7座客车客运比重　　　　　　　　　表 1.3

年份	2006	2007	2008	2009	2010	2011	2012	2013	2014
旅客周转量比重(%)	29.75	38.12	41.01	43.30	45.09	47.10	49.99	55.64	59.18
客运量比重(%)	41.07	46.54	48.54	53.94	56.56	60.09	63.64	66.55	68.24

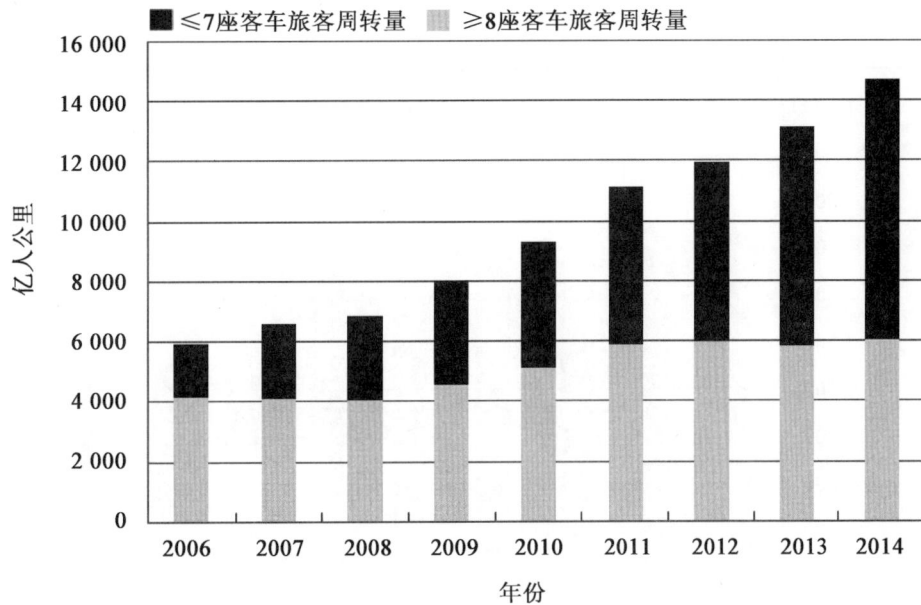

图 1.4　2006—2013 年高速公路旅客周转量

2014 年,高速公路上乘用车旅客运输密度(以下简称客运密度)为 776.89 万人公里/公里,比 2012 年增长 11.19%,见表 1.4 和图 1.5。

高速公路客运中≤7座客车客运密度　　　　　　　　　表 1.4

年份	2006	2007	2008	2009	2010	2011	2012	2013	2014
客运密度(万人公里/公里)	387.20	466.04	465.82	530.99	565.40	614.79	619.18	698.70	776.89

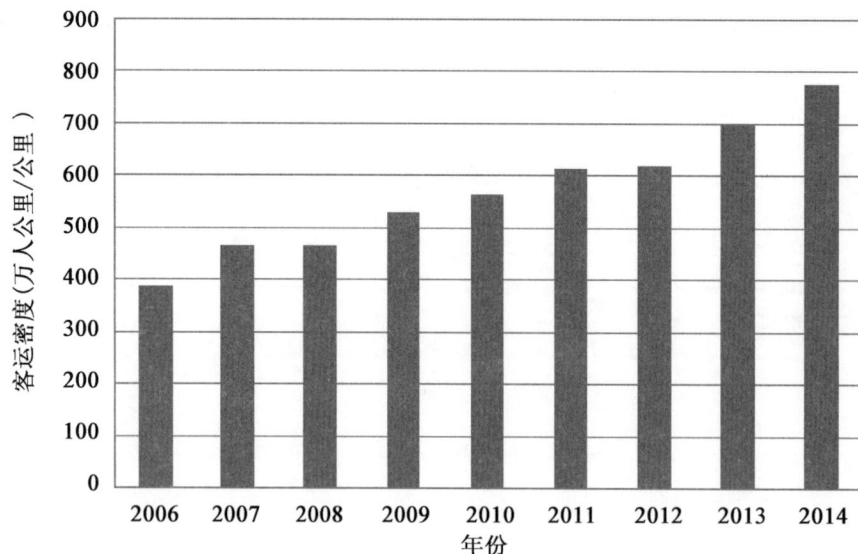

图1.5 2006—2013年高速公路≤7座客车客运密度

1.2.2 ≥20座客车旅客运输量有所回升

2014年高速公路上≥20座客车旅客周转量5 577.71亿人公里,同比上升3.13%。高速公路≥20座客车客运密度为498.29万人公里/公里,同比下降3.78%,降幅比2012年收窄,见表1.5和图1.6。

高速公路客运中≥20座客车客运密度   表1.5

年份	2006	2007	2008	2009	2010	2011	2012	2013	2014
客运密度（万人公里/公里）	914.32	756.51	670.05	695.32	688.47	651.16	576.32	517.87	498.29

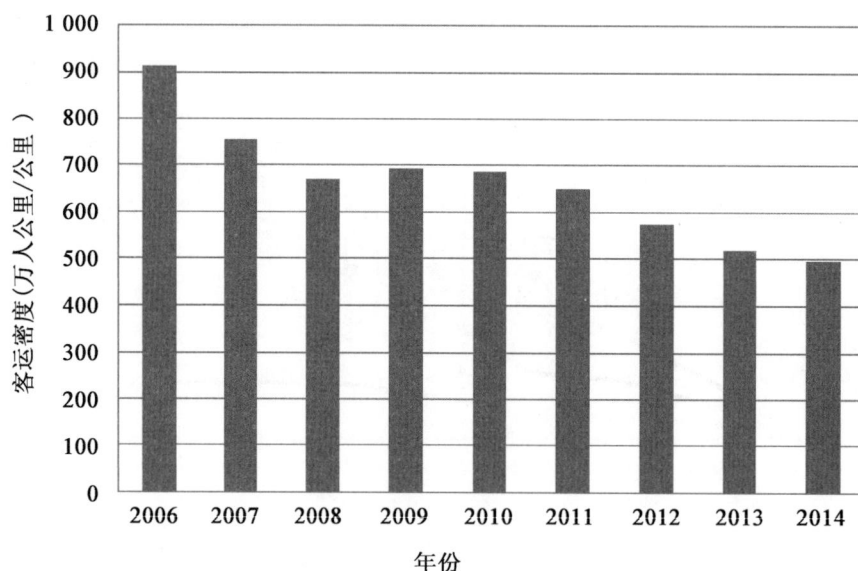

图1.6 2006—2013年高速公路≥20座客车客运密度

1.3 高速公路货物运输

1.3.1 货物运输发基本情况

2014年高速公路货物周转量达到23 253.32亿吨公里,同比增长2.35%。高速公路货物周转量增幅高于铁路(−5.63%)。受宏观经济形势影响,环渤海的京、津、冀、辽、鲁等省市高速公路货物周转量同比出现负增长,导致全国高速公路货物周转量增幅明显低于 2013 年的同比增幅。

2014 年度,我国高速公路货物周转量占全社会营业性货车货物周转量的 38.11%,比 2013 年度降低 2.65 个百分点。相当于铁路货物周转量的 84.46%,上升 6.59 个百分点;相当于内河和沿海水运货物周转量的 63.12%,降低 10.81 个百分点。

2006~2014 年货物周转量变化趋势如表 1.6 和图 1.7 所示。

2006—2014 年货物周转量趋势(以 2006 年为 100%)　　　　表 1.6

运输方式	2006 年		2007 年		2008 年		2009 年		2010 年	
	亿吨公里	%	亿吨公里	%	亿吨公里	%	亿吨公里	%	亿吨公里	%
铁路	21 954	100.0	24 214	110.3	25 106	114.4	25 239	115.0	27 644	125.9
内河和沿海水运	12 908	100.0	15 599	120.8	17 413	134.9	18 031	139.7	22 428	173.8
高速公路	7 458	100.0	9 970	133.7	11 981	160.6	13 517	181.2	17 452	234.0

运输方式	2011 年		2012 年		2013 年		2014 年	
	亿吨公里	%	亿吨公里	%	亿吨公里	%	亿吨公里	%
铁路	29 130	132.7	29 187	132.9	29 174	132.9	27 530	125.4
内河和沿海水运	26 068	202.0	28 295	219.2	30 730	238.1	36 839	285.4
高速公路	19 802	265.5	20 275	271.9	22 720	304.6	23 253	311.8

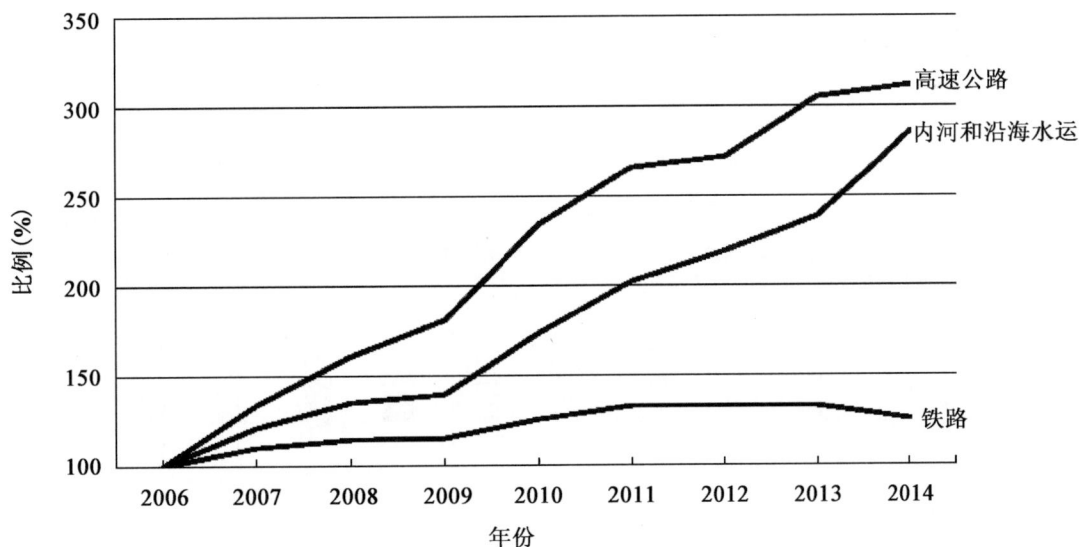

图 1.7　货物周转量增长趋势(以 2006 年货物周转量为基数)

2014 年货运密度为 2 077.38 万吨公里/公里,比 2013 年降低 4.51%,见表 1.7 和图 1.8。

高速公路货运密度　　　　表 1.7

年份	2006	2007	2008	2009	2010	2011	2012	2013	2014
货运密度(万吨公里/公里)	1 645.09	1 849.31	1 986.79	2 077.88	2 354.76	2 331.07	2 107.61	2 175.49	2 077.38

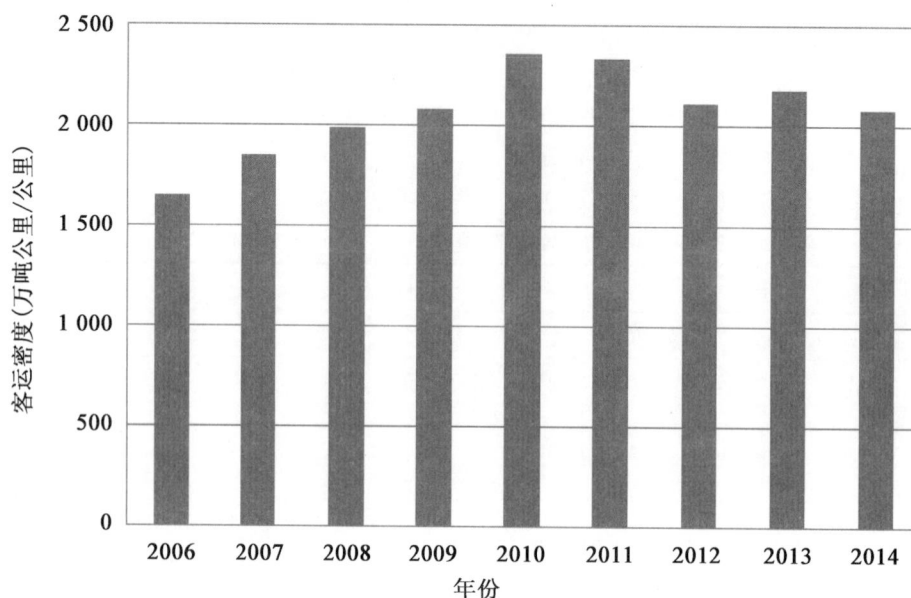

图 1.8　2006—2014 年高速公路货运密度

1.3.2　鲜活农产品的绿色通道运输

按照《中共中央国务院关于 2009 年促进农业稳定发展农民持续增收的若干意见》(中发〔2009〕1 号)、《关于进一步完善和落实鲜活农产品运输绿色通道政策的通知》(交公路发〔2009〕784 号)和《关于进一步完善鲜活农产品运输绿色通道政策的紧急通知》(交公路发〔2010〕715 号)等相关规定,高速公路全网开通鲜活农产品运输绿色通道,对运输新鲜蔬菜、新鲜水果、鲜活水产品、活畜禽以及新鲜肉、蛋、奶的整车免收通行费。要求混装的其他农产品不超过车辆核定载货量或车厢容积的 20%,超限超载幅度不超过 5%。

辽宁、黑龙江、江苏、浙江、安徽、福建、江西、山东、河南、湖南、广东、广西、重庆、四川、贵州、云南、陕西、甘肃、青海和宁夏等 20 个省区的 2014 年绿色通道运输货运量占高速公路货运量的 5.94%。各省区绿色通道运输的货运量在高速公路货运量中的占比见表 1.8。

部分省区绿色通道货运量在高速公路货运量中的占比(%)(2014 年)　表 1.8

省区	辽宁	黑龙江	江苏	浙江	安徽	福建	江西	山东	河南	湖南
占比	8.54	6.15	4.21	4.36	6.52	5.94	5.48	4.98	5.83	8.40
省区	广东	广西	重庆	四川	贵州	云南	陕西	甘肃	宁夏	青海
占比	5.27	10.12	4.75	7.02	8.80	10.03	5.05	9.87	3.23	3.31

对福州、南昌、济南、郑州 4 个省会城市的统计表明,2014 年在居民消费的人均鲜活农产品中,经高速公路运输的人均鲜活农产品数量为 61~133 公斤/年,见表 1.9。

2014 年部分省会城市经高速公路运输的人均消费鲜活农产品(公斤)　表 1.9

城市	福州	南昌	济南	郑州
消费量	133	107	119	61

1.3.3　货车省籍分布

2014 年对江苏、安徽、河南、福建、江西、湖北等 6 省的省内高速公路≥3 轴货车车籍进行了统计,见表 1.10。

六省省内运输的≥3轴货车省籍(辆次)　　　　　表 1.10

省别	江苏省籍	安徽省籍	河南省籍	省别	福建省籍	江西省籍	湖北省籍
江苏省内	17 188 442	3 972 829	2 198 961	江西省内	296 742	16 291 379	305 115
安徽省内	764 992	7 616 043	749 346	福建省内	38 100 473	1 764 108	469 859
河南省内	241 644	607 864	17 398 002	湖北省内	42 284	577 946	7 840 182

　　由表 1.10 可见,参与江苏省内运输的安徽籍货车数是在安徽省内运输的江苏籍货车数的 5.19 倍;参与江苏省内运输的河南籍货车数更是在河南省内运输的江苏籍货车数的 9.10 倍。

　　同样,参与福建省内运输的江西籍货车数是在江西省内运输的福建籍货车数的 1.89 倍;参与福建省内运输的湖北籍货车数是在湖北省内运输的福建省籍货车数的 11.11 倍。

1.4　高速公路运输量的月度波动

1.4.1　货运月度波动

　　2014 年货物发送量、货物周转量和货物平均运距的月度波动如表 1.11～表 1.13 和图 1.9～图 1.11 所示。

2014 年货物发送量月度波动(以月均货物发送量为 100.00%)　　　　表 1.11

货物发送量(%)	1 月	2 月	3 月	4 月	5 月	6 月
高速公路	76.65	51.47	103.66	104.70	111.35	103.52
铁路	108.32	90.71	102.57	95.63	101.03	97.91
货物发送量(%)	7 月	8 月	9 月	10 月	11 月	12 月
高速公路	107.87	109.90	107.33	111.62	106.99	104.95
铁路	98.84	102.89	99.57	103.80	99.94	98.79

2014 年货物周转量月度波动(以月均货物周转量为 100.00%)　　　　表 1.12

货物周转量(%)	1 月	2 月	3 月	4 月	5 月	6 月
高速公路	82.29	56.81	109.57	106.61	107.26	98.66
铁路	108.26	89.39	102.75	95.19	100.12	96.51
货物周转量(%)	7 月	8 月	9 月	10 月	11 月	12 月
高速公路	101.21	107.11	107.30	110.18	107.08	105.92
铁路	97.67	102.03	100.20	103.67	102.80	101.41

2014 年货物平均运距月度波动(以月均货物平均运距为 100.00%)　　　　表 1.13

货物平均运距(%)	1 月	2 月	3 月	4 月	5 月	6 月
高速公路	107.35	110.38	105.71	101.83	96.33	95.30
铁路	99.94	98.54	100.17	99.54	99.10	98.58
货物平均运距(%)	7 月	8 月	9 月	10 月	11 月	12 月
高速公路	93.83	97.46	99.96	98.71	100.08	100.93
铁路	98.82	99.17	100.64	99.87	102.86	102.65

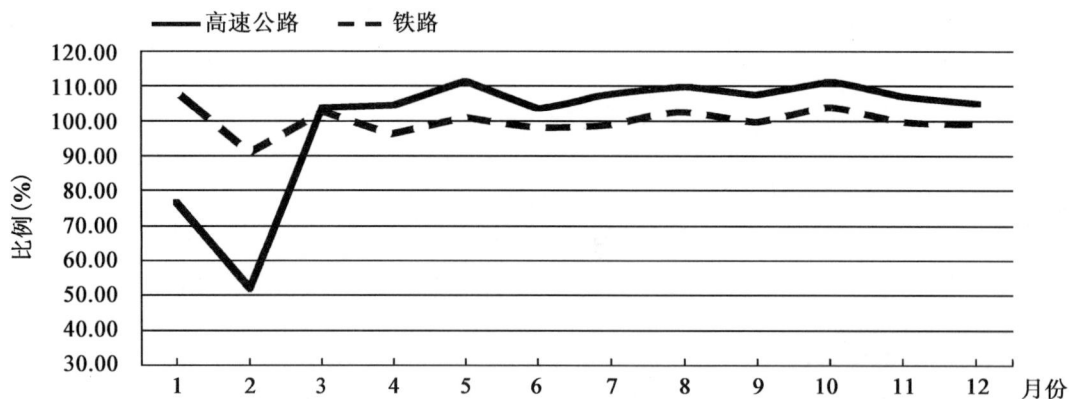

图1.9 2014年高速公路与铁路货物发送量月度波动(以月均值为100%)

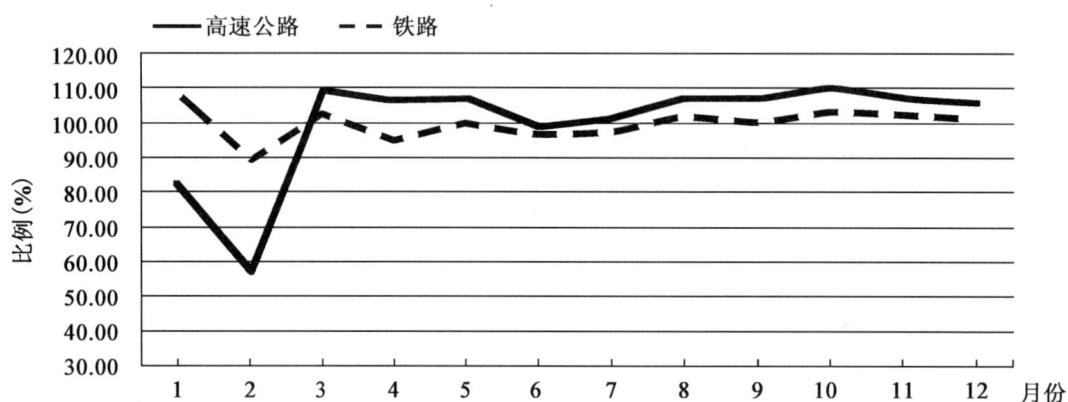

图1.10 2014年高速公路与铁路货物周转量月度波动(以月均值为100%)

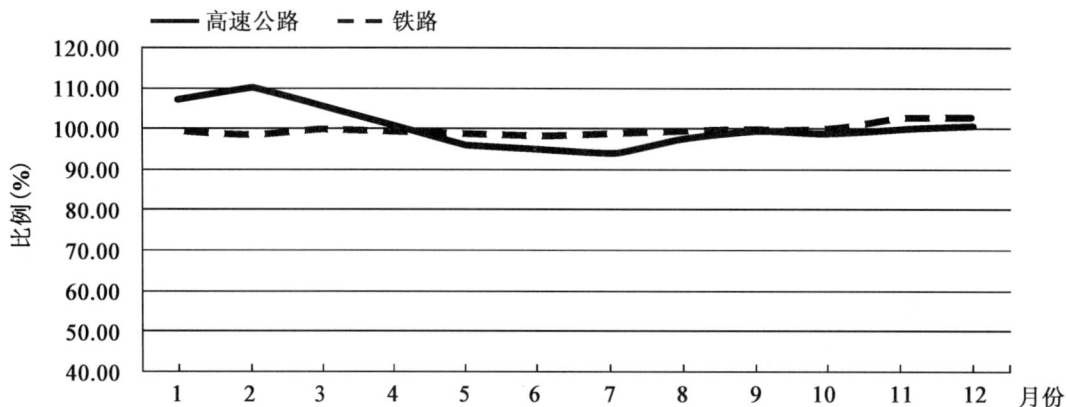

图1.11 2014年高速公路与铁路货物平均运距月度波动(以月均值为100%)

　　2014年春节在2月份,月度高速公路货物发送量为全年最低,2月份货物发送量仅为月度平均货物发送量的51.47%。3月份开始逐渐攀升,5月份到达一个小高峰,为月均值的111.35%。随后6月份稍有回落,又逐步上升到10月份。与2013年一样,10月份的货物发送量迎来年度最高值,为月度平均货物发送量的111.62%。

　　高速公路货物运距全年呈现两头高,中间低的特点,但是波动范围较小。因此,高速公路货物周转量的月度波动曲线走势与货物发送量的月度波动曲线相似。2月份货物周转量仅为月度平均货物周转量的39.56%,春节所在的2月份的高速公路货物发送量和货物周转量均低于2012年春节所在的1月份。

铁路货物运距月度波动范围为月度平均运距的 97.41％～101.83％,波动范围小于高速公路。铁路货物周转量月度波动也比较平稳。最低点出现在 2 月份,其货物周转量为月度平均货物周转量的 90.71％,这和高速公路货物周转量月度波动情况一致;10 月份货物周转量最高,为月度平均货物周转量的 110.18％。

1.4.2 客运月度波动

2014 年旅客发送量、旅客周转量和旅客平均行程的月度波动如表 1.14～表 1.16 和图 1.12～图 1.14所示。

2014 年旅客发送量月度波动(以月均旅客发送量为 100.00％) 表 1.14

旅客发送量(％)	1 月	2 月	3 月	4 月	5 月	6 月
高速公路	100.60	96.13	92.07	101.40	106.98	93.95
铁路	95.39	97.11	90.64	99.62	95.57	97.68
旅客发送量(％)	7 月	8 月	9 月	10 月	11 月	12 月
高速公路	102.09	106.37	97.18	118.27	92.49	92.47
铁路	112.39	118.06	105.36	89.96	85.63	112.59

2014 年旅客周转量月度波动(以月均旅客周转量为 100.00％) 表 1.15

旅客周转量(％)	1 月	2 月	3 月	4 月	5 月	6 月
高速公路	126.77	122.40	88.51	94.92	98.97	88.12
铁路	109.44	98.38	87.44	91.89	86.57	98.07
旅客周转量(％)	7 月	8 月	9 月	10 月	11 月	12 月
高速公路	103.42	110.19	92.14	108.18	83.45	82.95
铁路	118.44	121.19	102.24	79.73	77.18	129.41

2014 年旅客平均行程月度波动(以月均旅客平均行程为 100.00％) 表 11.6

旅客平均行程(％)	1 月	2 月	3 月	4 月	5 月	6 月
高速公路	126.01	127.32	96.13	93.62	92.51	93.79
铁路	114.73	101.31	96.47	92.24	90.58	100.40
旅客平均行程(％)	7 月	8 月	9 月	10 月	11 月	12 月
高速公路	101.31	103.59	94.81	91.46	90.23	89.70
铁路	105.38	102.66	97.04	88.62	90.14	114.93

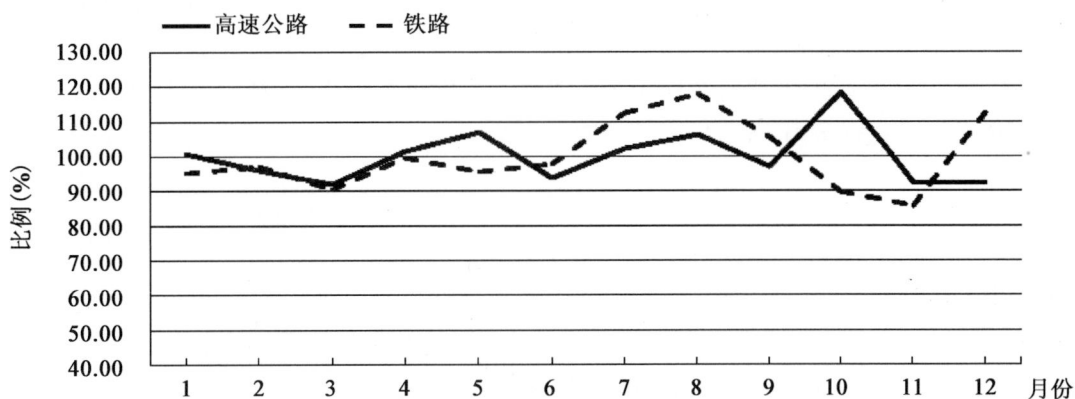

图 1.12 2014 年高速公路与铁路旅客发送量月度波动(以月均值为 100％)

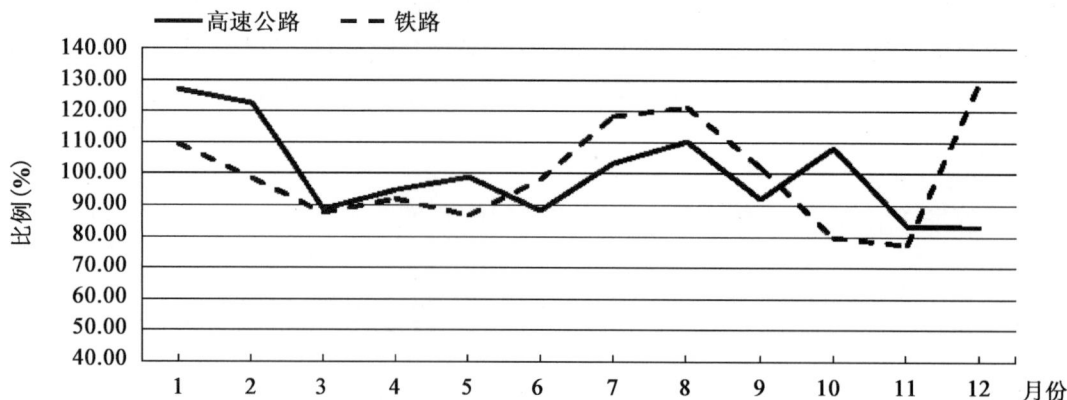

图 1.13　2014 年高速公路与铁路旅客周转量月度波动(以月均值为 100%)

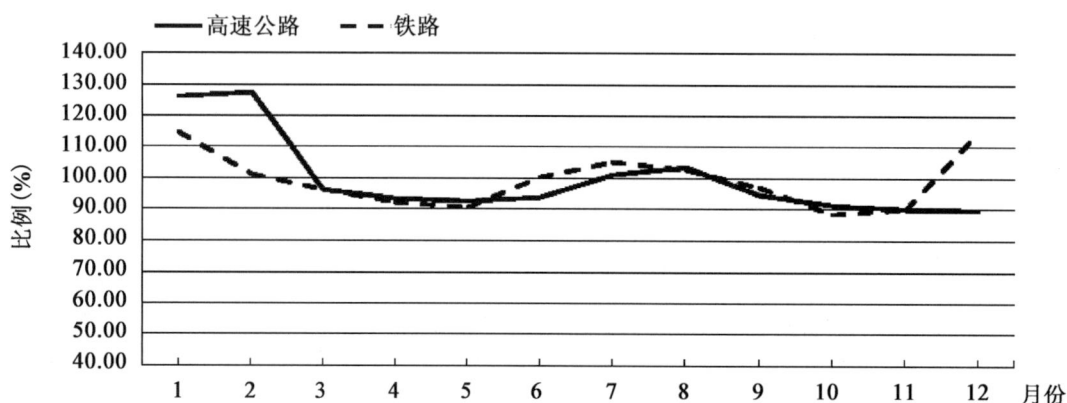

图 1.14　2014 年高速公路与铁路旅客平均行程月度波动(以月均值为 100%)

2014 年高速公路旅客发送量在 3 月份最低,为月度平均旅客发送量的 92.07%,而 2013 年最低点则出现在 1 月份。2013 年旅客发送量在 5 月份最高,为月度平均旅客发送量的 106.98%,2010~2013 年最高点出现在 10 月份。

由于春运的影响,高速公路旅客行程在 2 月份有明显峰值,达到月度平均旅客行程的 127.32%,低于 2013 年。在 12 月份达到全年最低点 89.70%。

高速公路旅客周转量的峰值出现在 1 月份,1 月份旅客周转量为月度平均旅客周转量的 126.77%。受暑假影响,8 月份旅客周转量仅次于 2 月份。

铁路旅客发送量、旅客行程和旅客周转量三者都呈现两个峰值。第一个峰值出现春节前一个月的返乡潮;第二个峰值出现在暑期,即 7~8 月份。

由于 2014 年春节在 2 月份,高速公路旅客行程达到月度平均值 127.32%,但是低于 2013 年同期。铁路 12 月份旅客平均行程最高,为月度平均值的 114.93%。

1.5　货运运输量和 GDP 的关联

综合运输体系的货物周转量是实体经济的标志性数据之一。创造每万元 GDP 需要完成的货物周转量,与国家经济结构相关联。我国境内干线货物运输趋势更集中反映出经济结构的变化。

我国境内干线运输包括铁路运输、内河和沿海运输以及高速公路运输。数据表明,随着我国经济结构调整的推进,创造单位 GDP 需要完成的干线货物周转量呈现总体平稳降低态势,反映出经济结构优化,效益提升的积极效果。

2006～2014 年,按现价计算的每万元 GDP 的干线货物周转量从 1 996.98 吨公里减少到 1 376.72 吨公里。相应地,每万元 GDP(按现价计算)的货运量也呈现下降趋势,见表 1.17～表 1.19。

每万元 GDP(按现价计算)的货物周转量(吨公里) 表 1.17

年 份	铁 路	沿海和内河水运	高 速 公 路	干线运输合计
2006	1 035.95	609.08	351.95	1 996.98
2007	941.06	606.24	404.96	1 952.26
2008	835.00	579.14	398.46	1 812.60
2009	740.35	528.91	403.08	1 672.34
2010	681.27	558.86	434.99	1 675.12
2011	617.74	552.81	414.91	1 585.46
2012	562.02	544.85	390.42	1 497.29
2013	510.35	540.22	399.41	1 449.98
2014	432.55	578.82	365.35	1 376.72

每万元 GDP(按现价计算)的货运量(吨) 表 1.18

年 份	铁 路	沿海和内河水运	高 速 公 路	干线运输合计
2006	1.36	0.91	2.05	4.32
2007	1.21	0.86	2.03	4.10
2008	1.10	0.83	1.95	3.88
2009	0.98	0.78	1.93	3.69
2010	0.90	0.80	2.09	3.79
2011	0.83	0.77	2.02	3.62
2012	0.75	0.76	1.89	3.40
2013	0.70	0.86	1.91	3.47
2014	0.60	0.82	1.81	3.23

干线平均货物运输距离(公里) 表 1.19

年份	2006	2007	2008	2009	2010	2011	2012	2013	2014
平均运距	462	476	467	453	442	438	440	418	426

统计还表明,不同运输方式单位 GDP 的运输强度变化趋势有很大差别。在创造单位 GDP 的干线货物周转量总体年均降低 4.5% 的情况下,每万元 GDP 的铁路运输货物周转量平均降低达到 10.1%。而沿海和内河水运方面,每万元 GDP 的货物周转量总体下降幅度不大;高速公路方面,每万元 GDP 的货物周转量有升有降,总体平稳。

出现上述差别的原因是三种运输方式运输货物的货类构成不同,见表 1.20。其中,铁路、内河和沿海水运是 2013 年数据,高速公路是 2014 年和 2015 年上半年在 9 个省调查的数据。

干线运输货类构成(%) 表 1.20

序 号	货 类	铁 路	内河和沿海水运	高 速 公 路
1	煤炭及制品	61.39	25.38	8.19
2	石油、天然气及制品	3.50	5.40	4.80
3	金属矿石	10.79	8.83	0.96
4	钢铁和有色金属	5.66	5.23	12.73
5	矿物性建筑材料	3.58	21.83	13.76
6	水泥	0.92	3.72	3.94

续上表

序 号	货 类	铁 路	内河和沿海水运	高 速 公 路
7	非金属矿石	2.26	2.34	3.47
8	木材	0.63	0.18	2.07
9	粮食	2.77	1.97	2.68
10	肥料及农药	2.20	0.24	0.94
11	盐	0.39	0.11	0.16
12	机械设备、电器	0.17	1.05	7.09
13	化工原料及制品	1.31	1.74	6.08
14	轻工、医药产品	0.60	0.87	17.39
15	农、林、牧、渔业产品	0.10	0.28	8.52
16	其他货类	3.63	20.83	7.22
17	合计	100.00	100.00	100.00

在我国经济进入转型期后,节能减排强化,煤和冶炼物资的需求趋缓,相应的运输需求也随之减少。铁路运量中,煤和冶炼物资占80.10%,受到的影响就比较大,2014年铁路货物发送量同比下降3.87%,货物周转量同比下降5.63%。与之相比,高速公路运量中,煤和冶炼物资占比为25.35%,受到的影响就比较小,2014年高速公路货物发送量同比增长5.03%,货物周转量同比增长2.35%。同比增幅虽然大幅缩小,但仍保持小幅增长。

1.6 电子不停车收费(ETC)

1.6.1 2014年高速公路ETC概况

纳入统计共19个省区市:北京、天津、山西、上海、江苏、浙江、安徽、福建、江西、山东、河南、湖北、广东、贵州、云南、陕西、甘肃、宁夏、青海。设置ETC的收费站共2 882个,覆盖率61.62%。其中,江苏、上海、安徽、浙江ETC覆盖率≥90%。ETC出口车道3 362条,平均每个收费站设置的ETC出口车道数为0.726条,见表1.21。

2014年部分省市ETC系统应用情况　　　　　　　　　表1.21

序 号	省市地区	收费站总数	设置ETC收费站数	ETC覆盖率(%)	ETC出口车道数	每站平均ETC车道数	每条ETC出口车道平均每小时交通量(辆次)
1	江西	247	216	87.45	234	1.083	4.48
2	湖北	258	79	30.62	84	1.091	4.06
3	广东	635	301	47.40	317	1.086	37.42
4	江苏	382	372	97.38	461	1.239	33.96
5	浙江	348	315	90.52	347	1.102	18.58
6	青海	28	11	39.29	16	0.571	13.46
7	宁夏	59	51	86.44	54	0.915	7.44
8	陕西	278	101	36.33	115	0.414	28.71
9	上海	105	100	95.24	144	1.371	48.55
10	安徽	177	162	91.53	178	1.099	12.58
11	河南	323	51	15.79	55	1.078	25.00

序 号	省市地区	收费站总数	设置 ETC 收费站数	ETC 覆盖率	ETC 出口车道数	每站平均 ETC 车道数	每条 ETC 出口车道平均每小时交通量(辆次)
	天津高速集团	80	56	70.00	64	1.143	12.63
	津滨高速	5	5	100.00	13	2.600	44.86
12	华北高速	14	10	71.43	27	2.700	3.49
	海滨南	8	5	0.63	6	1.200	12.09
	海滨北	9	9	1.00	15	1.667	3.91
13	贵州	261	127	48.66	140	1.102	7.92
14	甘肃	180	88	48.89	102	1.159	5.72
15	山东	344	250	72.67	272	1.088	19.74
16	云南	187	96	51.34	113	1.177	22.83
17	北京	153	131	88.51	251	1.916	51.90
18	山西	301	129	42.86	129	1.000	8.09
19	福建	249	217	87.15	225	1.037	13.79
20	合计	4 631	2 882	62.23	3 362	0.726	23.13

19 省市高速公路每小时 ETC 出口车道交通量达到 77 747 辆次,在设有 ETC 的收费站出口总通过量中的占比为 17.29%,见表 1.18。每条 ETC 出口车道每小时通过 23.13 辆次,即每 2.6 分钟通过 1 辆。各地区 ETC 出口车道交通量和分布情况见表 1.22 及表 1.23。

2014 年部分省市每小时 ETC 出口车道交通量(辆次) 表 1.22

序 号	省 市 地 区	每小时 ETC 出口车道通过量	比 重 (%)
1	江西	1 048	10.00
2	湖北	341	2.47
3	广东	11 862	10.51
4	江苏	15 654	32.53
5	浙江	6 449	19.29
6	青海	215	5.31
7	宁夏	402	12.23
8	陕西	3 302	17.65
9	上海	6 449	25.22
10	安徽	2 240	17.09
11	河南	1 375	5.36
	天津高速集团	808	11.55
	华北高速	94	8.87
12	津滨高速	583	26.70
	海滨南	73	21.74
	海滨北	59	21.09
13	贵州	1 109	8.26
14	甘肃	584	9.25
15	山东	5 370	22.86
16	云南	2 557	14.26

续上表

序 号	省 市 地 区	每小时 ETC 出口车道通过量	比 重 （%）
17	北京	13 026	35.29
18	山西	1 044	7.77
19	福建	3 103	17.02
20	合计	77 747	17.29

2014 年部分省市按交通量的 ETC 收费站分布情况（辆次）　　　　　表 1.23

序 号	省市地区	每条 ETC 出口车道每小时通过量							小 计
		0～4	4～6	6～15	15～30	30～60	60～120	＞120	
1	江西	154	21	28	9	3	0	1	216
2	湖北	62	4	2	6	3	0	0	77
3	广东	40	28	64	47	44	50	19	292
4	江苏	33	23	85	101	73	31	26	372
5	浙江	55	35	96	72	38	11	8	315
6	青海	1	0	5	2	3	0	0	11
7	宁夏	30	5	9	4	2	1	0	51
8	陕西	23	13	22	18	9	9	7	101
9	上海	2	4	18	24	25	11	16	100
10	安徽	45	28	39	32	14	4	0	162
11	河南	10	4	15	8	6	5	3	51
12	天津高速集团	20	5	18	5	7	0	1	56
	津滨高速	0	0	0	0	2	1	2	5
	华北高速	5	0	2	3	0	0	0	10
	海滨南	1	0	3	0	1	0	0	5
	海滨北	6	0	1	2	0	0	0	9
13	贵州	54	21	33	12	6	1	0	127
14	甘肃	56	7	13	3	4	4	0	87
15	山东	51	29	81	60	38	9	4	272
16	云南	20	16	30	25	14	3	4	112
17	北京	5	7	18	24	27	23	27	131
18	山西	64	11	32	14	7	1	0	129
19	福建	75	25	58	33	15	11	0	217
20	比重(%)	27.92	9.83	23.11	17.33	11.73	6.02	4.06	100.00

1.6.2　ETC 用户使用 ETC 车道的频率

按用户使用 ETC 车道的频率,把 ETC 用户大致分为常用户、一般用户和"休眠"用户。

(1)常用户每周使用 4 次以上,即不到两天使用 1 次;

(2)一般用户每月至少使用 1 次;

(3)"休眠"用户每月使用少于 1 次。

与 2013 年相比,2014 年北京和上海的"休眠"用户比重有较大幅度增加,上海尤为突出。北京从

18.09%增长到33.54%,上海从7.47%大幅增长到20.40%。天津市"休眠"用户比重高达78.45%,见表1.24。

2014 年北京、江苏、上海 ETC 使用情况(%)　　　　　表1.24

序号	用户 每周使用次数	常 用 户					一 般 用 户					"休眠"用户 <0.25	合计
		>10	8~10	6~8	4~6	小计	2~4	1~2	0.5~1	0.25~0.5	小计		
1	江西	0.50	0.24	0.47	1.20	2.41	4.93	8.57	10.18	9.55	33.23	64.36	100.00
2	湖北	1.29	0.64	1.01	2.57	5.51	9.58	17.18	20.53	17.34	64.64	29.85	100.00
3	广东	1.52	0.87	1.66	3.12	7.17	6.93	7.53	16.08	0.00	30.54	62.29	100.00
4	江苏	2.31	1.32	2.37	5.33	11.33	15.23	20.10	18.28	15.96	69.56	19.11	100.00
5	浙江	0.00	0.00	0.00	0.00	0.00	0.00	0.00	0.00	0.00	0.00	0.00	0.00
6	青海	0.01	0.01	0.05	0.23	0.31	2.24	6.94	13.04	17.86	40.08	59.61	100.00
7	宁夏	1.55	0.70	1.39	3.86	7.50	12.03	14.81	13.51	11.73	52.08	40.42	100.00
8	陕西	3.88	2.45	3.98	7.43	17.74	18.52	21.47	16.58	11.51	68.08	14.18	100.00
9	上海	2.71	1.99	3.21	4.85	12.77	13.34	15.67	16.31	21.51	66.83	20.40	100.00
10	安徽	0.61	0.23	0.44	1.12	2.41	3.95	6.35	7.71	9.39	27.41	70.18	100.00
11	河南	0.27	0.10	0.19	0.42	0.98	1.91	4.85	7.95	8.74	23.45	75.57	100.00
12	天津	0.15	0.21	0.36	0.65	1.37	1.93	3.72	6.11	8.42	20.18	78.45	100.00
13	贵州	0.51	0.31	0.59	1.56	2.97	6.27	11.89	13.79	13.21	45.16	51.87	100.00
14	甘肃	0.89	0.50	1.02	2.73	5.15	9.65	14.40	14.78	13.33	52.16	42.69	100.00
15	山东	0.01	0.03	0.14	0.32	0.50	1.88	5.29	13.23	20.68	41.09	58.41	100.00
16	云南	0.69	0.60	1.20	2.82	5.31	9.11	16.84	20.27	17.97	64.19	30.50	100.00
17	北京	0.90	1.02	2.08	4.17	8.18	11.15	15.44	16.68	15.02	58.29	33.53	100.00
18	山西	0.15	0.20	0.55	1.79	2.68	9.18	18.03	21.89	21.61	70.72	26.60	100.00
19	福建	1.50	0.73	1.54	3.88	7.65	13.83	20.94	21.52	14.75	71.03	21.32	100.00

第2章 运输结构主要数据

2.1 高速公路运输与国民经济

（1）每万元国内生产总值（按现价计算）的高速公路货运量 1.806 6 吨。
（2）每万元国内生产总值（按现价计算）的高速公路货物周转量 365.35 吨公里。
（3）全国平均每人高速公路乘车次数 12.232 2 人次。
（4）全国平均每人高速公路乘行距离 1 074.348 1 公里。

2.2 高速公路基础设施

（1）通车里程 111 936 公里。
（2）车道里程 495 620 公里。
（3）平均车道数 4.427 7 条。
2014 年部分省（市）高速公路平均车道数见表 2.1。

2014 年部分省（市）高速公路平均车道数　　　表 2.1

区　　域	平均车道数	区　　域	平均车道数
上海	5.736 1	河北	4.760 5
天津	5.464 5	浙江	4.701 9
北京	5.158 9	辽宁	4.636 1
河南	5.144 9	陕西	4.553 1
广东	5.128 0	福建	4.545 3
江苏	5.016 0	云南	4.430 1

2.3 高速公路交通状况

（1）行驶量 4 827.14 亿车公里，同比增长 14.13％。2014 年各省（区、市）高速公路行驶量见表 2.2，部分省（区、市）高速公路客货车交通量见表 2.3、表 2.4。
（2）货车在行驶量中比重 32.04％，同比减少 2.62 个百分点。

2014 年各省（区、市）高速公路行驶量（亿车公里）　　　表 2.2

区　　域	货　车	客　车	合　计	区　　域	货　车	客　车	合　计
北京	26.693 7	83.896 9	110.590 6	吉林	17.425 9	28.815 5	46.241 4
天津	21.929 7	35.374 8	57.304 5	黑龙江	16.246 3	44.897 4	61.143 7
河北	106.246 7	154.419 3	260.666 0	上海	22.672 7	59.775 9	82.448 6
山西	51.687 1	93.579 1	145.266 2	江苏	121.620 4	310.884 1	432.504 5
内蒙古	34.013 2	47.369 0	81.382 2	浙江	98.577 6	203.236 8	301.814 4
辽宁	57.355 9	96.418 5	153.774 4	安徽	50.550 1	107.299 2	157.849 3

区 域	货 车	客 车	合 计	区 域	货 车	客 车	合 计
福建	47.595 1	105.802 0	153.397 1	重庆	33.339 7	97.859 8	131.199 5
江西	60.288 6	98.280 8	158.569 4	四川	71.293 5	215.670 4	286.963 9
山东	111.104 6	186.036 7	297.141 3	贵州	28.405 6	84.836 2	113.241 8
河南	81.329 1	167.920 3	249.249 4	云南	33.075 4	86.747 6	119.823
湖北	58.966 4	86.954 4	145.920 8	陕西	65.076 5	100.174 4	165.250 9
湖南	57.541 7	104.618 2	162.159 9	甘肃	37.198 9	52.724 4	89.923 3
广东	140.861 7	464.114 9	604.976 6	宁夏	12.836 5	21.650 2	34.486 7
广西	37.767	72.393 7	110.160 7	青海	4.840 5	11.569 2	16.409 7
海南	15.023 8	24.232 0	39.255 8	新疆	24.975 5	33.046 0	58.021 5

2014 年部分省(区、市)高速公路客车交通量(万辆次)　　　　　　表 2.3

区域交通量		穿 越	到 达	发 送	省 内	合 计
北京	自然交通量	58	1 501	1 845	28 929	32 333
	折算交通量	59	1 527	1 874	29 236	32 696
天津	自然交通量	493	1 279	1 307	3 053	6 132
	折算交通量	498	1 300	1 328	3 084	6 210
河北	自然交通量	944	2 485	2 648	13 623	19 700
	折算交通量	969	2 528	2 685	13 703	19 885
山西	自然交通量	66	552	659	10 496	11 773
	折算交通量	67	565	673	10 622	11 927
辽宁	自然交通量	41	352	421	10 767	11 581
	折算交通量	42	358	428	10 878	11 706
吉林	自然交通量	38	218	158	2 862	3 276
	折算交通量	39	226	160	2 881	3 306
黑龙江	自然交通量	0	90	91	4 702	4 883
	折算交通量	0	93	93	4 828	5 014
上海	自然交通量	54	3 476	3 845	15 027	22 402
	折算交通量	55	3 560	3 928	15 261	22 804
江苏	自然交通量	544	4 654	4 429	32 528	42 155
	折算交通量	569	4 819	4 571	33 573	43 532
浙江	自然交通量	411	2 384	2 566	23 919	29 280
	折算交通量	425	2 476	2 658	24 410	29 969
安徽	自然交通量	1 517	1 855	626	7 482	11 480
	折算交通量	1 591	1 930	660	7 699	11 880
福建	自然交通量	28	390	433	15 118	15 969
	折算交通量	30	413	456	15 412	16 311
江西	自然交通量	207	707	845	7 423	9 182
	折算交通量	224	744	882	7 561	9 411
山东	自然交通量	136	955	941	18 547	20 579
	折算交通量	140	987	973	18 968	21 068

续上表

区域交通量		穿　越	到　达	发　送	省　内	合　计
河南	自然交通量	277	949	1 152	20 091	22 469
	折算交通量	287	994	1 196	20 340	22 817
湖北	自然交通量	152	608	702	10 654	12 116
	折算交通量	161	634	728	10 878	12 401
湖南	自然交通量	78	522	618	10 766	11 984
	折算交通量	86	555	651	10 931	12 223
广西	自然交通量	115	562	555	7 850	9 082
	折算交通量	117	621	613	8 124	9 475
重庆	自然交通量	75	811	991	10 491	12 368
	折算交通量	78	844	1 023	10 700	12 645
四川	自然交通量	64	974	970	35 819	37 827
	折算交通量	66	1 000	996	36 112	38 174
贵州	自然交通量	26	367	437	10 936	11 766
	折算交通量	27	383	456	11 137	12 003
云南	自然交通量	0	323	362	15 024	15 709
	折算交通量	0	334	371	15 251	15 956
陕西	自然交通量	80	470	568	15 274	16 392
	折算交通量	82	486	583	15 533	16 684
甘肃	自然交通量	27	325	319	4 858	5 529
	折算交通量	27	334	327	4 985	5 673
宁夏	自然交通量	30	257	268	2 324	2 879
	折算交通量	30	263	273	2 373	2 939
青海	自然交通量	0	79	100	3 372	3 551
	折算交通量	0	82	102	3 419	3 603

2014 年部分省(区、市)高速公路货车交通量(万辆次)　　　　表2.4

区域交通量		穿　越	到　达	发　送	省　内	合　计
北京	自然交通量	87	508	908	7 073	8 576
	折算交通量	324	1 316	2 572	13 024	17 236
天津	自然交通量	508	840	788	1 037	3 173
	折算交通量	1 791	2 474	2 279	2 357	8 901
河北	自然交通量	1 207	2 547	2 135	5 893	11 782
	折算交通量	4 169	7 943	6 520	14 676	33 308
山西	自然交通量	224	889	938	3 743	5 794
	折算交通量	826	3 111	3 313	10 720	17 970
辽宁	自然交通量	166	373	397	3 184	4 120
	折算交通量	623	1 214	1 339	7 251	10 427
吉林	自然交通量	97	184	184	956	1 421
	折算交通量	361	608	606	2 454	4 029

区域交通量		穿　越	到　达	发　送	省　内	合　计
黑龙江	自然交通量	0	123	117	1 387	1 627
	折算交通量	0	423	404	3 073	3 900
上海	自然交通量	38	1 164	1 254	4 237	6 693
	折算交通量	129	3 335	3 696	11 926	19 086
江苏	自然交通量	355	2 221	1 622	7 696	11 894
	折算交通量	1139	6 063	4 271	17 920	29 393
浙江	自然交通量	285	1 457	1 463	8 314	11 519
	折算交通量	932	3 991	4 003	17 393	26 319
安徽	自然交通量	542	731	733	2 172	4 178
	折算交通量	1 803	2 075	2 069	5 437	11 384
福建	自然交通量	26	363	363	4 601	5 353
	折算交通量	93	1 268	1 271	13 780	16 412
江西	自然交通量	337	539	555	2 145	3 576
	折算交通量	1 037	1 671	1 720	6 638	11 066
山东	自然交通量	51	407	429	7 907	8 794
	折算交通量	185	1 296	1 374	20 599	23 454
河南	自然交通量	540	802	829	4 450	6 621
	折算交通量	1 899	2 422	2 506	10 495	17 322
湖北	自然交通量	457	583	572	3 361	4 973
	折算交通量	1 643	1 763	1 719	7 079	12 204
湖南	自然交通量	254	406	401	2 983	4 044
	折算交通量	943	1 258	1 230	5 904	9 335
广西	自然交通量	54	425	401	2 620	3 500
	折算交通量	197	1 266	1 179	5 636	8 278
重庆	自然交通量	102	395	389	3 004	3 890
	折算交通量	332	1 049	1 026	5 606	8 013
四川	自然交通量	71	511	512	6 952	8 046
	折算交通量	241	1 526	1 530	14 314	17 611
贵州	自然交通量	77	211	203	2 585	3 076
	折算交通量	268	546	536	4 191	5 541
云南	自然交通量	1	171	187	3 957	4 316
	折算交通量	4	471	537	8 285	9 297
陕西	自然交通量	322	669	736	4 172	5 899
	折算交通量	1 194	2 261	2 516	10 763	16 734
甘肃	自然交通量	94	306	303	1 422	2 125
	折算交通量	359	1 021	1 007	3 032	5 419
宁夏	自然交通量	87	262	301	736	1 386
	折算交通量	329	891	1 021	1 800	4 041
青海	自然交通量	0	73	73	897	1 043
	折算交通量	0	228	234	1 975	2 437

2.4 高速公路旅客运输

(1)客运量167.32亿人次,同比增长14.99%。2014年部分省(区、市)高速公路客运量见表2.5。

2014年部分省(区、市)高速公路客运量(万人) 表2.5

区 域	穿越旅客数	进省旅客数	出省旅客数	省内旅客数	合 计
北京	251	5 637	6 778	96 433	109 099
天津	1 653	4 613	4 717	9 681	20 665
河北	4 082	9 623	9 981	45 468	69 155
山西	222	1 919	2 239	32 738	37 119
辽宁	148	1 339	1 568	37 297	40 352
吉林	149	1 170	641	9 881	11 841
黑龙江	0	427	439	24 038	24 904
上海	157	13 915	14 852	50 344	79 268
江苏	2 819	21 669	19 895	146 398	190 782
浙江	1 876	11 211	11 764	92 328	117 179
安徽	3 586	8 269	9 335	33 119	54 309
福建	131	2 178	2 316	52 089	56 714
江西	2 024	5 319	5 790	35 934	49 067
山东	603	4 239	4 207	73 054	82 103
河南	1 412	5 493	6 177	80 876	93 958
湖北	1 094	3 553	3 890	45 983	54 521
湖南	876	4 192	4 529	47 581	57 178
广西	560	5 849	5 819	46 572	58 800
重庆	506	4 834	5 389	46 639	57 367
四川	331	5 227	5 255	139 308	150 121
贵州	145	2 619	2 943	53 979	59 685
云南	0	1 914	1 967	65 644	69 525
陕西	332	2 086	2 307	53 528	58 254
甘肃	92	1 248	1214	18 761	21 315
宁夏	115	1 069	1 078	9 544	11 806
青海	0	346	381	11 412	12 138

注:河北省不含京津塘高速河北段、京承高速,江苏省为联网路段,湖南省不含长沙—张家界高速段、绕城高速段、机场高速段和长潭西高速段,重庆市不含绕城高速段,陕西省不含铜川—西安高速段。

(2)旅客周转量14 695.1488亿人公里,同比增长12.07%。2014年各省(区、市)高速公路旅客周转量见表2.6。

2014年各省(区、市)高速公路旅客周转量(亿人公里) 表2.6

区 域	旅客周转量	区 域	旅客周转量
北京	296.088 6	辽宁	351.127 3
天津	126.130 9	吉林	103.420 3
河北	579.795 6	黑龙江	220.541 8
山西	307.895 3	上海	211.646 1
内蒙古	178.538 9	江苏	1527.284 5

续上表

区 域	旅客周转量	区 域	旅客周转量
浙江	888.275 3	海南	195.506 2
安徽	545.038 6	重庆	461.222 2
福建	416.569 9	四川	957.274 7
江西	618.843 9	贵州	471.424 6
山东	802.175 4	云南	469.489 8
河南	765.089 6	陕西	400.859 8
湖北	456.961 0	甘肃	207.376 0
湖南	668.229 5	宁夏	92.381 5
广东	1626.736 0	青海	41.721 9
广西	552.186 1	新疆	155.317 4

(3)客运密度1 312.82万人公里/公里,同比增长4.56%。

(4)旅客平均行程87.83公里,同比减少2.54%。

(5)省(区、市)内旅客平均行程67.41公里,同比减少1.97%。

(6)跨省(区、市)的旅客平均行程286.43公里,同比减少0.98%。

(7)客车平均速度85.78公里/小时,同比减少0.44%。

2014年各车型客车平均速度见表2.7。

2014年各车型客车平均速度 表2.7

车 型	座 位 数	平均速度(公里/小时)	样本数(万辆)
Ⅰ	≤7	86.22	220 642
Ⅱ	8~19	80.86	5 188
Ⅲ	20~39	79.57	5 853
Ⅳ	≥40	80.41	6 281

与2013年相比,Ⅳ型客车速度略有上升,其余各型客车平均速度均有所下降。

(8)高速公路客运结构分析如下:

①≤7座客运车辆在客车车数中的比重为93.59%,同比上升0.81个百分点;

②乘坐≤7座客运车辆人数在客运量中的比重为68.24%,同比上升1.69个百分点;

③≤7座客运车辆完成的周转量在旅客周转量中的比重为59.18%,同比上升3.53个百分点;

④客运车辆平均座位数和乘坐率见表2.8;

⑤轿车平均乘坐人数2.50人。

各型客车平均座位数和乘坐率 表2.8

车 型	座 位 数	平均座位数	乘坐率
Ⅰ	≤7	5.25	48.76%
Ⅱ	8~19	11.07	51.67%
Ⅲ	20~39	33.87	73.04%
Ⅳ	≥40	49.05	68.82%

2.5 高速公路货物运输

(1)货运量114.98亿吨,同比增长5.03%。其中部分省(区、市)高速公路货运量,见表2.9。

2014 年部分省(区、市)高速公路货运量(万吨)　　　　　表 2.9

区　域	穿越货物量	进省货物量	出省货物量	省内货物量	合　计
天津	11 393	13 693	8 668	7 980	41 735
河北	27 131	44 442	32 046	56 177	159 795
山西	2 692	16 823	19 446	44 346	83 307
辽宁	4 390	7 572	8 475	22 499	42 935
吉林	2 516	3 667	3 406	9 875	19 464
黑龙江	0	2 583	2 808	9 223	14 614
上海	456	10 358	11 493	41 609	63 916
江苏	6 307	28 592	18 377	64 412	117 688
浙江	5 115	19 736	16 464	55 225	96 539
安徽	10 902	11 179	9 928	22 928	54 937
福建	548	5 828	6 122	24 997	37 495
江西	7 431	9 853	10 347	19 210	46 841
山东	1 206	7 857	8 493	96 557	114 112
河南	12 674	15 354	13 680	44 332	86 039
湖北	11 380	10 519	9 760	25 211	56 869
湖南	6 570	7 594	7 132	20 152	41 448
广西	1 296	7 234	7 752	22 935	39 216
重庆	2 027	5 193	4 833	19 827	31 880
四川	1 295	7 534	6 255	30 689	45 773
贵州	1 770	2 883	2 620	12 495	19 768
陕西	9 131	12 326	18 642	47 096	87 195
甘肃	2 364	6 161	5 781	9 818	24 124
宁夏	2 010	4 785	5 428	8 010	20 232
青海	0	1 468	1 336	8 714	11 517

注:河北省不含京津塘高速河北段、京承高速,江苏省为联网路段,湖南省不含长沙—张家界高速段、绕城高速段、机场高速段和长潭西高速段,重庆市不含绕城高速段,陕西省不含铜川—西安高速段。

(2)货物周转量 23 253.32 亿吨公里,同比增长 2.35%。其中各省(区、市)高速公路货物周转量见表 2.10。

2014 年各省(区、市)高速公路货物周转量(亿吨公里)　　　　　表 2.10

区　域	货物周转量	区　域	货物周转量
北京	269.57	浙江	1 272.02
天津	361.82	安徽	841.63
河北	1 784.66	福建	545.76
山西	696.68	江西	1 093.47
内蒙古	683.42	山东	1 901.64
辽宁	1 020.88	河南	1 432.73
吉林	309.14	湖北	1 033.98
黑龙江	225.57	湖南	991.77
上海	245.66	广东	1 848.27
江苏	1 640.25	广西	580.04

区 域	货物周转量	区 域	货物周转量
海南	126.66	陕西	1265.35
重庆	337.38	甘肃	711.98
四川	720.92	宁夏	201.93
贵州	305.35	青海	71.35
云南	439.58	新疆	302.41

(3)货运密度 2 077.38 万吨公里/公里,同比下降 4.51%。

(4)货物平均运距 202.23 公里,同比下降 2.56%。

(5)省(区、市)内货物平均运距 91.96 公里,同比上升 8.38%。

(6)跨省(区、市)货物平均运距 544.75 公里,同比上升 0.27%。

(7)货车平均速度 60.87 公里/小时,同比上升 1.57%。

2014 年各型货车平均速度见表 2.11。与 2013 年相比,各车型货车平均速度均有所上升。

2014 年各型货车平均速度 表 2.11

车 型	轴 型	平均速度(公里/小时)	样本数(万辆)
单车	2 轴 4 胎	71.34	9 293
	2 轴 6 胎	62.99	23 070
	3 轴和 4 轴	58.83	11 091
半挂列车	3~6 轴	56.65	29 222

(8)高速公路路网货运分析如下:

①货车轴型构成如表 2.12 所示。

2014 年高速公路货车主要轴型 表 2.12

轴 型		车数比重(%)	行驶量比重(%)	周转量比重(%)
2 轴 4 胎		13.28	7.74	0.58
2 轴 6 胎		29.17	23.13	7.25
3 轴、4 轴单车		6.09	6.69	3.16
		1.46	1.01	0.50
		8.10	7.41	7.01
半挂列车		2.75	2.16	0.70
		0.07	0.17	0.16
		2.61	2.49	1.67

续上表

轴　　型	车数比重（%）	行驶量比重（%）	周转量比重（%）
	2.60	2.81	3.01
	0.45	0.51	0.57
半挂列车	16.22	19.79	32.14
	17.21	26.08	43.25

注：表中比重由天津、河北、山西、黑龙江、江苏、江西、福建、山东、河南、湖北、湖南、广西、重庆、贵州、陕西、青海合计16个省（区、市）数据整理所得。这些省（区、市）高速公路里程占全国高速公路通车里程的59.85%。

与2013年相比，3轴和3轴以上的大吨位货车比重略有所上升（表2.13），行驶量比重为69.13%，同比上升了1.55个百分点（表2.14），完成的货物周转量比重达到92.17%，同比上升了0.28个百分点（表2.15）。

高速公路货车车数比重的变化（%）　　　　表2.13

轴　　型	2006年	2007年	2008年	2009年	2010年	2011年	2012年	2013年	2014年
2轴4胎	17.48	12.40	10.28	13.39	11.43	11.44	12.40	12.84	13.28
2轴6胎	48.79	42.43	35.36	33.31	31.00	30.84	30.34	31.16	29.17
3轴、4轴单车	13.26	16.42	19.68	15.97	15.76	15.17	14.78	15.24	15.65
半挂列车	20.47	28.75	34.68	37.33	41.81	42.55	42.47	40.76	41.90

注：表列数据来源同表2.12。

高速公路货车行驶量比重的变化（%）　　　　表2.14

轴　　型	2006年	2007年	2008年	2009年	2010年	2011年	2012年	2013年	2014年
2轴4胎	7.74	6.25	6.84	7.82	6.84	6.76	7.30	7.47	7.74
2轴6胎	38.24	33.67	27.84	24.93	22.62	22.49	23.57	24.01	23.13
3轴、4轴单车	17.60	19.13	18.07	17.22	15.54	14.74	13.94	14.19	15.11
半挂列车	36.42	40.95	47.25	50.03	55.00	56.01	55.19	54.33	54.02

注：表列数据来源同表2.12。

高速公路货车完成的货物周转量比重的变化（%）　　　　表2.15

轴　　型	2006年	2007年	2008年	2009年	2010年	2011年	2012年	2013年	2014年
2轴4胎	1.42	0.95	0.57	1.12	0.78	0.69	0.71	0.64	0.58
2轴6胎	18.60	13.02	9.87	7.47	5.83	5.54	7.76	7.47	7.25
3轴、4轴单车	20.25	19.83	18.07	15.27	12.44	11.46	11.07	10.88	10.67
半挂列车	59.73	66.20	71.49	76.14	80.95	82.31	80.46	81.01	81.50

注：表列数据来源同表2.12。

②货车空驶状况如表2.16所示。

高速公路路网空车走行率为26.01%，同比有所上升。

高速公路空车走行率及其变化

表 2.16

轴 型	年 度	省内运输(%)	跨省运输(%)	总 量(%)
2轴单车	2014	45.30	29.67	39.73
	2013	41.39	28.34	36.78
	2012	33.92	21.41	29.37
	2011	35.30	26.13	31.65
	2010	37.60	29.10	33.30
	2009	34.77	24.95	30.48
	2008	32.78	18.84	26.33
	2007	36.17	15.03	24.95
	2006	36.01	15.87	26.52
3轴、4轴单车	2014	48.18	21.91	32.09
	2013	42.14	17.66	26.96
	2012	37.64	13.04	22.61
	2011	34.44	12.30	20.23
	2010	34.17	12.42	17.93
	2009	35.03	9.46	16.95
	2008	36.40	10.81	18.05
	2007	33.24	8.38	15.00
	2006	32.82	9.38	17.73
半挂列车	2014	37.17	10.85	18.55
	2013	36.51	10.88	17.59
	2012	35.34	10.15	17.04
	2011	43.27	10.84	18.48
	2010	31.34	13.14	14.90
	2009	34.14	7.90	14.73
	2008	42.67	10.16	18.37
	2007	28.74	10.37	15.28
	2006	35.02	9.28	13.93
合计	2014	42.11	15.34	26.01
	2013	39.54	14.57	24.15
	2012	35.00	12.41	21.22
	2011	38.33	13.55	22.24
	2010	34.42	16.37	20.05
	2009	34.56	11.68	19.84
	2008	36.71	12.37	20.97
	2007	33.30	11.37	18.93
	2006	35.33	10.97	20.13

注:1.空车走行率＝空车行驶量/重车行驶量;

　　2.表列数据来源同表 2.12。

③货车超限运输状况如表 2.17 所示。

按国家强制标准《道路车辆外廓尺寸、轴荷及质量限值》(GB 1589—2004)规定的限值,超限率(超限车数/货车总数)为 24.98%,比 2013 年下降 1.02 个百分点;其中超限 30% 以上的货车比重为

2.85%,比 2013 年下降 0.14 个百分点。

按路政部门治超规定的限值,超限率为 8.81%,同比上升 2.94 个百分点;超限 30%以上的货车比重为 1.13%,同比上升 0.28 个百分点。

2014 年高速公路各类货车车数比重(%)　　　　　表 2.17

	空车	不超限重车	超限0~30%	超限30~50%	超限50~100%	超限>100%	超限合计
按GB 1589标准	30.28	44.73	22.13	1.73	0.97	0.15	100
按路政治超标准	30.28	60.91	7.68	0.82	0.23	0.07	100

注:表列数据来源同表 2.12。

2.6　县乡区域发送客货比重

县乡区域发送货物量占发送货物总量的 70.99%,同比上升 1.55 个百分点。

县乡区域发送旅客量占发送旅客总量的 61.61%,同比减少 3.10 个百分点。

2.7　省(区、市)的穿越车流状况

2014 年部分省份和地区穿越货车车流见表 2.18。

2014 年部分省份和地区穿越货车车流　　　　　表 2.18

区　域	穿越货车行驶量(万车公里)	货车总行驶量(万车公里)	穿越货车比重(%)
河南	237 900	813 291	29.25
冀南和冀西北	199 201	788 676	25.26
湖南京珠网	137 153	566 734	24.20
冀东	47 637	270 938	17.58
湖北	179 304	589 664	30.41

注:冀西北已经并入冀南路网。

第3章 部分高速公路干线运输密度

3.1 京哈高速公路(G1)运输密度

3.1.1 客运密度分布如表 3.1 和图 3.1 所示。

2014年京哈高速公路(G1)客运密度 　　　　　　表 3.1

路　　段	路段起止点	客运密度 (人公里/公里)	路段起止点	客运密度 (人公里/公里)
北京	六环—香河	59 885	香河—六环	60 062
河北段、 天津段	香河—丰润	38 700	丰润—香河	37 766
	丰润—秦皇岛	38 068	秦皇岛—丰润	39 683
	秦皇岛—万家主线(冀辽界)	16 950	万家主线(冀辽界)—秦皇岛	25 769
辽宁段	万家主线(辽冀界)—葫芦岛	20 712	葫芦岛—万家主线(辽冀界)	19 895
	葫芦岛—锦州	25 116	锦州—葫芦岛	26 031
	锦州—沈阳	27 638	沈阳—锦州	27 999
	沈阳—毛家店(辽吉界)	15 936	毛家店(辽吉界)—沈阳	18 040
吉林	五里坡(吉辽界)—长春	6 391	长春—五里坡(吉辽界)	10 936
	长春—拉林河(吉黑界)	11 089	拉林河(吉黑界)—长春	11 708
黑龙江	拉林河(黑吉界)—哈尔滨	11 928	哈尔滨—拉林河(黑吉界)	12 019

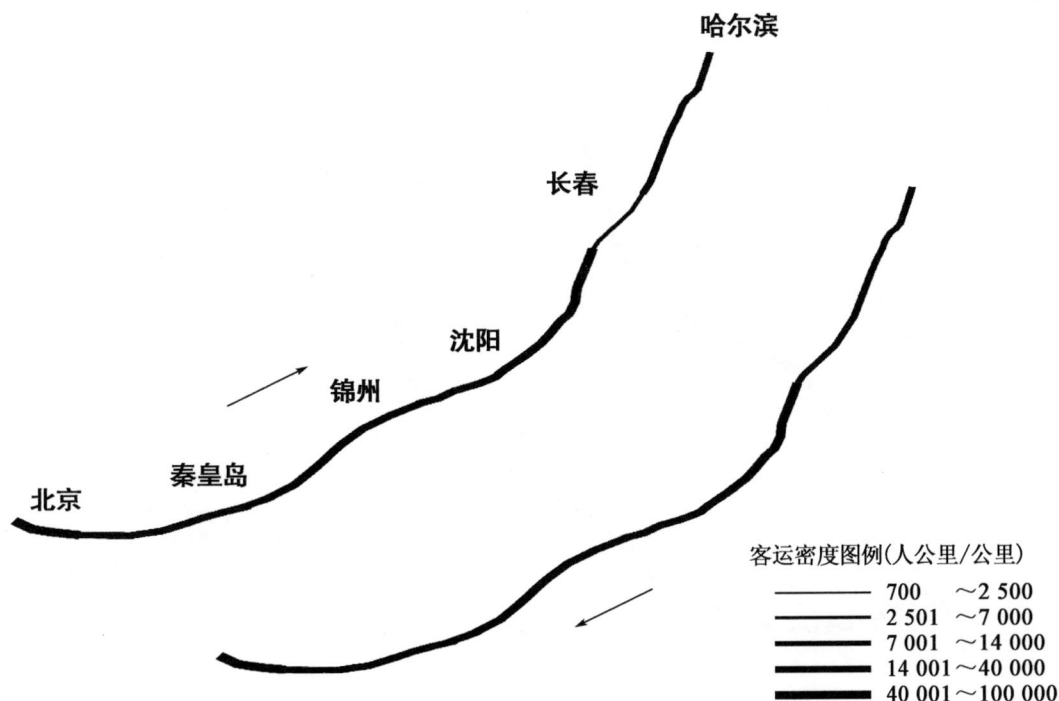

客运密度图例(人公里/公里)

线型	范围
——	700　～2 500
——	2 501　～7 000
——	7 001　～14 000
——	14 001～40 000
——	40 001～100 000

图 3.1　2014 年京哈高速公路(G1)日均客运密度

3.1.2 货运密度分布如表 3.2 和图 3.2 所示。

2014 年京哈高速公路(G1)货运密度   表 3.2

路　段	路段起止点	货运密度 (吨公里/公里)	路段起止点	货运密度 (吨公里/公里)
北京	六环—香河	68 570	香河—六环	65 743
河北段、 天津段	香河—丰润	86 606	丰润—香河	88 018
	丰润—秦皇岛	147 887	秦皇岛—丰润	151 955
	秦皇岛—万家主线(冀辽界)	142 285	万家主线(冀辽界)—秦皇岛	229 594
辽宁段	万家主线(辽冀界)—葫芦岛	205 921	葫芦岛—万家主线(辽冀界)	203 611
	葫芦岛—锦州	214 847	锦州—葫芦岛	216 194
	锦州—沈阳	157 056	沈阳—锦州	145 045
	沈阳—毛家店(辽吉界)	102 393	毛家店(辽吉界)—沈阳	101 137
吉林	五里坡(吉辽界)—长春	64 444	长春—五里坡(吉辽界)	83 958
	长春—拉林河(吉黑界)	64 241	拉林河(吉黑界)—长春	65 448
黑龙江	拉林河(黑吉界)—哈尔滨	52 493	哈尔滨—拉林河(黑吉界)	51 876

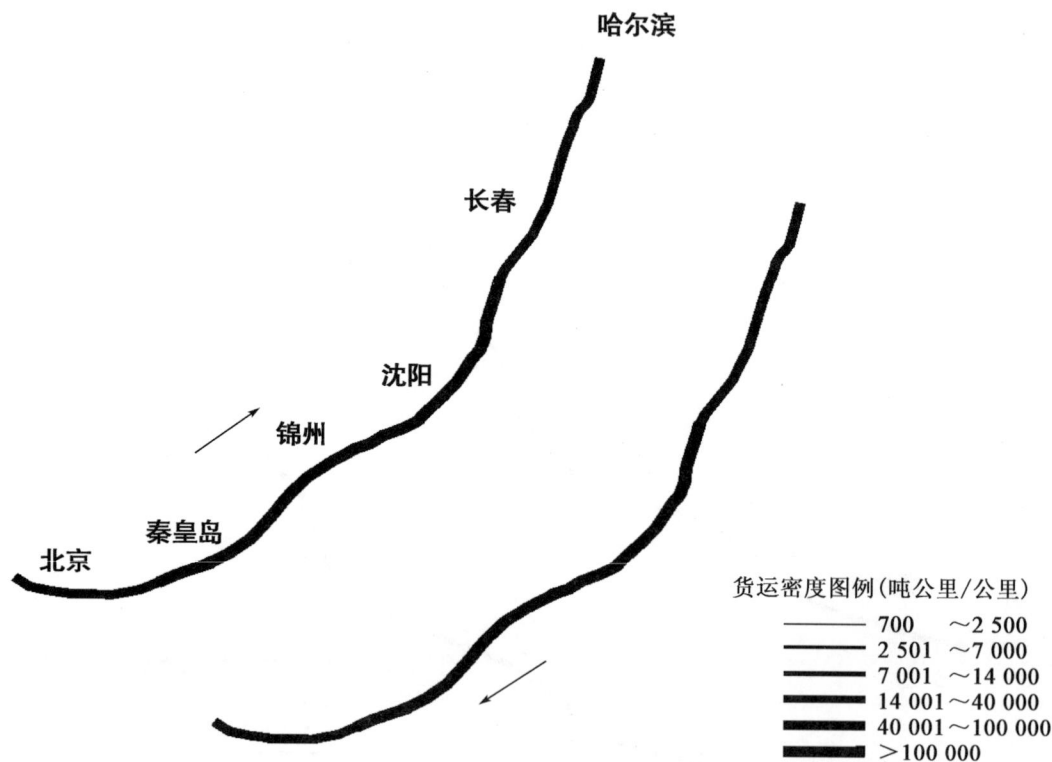

图 3.2　2014 年京哈高速公路(G1)日均货运密度

3.2 京沪高速公路(G2)运输密度

3.2.1 客运密度分布如表 3.3 和图 3.3 所示。

2014 年京沪高速公路(G2)客运密度

表 3.3

路 段	路段起止点	客运密度 (人公里/公里)	路段起止点	客运密度 (人公里/公里)
北京段	大羊坊—廊坊	49 020	廊坊—大羊坊	50 482
河北段	廊坊—泗村店	28 358	泗村店—廊坊	27 882
天津段	泗村店—汉沽	36 251	汉沽—泗村店	35 936
	汉沽—独流	31 698	独流—汉沽	30 673
	独流—九宣闸(津冀界)	14 945	九宣闸(津冀界)—独流	14 477
河北段	青县主线(冀津界)—沧州	34 038	沧州—青县主线(冀津界)	32 097
	沧州—吴桥(冀鲁界)	21 459	吴桥(冀鲁界)—沧州	20 663
山东段	京福鲁冀(德州)—齐河	27 810	齐河—京福鲁冀(德州)	27 931
	齐河—济南	71 008	济南—齐河	71 788
	济南—泰安	50 986	泰安—济南	50 247
	泰安—京沪鲁苏	23 428	京沪鲁苏—泰安	23 221
江苏段	苏鲁省界—淮安	36 698	淮安—苏鲁省界	26 204
	淮安—江都	111 325	江都—淮安	70 548
	江都—江阴	108 023	江阴—江都	80 875
	江阴—无锡	48 549	无锡—江阴	109 552
	无锡—苏州北	206 908	苏州北—无锡	229 913
	苏州北—花桥主线(苏沪界)	144 193	花桥主线(苏沪界)—苏州北	156 150
上海段	安亭主线(沪苏界)—江桥	134 630	江桥—安亭主线(沪苏界)	139 486

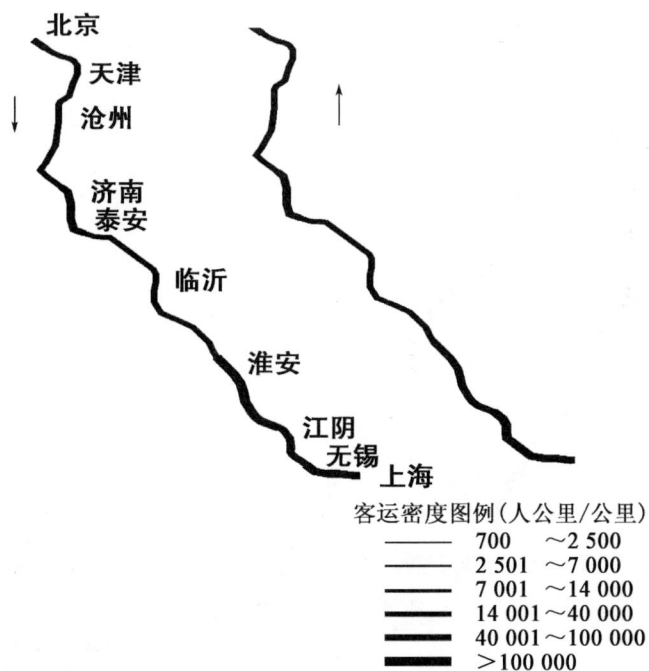

客运密度图例(人公里/公里)
———— 700 ～2 500
———— 2 501 ～7 000
———— 7 001 ～14 000
———— 14 001～40 000
———— 40 001～100 000
———— >100 000

图 3.3 2014 年京沪高速公路(G2)日均客运密度

3.2.2 货运密度分布如表3.4和图3.4所示。

2014年京沪高速公路(G2)货运密度 表3.4

路 段	路段起止点	货运密度 (吨公里/公里)	路段起止点	货运密度 (吨公里/公里)
北京段	大羊坊—廊坊	79 550	廊坊—大羊坊	75 884
河北段	廊坊—泗村店	67 949	泗村店—廊坊	52 297
天津段	泗村店—汊沽	69 472	汊沽—泗村店	74 046
	汊沽—独流	63 885	独流—汊沽	68 965
	独流—九宣闸(津冀界)	21 124	九宣闸(津冀界)—独流	24 100
河北段	青县主线(冀津界)—沧州	103 742	沧州—青县主线(冀津界)	82 279
	沧州—吴桥(冀鲁界)	82 699	吴桥(冀鲁界)—沧州	57 910
山东段	京福鲁冀(德州)—齐河	128 924	齐河—京福鲁冀(德州)	102 329
	齐河—济南	285 381	济南—齐河	222 813
	济南—泰安	183 902	泰安—济南	147 302
	泰安—京沪鲁苏	153 739	京沪鲁苏—泰安	122 394
江苏段	苏鲁省界—淮安	247 509	淮安—苏鲁省界	110 481
	淮安—江都	219 083	江都—淮安	88 096
	江都—江阴	79 824	江阴—江都	50 969
	江阴—无锡	21 480	无锡—江阴	61 922
	无锡—苏州北	157 734	苏州北—无锡	173 306
	苏州北—花桥主线(苏沪界)	63 918	花桥主线(苏沪界)—苏州北	78 143
上海段	安亭主线(沪苏界)—江桥	57 743	江桥—安亭主线(沪苏界)	61 281

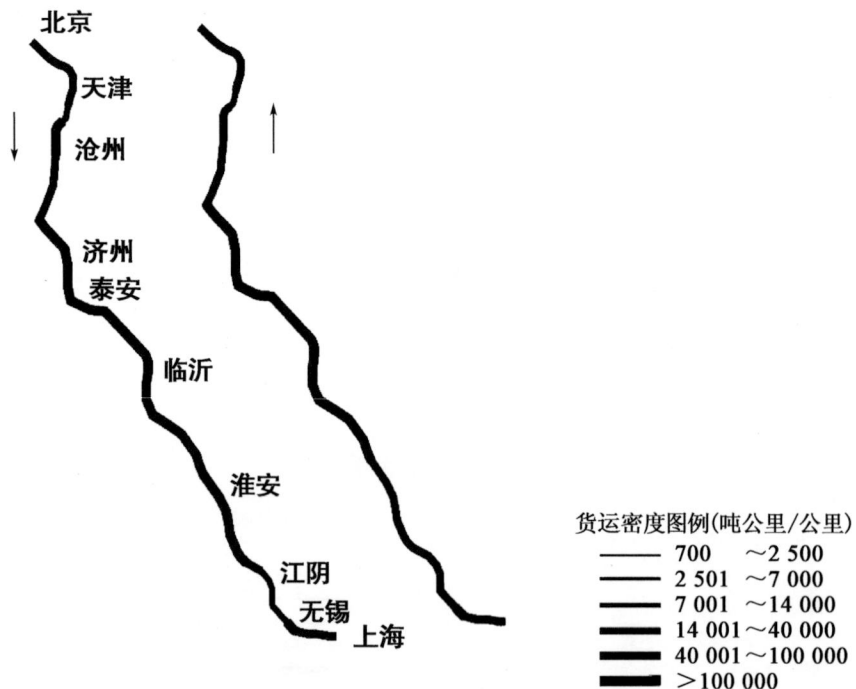

货运密度图例(吨公里/公里)
- —— 700 ~2 500
- —— 2 501 ~7 000
- —— 7 001 ~14 000
- —— 14 001~40 000
- —— 40 001~100 000
- —— >100 000

图3.4 2014年京沪高速公路(G2)日均货运密度

3.3　京港澳高速(G4)运输密度

3.3.1　客运密度分布如表3.5和图3.5所示。

2014年京港澳高速公路(G4)客运密度　　　　　　　　　表3.5

路　段	路段起止点	客运密度 (人公里/公里)	路段起止点	客运密度 (人公里/公里)
北京	六环—琉璃河南(京冀界)	64 880	琉璃河南(京冀界)—六环	39 249
河北段	涿州北(冀京界)—保定	17 594	保定—涿州北(冀京界)	10 397
	保定—石家庄	19 322	石家庄—保定	18 350
	石家庄—栾城	21 398	栾城—石家庄	20 578
	栾城—临漳(冀豫界)	8 689	临漳(冀豫界)—栾城	8 756
河南段	京港澳豫冀界—鹤壁	17 781	鹤壁—京港澳豫冀界	18 293
	鹤壁—新乡	42 411	新乡—鹤壁	42 890
	新乡—郑州	57 704	郑州—新乡	58 502
	郑州—许昌	79 122	许昌—郑州	77 282
	许昌—漯河	54 471	漯河—许昌	53 092
	漯河—驻马店	30 808	驻马店—漯河	29 105
	驻马店—京港澳豫鄂界	15 040	京港澳豫鄂界—驻马店	14 816
湖北段	豫鄂界—武汉北	14 142	武汉北—豫鄂界	14 398
	武汉北—鄂南(鄂湘界)	24 604	鄂南(鄂湘界)—武汉北	24 781
湖南段	羊楼司(湘鄂界)—岳阳	16 929	岳阳—羊楼司(湘鄂界)	16 044
	岳阳—长沙	41 967	长沙—岳阳	42 261
	长沙—湘潭	62 133	湘潭—长沙	60 283
	湘潭—衡阳	39 304	衡阳—湘潭	40 354
	衡阳—郴州	34 380	郴州—衡阳	35 501
	郴州—宜章	39 103	宜章—郴州	39 860
	宜章—小塘(湘粤界)	32 760	小塘(湘粤界)—宜章	33 205
广东段	粤北(粤湘界)—广州	15 035	广州—粤北(粤湘界)	16 931
	广州—太平	149 446	太平—广州	136 569
	太平—深圳皇岗	138 433	深圳皇岗—太平	123 140

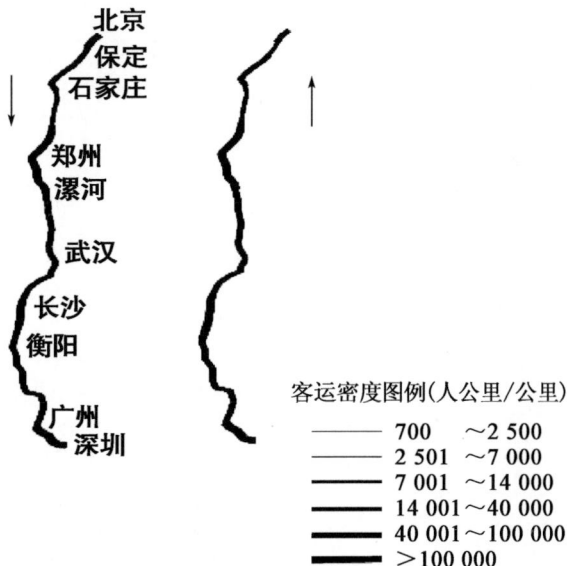

客运密度图例(人公里/公里)
——— 700　~2 500
——— 2 501　~7 000
——— 7 001~14 000
——— 14 001~40 000
——— 40 001~100 000
——— >100 000

图3.5　2014年京港澳高速公路(G4)日均客运密度

3.3.2 货运密度分布如表 3.6 和图 3.6 所示。

2014 年京港澳高速公路（G4）货运密度　　　　表 3.6

路　　段	路段起止点	货运密度 （吨公里/公里）	路段起止点	货运密度 （吨公里/公里）
北京	六环—琉璃河南（京冀界）	40 800	琉璃河南（京冀界）—六环	22 628
河北段	涿州北（冀京界）—保定	23 936	保定—涿州北（冀京界）	22 821
	保定—石家庄	28 498	石家庄—保定	41 268
	石家庄—栾城	9 176	栾城—石家庄	10 272
	栾城—临漳（冀豫界）	8 024	临漳（冀豫界）—栾城	7 840
河南段	京港澳豫冀界—鹤壁	28 014	鹤壁—京港澳豫冀界	21 387
	鹤壁—新乡	59 038	新乡—鹤壁	46 170
	新乡—郑州	116 039	郑州—新乡	67 361
	郑州—许昌	81 442	许昌—郑州	71 464
	许昌—漯河	116 099	漯河—许昌	89 209
	漯河—驻马店	120 168	驻马店—漯河	108 583
	驻马店—京港澳豫鄂界	111 100	京港澳豫鄂界—驻马店	103 930
湖北段	豫鄂界—武汉北	105 742	武汉北—豫鄂界	81 066
	武汉北—鄂南（鄂湘界）	120 944	鄂南（鄂湘界）—武汉北	105 747
湖南段	羊楼司（湘鄂界）—岳阳	110 871	岳阳—羊楼司（湘鄂界）	96 271
	岳阳—长沙	182 222	长沙—岳阳	143 588
	长沙—湘潭	128 607	湘潭—长沙	111 147
	湘潭—衡阳	113 059	衡阳—湘潭	123 486
	衡阳—郴州	95 953	郴州—衡阳	96 259
	郴州—宜章	101 513	宜章—郴州	99 503
	宜章—小塘（湘粤界）	95 557	小塘（湘粤界）—宜章	95 723
广东段	粤北（粤湘界）—广州	53 146	广州—粤北（粤湘界）	43 942
	广州—太平	104 788	太平—广州	82 611
	太平—深圳皇岗	43 930	深圳皇岗—太平	32 855

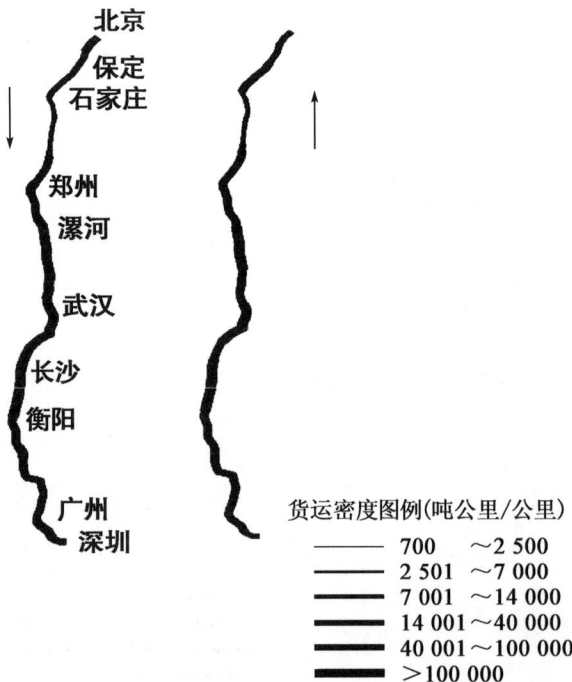

图 3.6　2014 年京港澳高速公路（G4）日均货运密度

3.4 京昆高速公路(G5)运输密度

3.4.1 客运密度分布如表3.7和图3.7所示。

2014年京昆高速公路(G5)客运密度   表3.7

路　段	路段起止点	客运密度 (人公里/公里)	路段起止点	客运密度 (人公里/公里)
北京段	六环—琉璃河南(京冀界)	64 880	琉璃河南(京冀界)—六环	39 249
河北段	涿州—满城	22 067	满城—涿州	20 769
	满城—石家庄	13 758	石家庄—满城	14 395
	石家庄—井陉西(冀晋界)	18 068	井陉西(冀晋界)—石家庄	17 552
山西段	旧关(晋冀界)—阳泉	9 832	阳泉—旧关(晋冀界)	12 910
	阳泉—太原	18 474	太原—阳泉	19 581
	太原—罗城	19 867	罗城—太原	20 147
	罗城—交城	49 061	交城—罗城	48 000
	交城—侯马	21 449	侯马—交城	20 756
	侯马—龙门大桥(晋陕界)	7 969	龙门大桥(晋陕界)—侯马	7 557
陕西段	禹门口(陕晋界)—西安	20 443	西安—禹门口(陕晋界)	20 293
	西安—汉中	23 753	汉中—西安	23 037
	汉中—棋盘关(陕川界)	11 330	棋盘关(陕川界)—汉中	11 241
四川段	棋盘关—广元	16 208	广元—棋盘关	16 497
	广元—绵阳	28 915	绵阳—广元	29 766
	绵阳—德阳	42 939	德阳—绵阳	41 787
	德阳—成都	73 245	成都—德阳	74 877
	成都—青龙	109 789	青龙—成都	105 085
	青龙—雅安东	23 785	雅安东—青龙	23 496
	雅安东—西昌	14 821	西昌—雅安东	14 821
	西昌—攀枝花	10 768	攀枝花—西昌	10 438

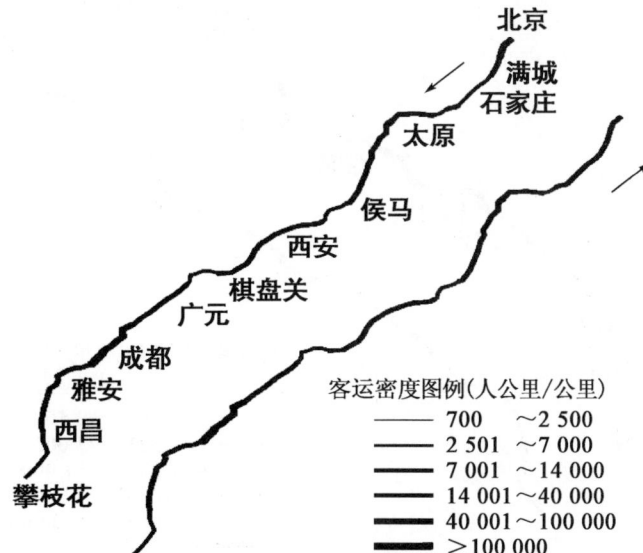

图3.7 2014年京昆高速公路(G5)客运密度

3.4.2 货运密度分布如表3.8和图3.8所示。

2014年京昆高速公路(G5)货运密度   表3.8

路 段	路段起止点	货运密度 (吨公里/公里)	路段起止点	货运密度 (吨公里/公里)
北京段	六环—琉璃河南(京冀界)	40 800	琉璃河南(京冀界)—六环	22 628
河北段	涿州—满城	19 401	满城—涿州	40 878
	满城—石家庄	18 414	石家庄—满城	22 526
	石家庄—井陉西(冀晋界)	101 742	井陉西(冀晋界)—石家庄	78 389
山西段	旧关(晋冀界)—阳泉	88 912	阳泉—旧关(晋冀界)	150 062
	阳泉—太原	61 383	太原—阳泉	86 506
	太原—罗城	40 297	罗城—太原	33 725
	罗城—交城	42 132	交城—罗城	39 990
	交城—侯马	20 374	侯马—交城	18 437
	侯马—龙门大桥(晋陕界)	20 196	龙门大桥(晋陕界)—侯马	14 046
陕西段	禹门口(陕晋界)—西安	37 653	西安—禹门口(陕晋界)	21 545
	西安—汉中	69 580	汉中—西安	43 152
	汉中—棋盘关(陕川界)	81 767	棋盘关(陕川界)—汉中	44 372
四川段	棋盘关—广元	82 742	广元—棋盘关	47 924
	广元—绵阳	78 306	绵阳—广元	54 360
	绵阳—德阳	41 464	德阳—绵阳	33 603
	德阳—成都	34 837	成都—德阳	30 871
	成都—青龙	38 920	青龙—成都	54 588
	青龙—雅安东	19 536	雅安东—青龙	19 951
	雅安东—西昌	13 841	西昌—雅安东	14 645
	西昌—攀枝花	10 605	攀枝花—西昌	13 431

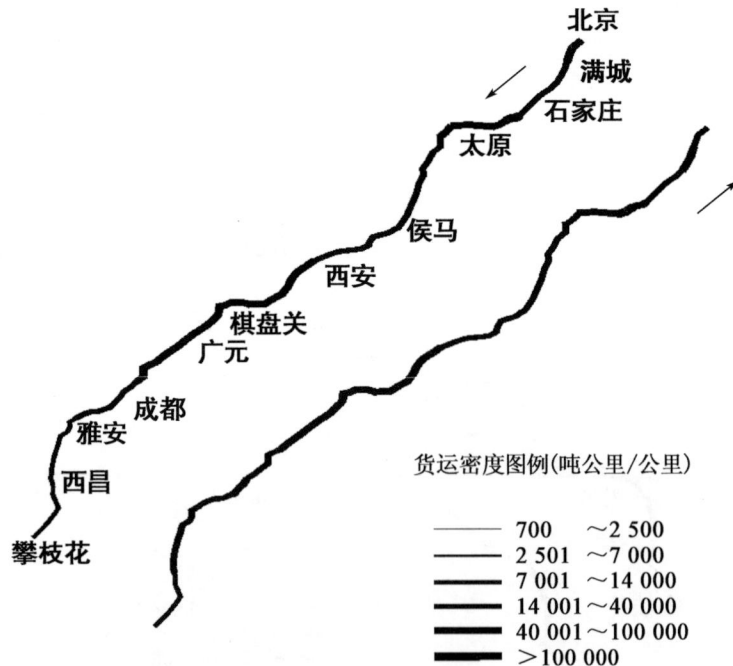

图3.8 2014年京昆高速公路(G5)货运密度

3.5　京藏高速公路(G6)运输密度

3.5.1　客运密度分布如表 3.9 和图 3.9 所示。

路　段	路段起止点	客运密度 (人公里/公里)	路段起止点	客运密度 (人公里/公里)
北京段	六环—居庸关	80 455	居庸关—六环	102 240
	居庸关—市界	46 918	市界—居庸关	48 147
河北段	东花园—宣化主线	20 745	宣化主线—东花园	21 535
	宣化主线—东洋河	10 549	东洋河—宣化主线	11 102
内蒙古段	蒙冀界—乌兰察布	9 262	乌兰察布—蒙冀界	9 715
	乌兰察布—呼和浩特	14 135	呼和浩特—乌兰察布	14 899
	呼和浩特—包头	19 622	包头—呼和浩特	20 191
	包头—临河	7 288	临河—包头	6 787
	临河—磴口	3 584	磴口—临河	4 621
	磴口—蒙宁界	4 053	蒙宁界—磴口	4 993
宁夏段	惠农主线(宁蒙界)—姚伏	9 084	姚伏—惠农主线(宁蒙界)	8 231
	姚伏—银川	21 102	银川—姚伏	20 199
	银川—吴忠	22 251	吴忠—银川	22 213
	吴忠—中宁	13 477	中宁—吴忠	13 559
	中宁—桃山	5 295	桃山—中宁	5 751
	桃山—兴仁主线(宁甘界)	4 075	兴仁主线(宁甘界)—桃山	3 813
甘肃段	刘家寨主线(甘宁界)—白银	7 692	白银—刘家寨主线(甘宁界)	6 780
	白银—树屏	20 025	树屏—白银	19 202
	树屏—河口	21 095	河口—树屏	19 510
	河口—海石湾主线(甘青界)	12 410	海石湾主线(甘青界)—河口	11 979
青海段	马场垣主线(青甘界)—平安	10 422	平安—马场垣主线(青甘界)	8 731
	平安—西宁	35 420	西宁—平安	33 270

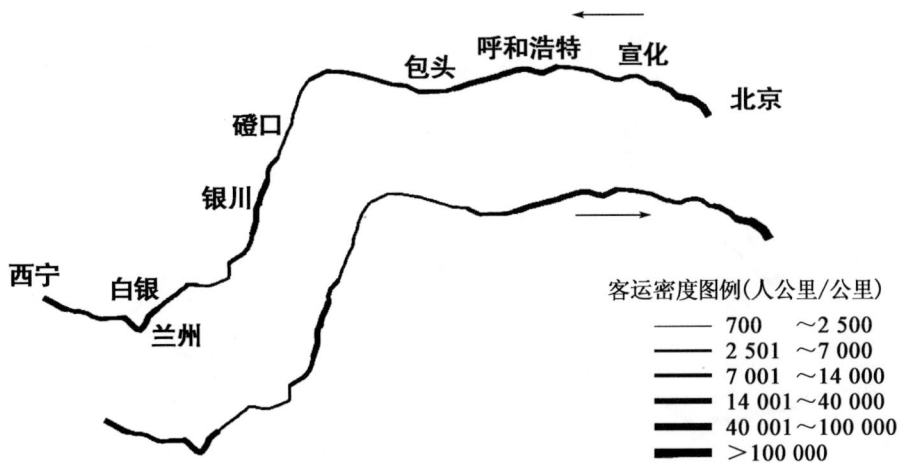

图 3.9　2014 年京藏高速公路(G6)客运密度

3.5.2 货运密度分布如表3.10和图3.10所示。

2014年京藏高速公路(G6)货运密度   表3.10

路　段	路段起止点	货运密度 (吨公里/公里)	路段起止点	货运密度 (吨公里/公里)
北京段	六环—居庸关	128 131	居庸关—六环	38 723
	居庸关—市界	134 573	市界—居庸关	4 600
河北段	东花园—宣化主线	50 854	宣化主线—东花园	30 110
	宣化主线—东洋河	27 349	东洋河—宣化主线	77 247
内蒙古段	蒙冀界—乌兰察布	50 226	乌兰察布—蒙冀界	115 891
	乌兰察布—呼和浩特	40 763	呼和浩特—乌兰察布	97 576
	呼和浩特—包头	23 112	包头—呼和浩特	67 716
	包头—临河	24 550	临河—包头	27 536
	临河—磴口	4 355	磴口—临河	17 281
	磴口—蒙宁界	25 496	蒙宁界—磴口	27 536
宁夏段	惠农主线(宁蒙界)—姚伏	23 870	姚伏—惠农主线(宁蒙界)	11 911
	姚伏—银川	32 842	银川—姚伏	15 256
	银川—吴忠	11 019	吴忠—银川	8 481
	吴忠—中宁	14 311	中宁—吴忠	11 000
	中宁—桃山	17 170	桃山—中宁	16 166
	桃山—兴仁主线(宁甘界)	20 162	兴仁主线(宁甘界)—桃山	12 311
甘肃段	刘家寨主线(甘宁界)—白银	26 573	白银—刘家寨主线(甘宁界)	17 262
	白银—树屏	45 772	树屏—白银	42 882
	树屏—河口	47 046	河口—树屏	41 412
	河口—海石湾主线(甘青界)	38 942	海石湾主线(甘青界)—河口	33 669
青海段	马场垣主线(青甘界)—平安	38 777	平安—马场垣主线(青甘界)	35 627
	平安—西宁	49 472	西宁—平安	47 314

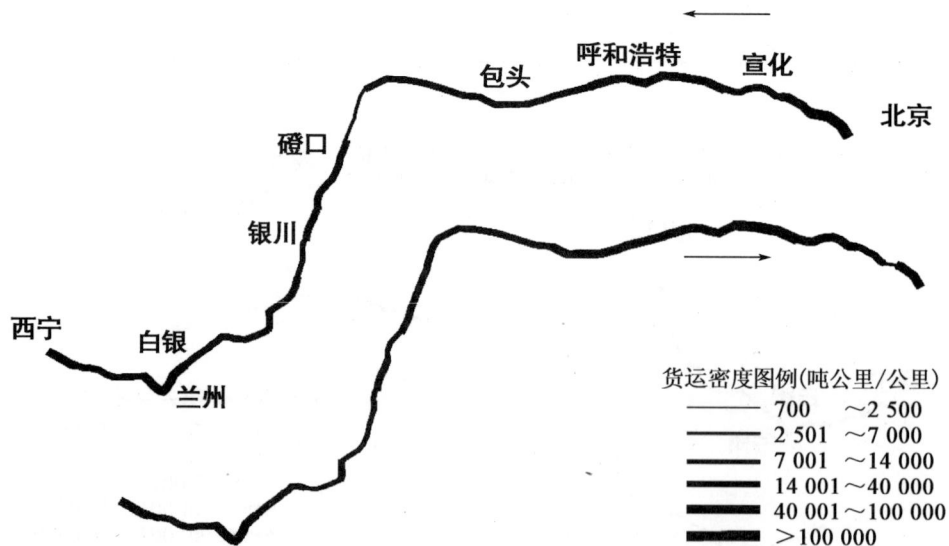

图3.10　2014年京藏高速公路(G6)货运密度

3.6 沈海高速公路(G15)运输密度

3.6.1 客运密度分布如表 3.11 和图 3.11 所示。

2014 年沈海高速公路(G15)客运密度   表 3.11

路 段	路段起止点	客运密度 (人公里/公里)	路段起止点	客运密度 (人公里/公里)
辽宁段	沈阳—鞍山	39 561	鞍山—沈阳	40 629
	鞍山—营口	29 602	营口—鞍山	30 317
	营口—鲅鱼圈	36 686	鲅鱼圈—营口	37 190
	鲅鱼圈—大连	106 148	大连—鲅鱼圈	81 923
山东段	烟台—栖霞	27 995	栖霞—烟台	28 049
	栖霞—青岛	16 911	青岛—栖霞	17 323
	青岛—沈海鲁苏	30 195	沈海鲁苏—青岛	30 263
江苏段	沈海苏鲁—南通	49 402	南通—沈海苏鲁	42 167
	南通—常熟	161 775	常熟—南通	148 638
	常熟—太仓主线(苏沪界)	116 522	太仓主线(苏沪界)—常熟	166 969
上海段	朱桥(沪苏界)—嘉浏	105 625	嘉浏—朱桥(沪苏界)	109 449
	嘉浏—新桥	62 917	新桥—嘉浏	65 473
	新桥—嘉金莘奉金立交	33 136	嘉金莘奉金立交—新桥	30 917
	嘉金莘奉金立交—金山卫(沪浙界)	19 284	金山卫(沪浙界)—嘉金莘奉金立交	18 407
浙江段	浙沪主线—宁波北	25 945	宁波北—浙沪主线	26 495
	宁波姜山—宁海	38 937	宁海—宁波姜山	38 972
	宁海—吴岙	25 117	吴岙—宁海	25 312
	吴岙—台州	42 498	台州—吴岙	42 628
	台州—温州	34 819	温州—台州	34 877
	温州—平阳	71 355	平阳—温州	71 690
	平阳—分水关(浙闽界)	27 614	分水关(浙闽界)—平阳	27 787
福建段	闽浙—福州	21 539	福州—闽浙	21 054
	福州—莆田	53 299	莆田—福州	52 095
	莆田—泉州	46 040	泉州—莆田	45 051
	泉州—厦门	75 572	厦门—泉州	76 834
	厦门—漳州	48 230	漳州—厦门	48 257
	漳州—闽粤界	20 405	闽粤界—漳州	18 477
广东段	汾水关—汕头	17 486	汕头—汾水关	19 460
	汕头—陆丰	21 247	陆丰—汕头	30 646
	陆丰—深圳	49 776	深圳—陆丰	60 493
	深圳—广州	137 037	广州—深圳	153 427
	广州—阳江	79 524	阳江—广州	73 499
	阳江—湛江	37 956	湛江—阳江	31 146
	湛江—徐闻	10 412	徐闻—湛江	11 179

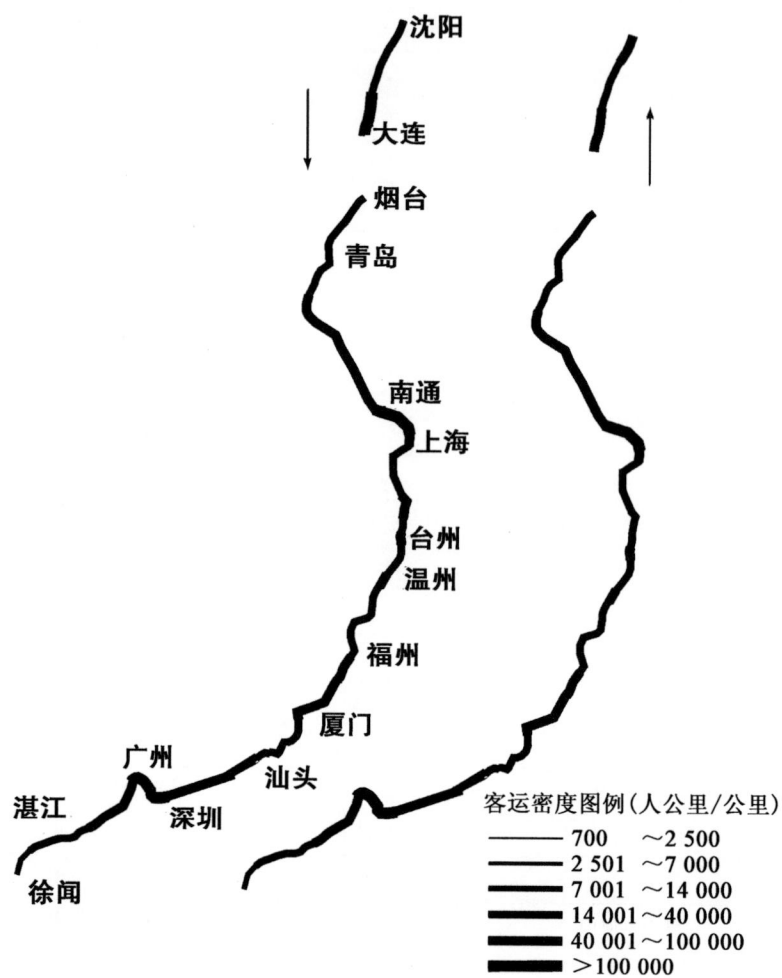

图 3.11　2014 年沈海高速公路(G15)客运密度

3.6.2 货运密度分布如表3.12和图3.12所示。

2014年沈海高速公路(G15)货运密度   表3.12

路 段	路段起止点	货运密度 (吨公里/公里)	路段起止点	货运密度 (吨公里/公里)
辽宁段	沈阳—鞍山	63 076	鞍山—沈阳	57 519
	鞍山—营口	77 357	营口—鞍山	70 227
	营口—鲅鱼圈	97 964	鲅鱼圈—营口	80 271
	鲅鱼圈—大连	31 565	大连—鲅鱼圈	32 353
山东段	烟台—栖霞	25 651	栖霞—烟台	28 237
	栖霞—青岛	39 716	青岛—栖霞	36 289
	青岛—沈海鲁苏	69 843	沈海鲁苏—青岛	62 786
江苏段	沈海苏鲁—南通	113 369	南通—沈海苏鲁	61 404
	南通——常熟	184 274	常熟—南通	112 600
	常熟—太仓主线(苏沪界)	75 352	太仓主线(苏沪界)—常熟	116 977
上海段	朱桥(沪苏界)—嘉浏	96 223	嘉浏—朱桥(沪苏界)	96 774
	嘉浏—新桥	98 383	新桥—嘉浏	86 220
	新桥—嘉金莘奉金立交	39 300	嘉金莘奉金立交—新桥	33 045
	嘉金莘奉金立交—金山卫(沪浙界)	43 161	金山卫(沪浙界)—嘉金莘奉金立交	44 145
浙江段	浙沪主线—宁波北	37 867	宁波北—浙沪主线	33 436
	宁波姜山—宁海	32 842	宁海—宁波姜山	53 975
	宁海—吴岙	31 401	吴岙—宁海	54 754
	吴岙—台州	54 019	台州—吴岙	81 760
	台州—温州	42 997	温州—台州	58 832
	温州—平阳	77 263	平阳—温州	91 836
	平阳—分水关(浙闽界)	67 790	分水关(浙闽界)—平阳	76 816
福建段	闽浙—福州	62 623	福州—闽浙	68 560
	福州—莆田	68 992	莆田—福州	70 917
	莆田—泉州	73 012	泉州—莆田	87 412
	泉州—厦门	77 698	厦门—泉州	89 119
	厦门—漳州	52 228	漳州—厦门	72 383
	漳州—闽粤界	34 802	闽粤界—漳州	31 630
广东段	汾水关—汕头	55 626	汕头—汾水关	52 654
	汕头—陆丰	61 902	陆丰—汕头	63 943
	陆丰—深圳	70 831	深圳—陆丰	75 992
	深圳—广州	83 659	广州—深圳	104 863
	广州—阳江	104 655	阳江—广州	99 968
	阳江—湛江	72 937	湛江—阳江	54 509
	湛江—徐闻	24 410	徐闻—湛江	23 541

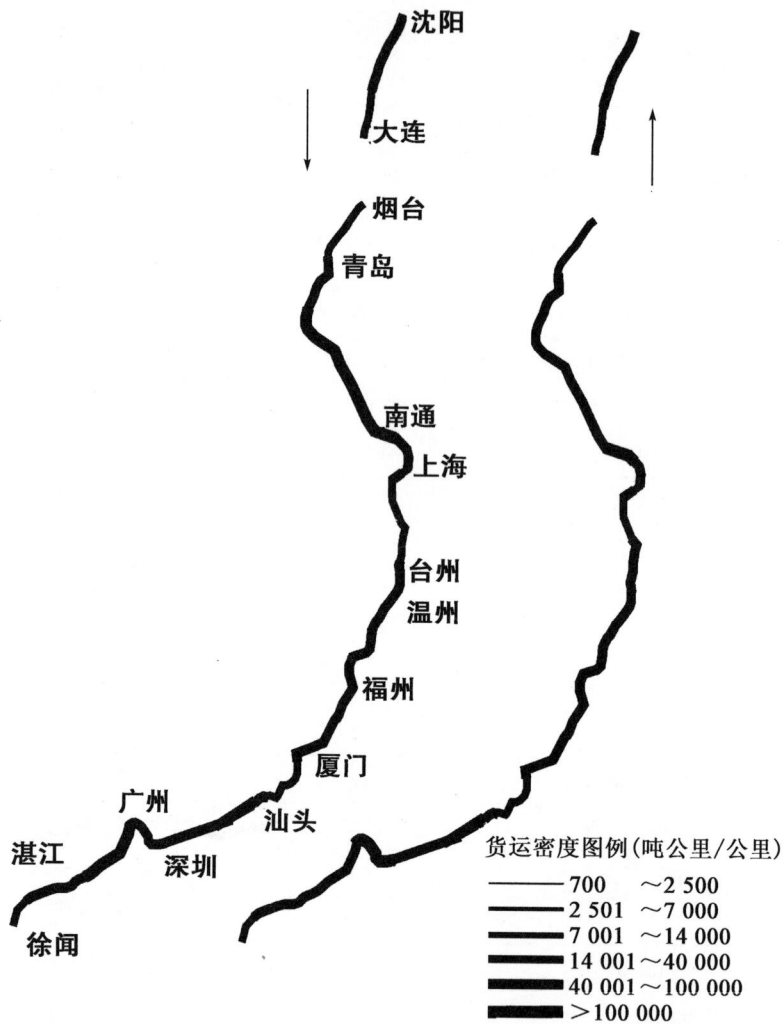

图 3.12　2014 年沈海高速公路(G15)货运密度

3.7 青银高速公路(G20)运输密度

3.7.1 客运密度分布如表 3.13 和图 3.13 所示。

2014 年青银高速公路(G20)客运密度 表 3.13

路　　段	路段起止点	客运密度 （人公里/公里）	路段起止点	客运密度 （人公里/公里）
山东段	青岛—胶州	27 396	胶州—青岛	26 832
	胶州—潍坊	22 945	潍坊—胶州	22 809
	潍坊—济南	40 912	济南—潍坊	40 330
	济南—齐河	71 008	齐河—济南	71 788
	齐河—青银鲁冀	11 789	青银鲁冀—齐河	11 484
河北段	清河（冀鲁界）—栾城	13 084	栾城—清河（冀鲁界）	13 463
	栾城—石家庄	8 736	石家庄—栾城	8 728
	石家庄—井陉西（冀晋界）	16 710	井陉西（冀晋界）—石家庄	15 241
山西段	旧关（晋冀界）—阳泉	9 832	阳泉—旧关（晋冀界）	12 910
	阳泉—太原	18 474	太原—阳泉	19 581
	太原—罗城	19 867	罗城—太原	20 147
	罗城—交城	49 061	交城—罗城	48 000
	交城—吕梁	16 797	吕梁—交城	16 416
	吕梁—柳林	13 007	柳林—吕梁	5 548
陕西段	吴堡主线（陕晋界）—靖边	3 142	靖边—吴堡主线（陕晋界）	3 125
	靖边—王圈梁（陕宁界）	7 856	王圈梁（陕宁界）—靖边	7 669
宁夏段	盐池主线（宁陕界）—临河	11 736	临河—盐池主线（宁陕界）	10 955
	临河—银川	41 284	银川—临河	46 364

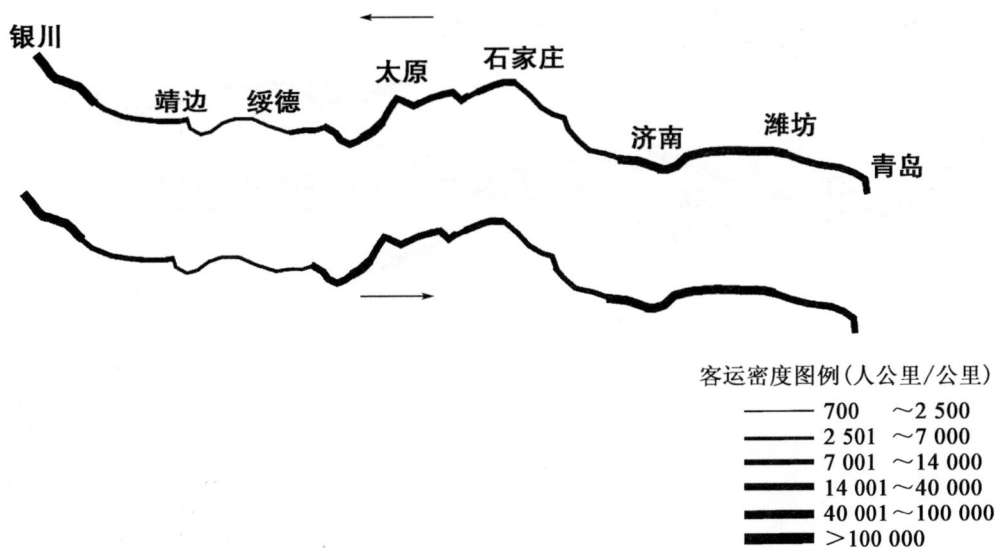

图 3.13　2014 年青银高速公路(G20)客运密度

3.7.2 货运密度分布如表3.14和图3.14所示。

2014年青银高速公路(G20)货运密度 表 3.14

路　段	路段起止点	货运密度 (吨公里/公里)	路段起止点	货运密度 (吨公里/公里)
山东段	青岛—胶州	38 341	胶州—青岛	26 914
	胶州—潍坊	42 239	潍坊—胶州	35 372
	潍坊—济南	95 705	济南—潍坊	91 703
	济南—齐河	285 381	齐河—济南	222 813
	齐河—青银鲁冀	92 831	青银鲁冀—齐河	132 429
河北段	清河(冀鲁界)—栾城	38 508	栾城—清河(冀鲁界)	61 629
	栾城—石家庄	57 399	石家庄—栾城	52 439
	石家庄—井陉西(冀晋界)	91 776	井陉西(冀晋界)—石家庄	169 555
山西段	旧关(晋冀界)—阳泉	88 912	阳泉—旧关(晋冀界)	150 062
	阳泉—太原	61 383	太原—阳泉	86 506
	太原—罗城	40 297	罗城—太原	33 725
	罗城—交城	42 132	交城—罗城	39 990
	交城—吕梁	38 670	吕梁—交城	57 292
	吕梁—柳林	81 192	柳林—吕梁	196 387
陕西段	吴堡主线(陕晋界)—靖边	63 902	靖边—吴堡主线(陕晋界)	92 391
	靖边—王圈梁(陕宁界)	62 778	王圈梁(陕宁界)—靖边	53 035
宁夏段	盐池主线(宁陕界)—临河	19 528	临河—盐池主线(宁陕界)	18 241
	临河—银川	43 799	银川—临河	63 496

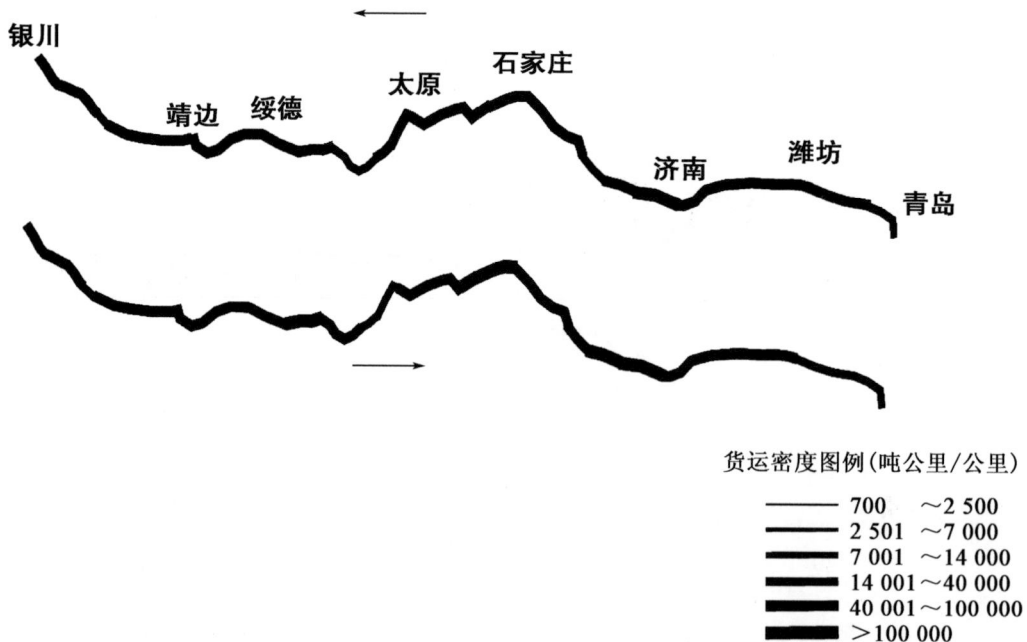

货运密度图例(吨公里/公里)

——	700　～2 500
——	2 501　～7 000
——	7 001　～14 000
——	14 001～40 000
——	40 001～100 000
——	>100 000

图3.14　2014年青银高速公路(G20)

3.8 连霍高速公路(G30)运输密度

3.8.1 客运密度分布如表 3.15 和图 3.15 所示。

2014 年连霍高速公路(G30)客运密度   表 3.15

路　段	路段起止点	客运密度 (人公里/公里)	路段起止点	客运密度 (人公里/公里)
江苏段	连云港—徐州	12 469	徐州—连云港	12 901
	徐州—苏皖省界	24 466	苏皖省界—徐州	28 376
安徽段	皖苏—皖豫	18 691	皖豫—皖苏	18 282
河南段	连霍豫皖界—商丘	20 903	商丘—连霍豫皖界	21 228
	商丘—开封	34 601	开封—商丘	33 496
	开封—郑州	63 549	郑州—开封	62 090
	郑州—洛阳	45 434	洛阳—郑州	44 167
	洛阳—三门峡	23 427	三门峡—洛阳	22 658
	三门峡—连霍豫陕界	15 419	连霍豫陕界—三门峡	14 349
陕西段	潼关(陕豫界)—西安	35 022	西安—潼关(陕豫界)	35 485
	西安—咸阳	50 450	咸阳—西安	46 998
	咸阳—杨凌	48 265	杨凌—咸阳	42 480
	杨凌—宝鸡	27 856	宝鸡—杨凌	24 371
	宝鸡—陈仓(陕甘界)	8 189	陈仓(陕甘界)—宝鸡	7 340
甘肃段	陈仓(甘陕界)—天水	5 215	天水—陈仓(甘陕界)	5 899
	天水—定西	8 730	定西—天水	7 878
	定西—兰州	26 272	兰州—定西	26 771
	兰州—龙泉寺	26 524	龙泉寺—兰州	26 542
	龙泉寺—华藏寺	10 042	华藏寺—龙泉寺	10 022
	华藏寺—双塔	8 898	双塔—华藏寺	8 797
	双塔—武威	13 387	武威—双塔	12 919
	武威—张掖	6 161	张掖—武威	5 959
	张掖—清水主线	5 645	清水主线—张掖	5 344
	清水主线—嘉峪关	6 110	嘉峪关—清水主线	5 610
	嘉峪关—瓜州站	6 838	瓜州站—嘉峪关	5 967
	瓜州站—柳园北主线(甘疆界)	3 271	柳园北主线(甘疆界)—瓜州站	2 259

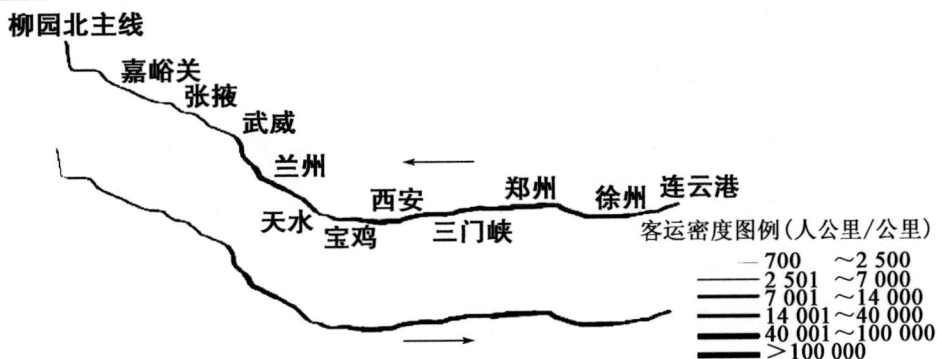

图 3.15 2014 年连霍高速公路(G30)客运密度

3.8.2 货运密度分布如表3.16和图3.16所示。

2014年连霍高速公路（G30）货运密度　　　　　　　表3.16

路　　段	路段起止点	货运密度 （吨公里/公里）	路段起止点	货运密度 （吨公里/公里）
江苏段	连云港—徐州	19 892	徐州—连云港	17 903
	徐州—苏皖省界	98 420	苏皖省界—徐州	68 339
安徽段	皖苏—皖豫	43 255	皖豫—皖苏	27 294
河南段	连霍豫皖界—商丘	23 076	商丘—连霍豫皖界	18 948
	商丘—开封	34 902	开封—商丘	40 453
	开封—郑州	75 453	郑州—开封	67 677
	郑州—洛阳	79 473	洛阳—郑州	71 325
	洛阳—三门峡	112 942	三门峡—洛阳	99 471
	三门峡—连霍豫陕界	112 677	连霍豫陕界—三门峡	108 298
陕西段	潼关（陕豫界）—西安	130 119	西安—潼关（陕豫界）	95 594
	西安—咸阳	78 220	咸阳—西安	70 526
	咸阳—杨凌	62 738	杨凌—咸阳	44 855
	杨凌—宝鸡	57 272	宝鸡—杨凌	39 885
	宝鸡—陈仓（陕甘界）	45 154	陈仓（陕甘界）—宝鸡	31 888
甘肃段	陈仓（甘陕界）—天水	36 547	天水—陈仓（甘陕界）	20 076
	天水—定西	33 072	定西—天水	22 433
	定西—兰州	46 317	兰州—定西	47 096
	兰州—龙泉寺	41 478	龙泉寺—兰州	47 242
	龙泉寺—华藏寺	11 798	华藏寺—龙泉寺	16 693
	华藏寺—双塔	19 968	双塔—华藏寺	20 998
	双塔—武威	47 651	武威—双塔	44 793
	武威—张掖	45 380	张掖—武威	43 122
	张掖—清水主线	43 075	清水主线—张掖	44 163
	清水主线—嘉峪关	44 950	嘉峪关—清水主线	46 308
	嘉峪关—瓜州站	51 748	瓜州站—嘉峪关	53 154
	瓜洲站—柳园北主线（甘疆界）	46 248	柳园北主线（甘疆界）—瓜洲站	47 338

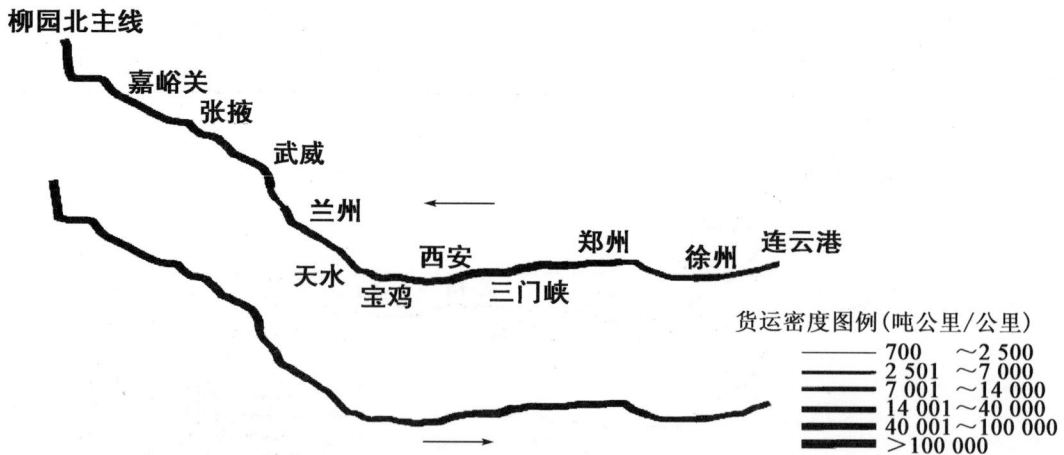

图3.16　2014年连霍高速公路（G30）货运密度

3.9　宁洛高速公路(G36)运输密度

3.9.1　客运密度分布如表 3.17 和图 3.17 所示。

2014 年宁洛高速公路(G36)客运密度　　　　　　　　　表 3.17

路　段	路段起止点	客运密度 (人公里/公里)	路段起止点	客运密度 (人公里/公里)
安徽段	曹庄(皖苏界)—滁州	49 131	滁州—曹庄(皖苏界)	49 984
	滁州—蚌埠	46 502	蚌埠—滁州	45 636
	蚌埠—界首(皖豫界)	25 821	界首(皖豫界)—蚌埠	25 940
河南段	宁洛豫皖界—漯河	25 641	漯河—宁洛豫皖界	26 871
	漯河—平顶山	15 650	平顶山—漯河	17 800
	平顶山—洛阳	15 807	洛阳—平顶山	15 942

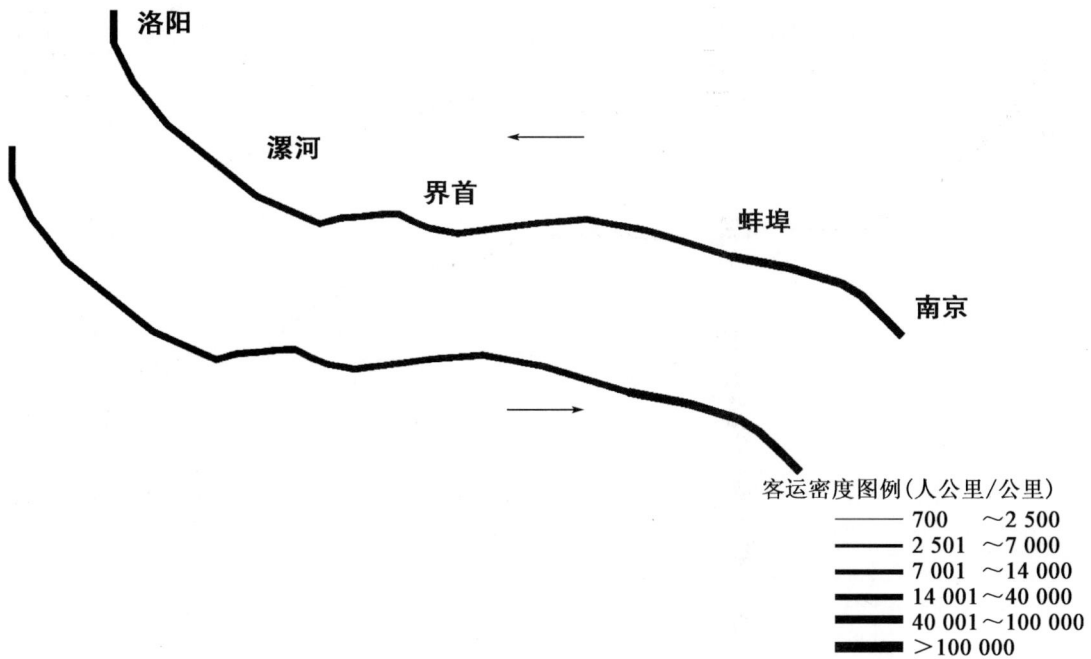

图 3.17　2014 年宁洛高速公路(G36)客运密度

3.9.2 货运密度分布如表3.18和图3.18所示。

2014年宁洛高速公路（G36）货运密度　　　　表3.18

路　段	路段起止点	货运密度 （吨公里/公里）	路段起止点	货运密度 （吨公里/公里）
安徽段	曹庄（皖苏界）—滁州	80 712	滁州—曹庄（皖苏界）	62 515
	滁州—蚌埠	61 855	蚌埠—滁州	76 583
	蚌埠—界首（皖豫界）	45 529	界首（皖豫界）—蚌埠	51 749
河南段	宁洛豫皖界—漯河	36 580	漯河—宁洛豫皖界	53 002
	漯河—平顶山	27 630	平顶山—漯河	48 082
	平顶山—洛阳	36 255	洛阳—平顶山	56 050

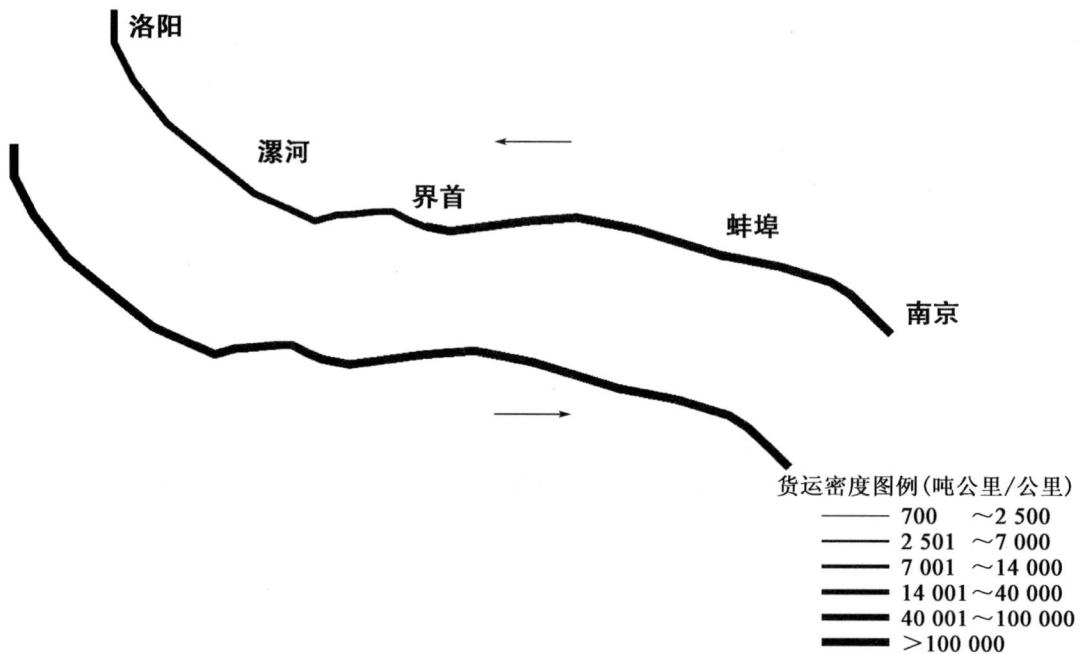

洛阳　漯河　界首　蚌埠　南京

货运密度图例（吨公里/公里）
—— 700　～2 500
—— 2 501～7 000
—— 7 001～14 000
—— 14 001～40 000
—— 40 001～100 000
—— ＞100 000

图3.18　2014年宁洛高速公路（G36）货运密度

3.10　沪陕高速公路(G40)运输密度

3.10.1　客运密度分布如表 3.19 和图 3.19 所示。

2014 年沪陕高速公路(G40)客运密度　　　　　　　　　　表 3.19

路　段	路段起止点	客运密度 (人公里/公里)	路段起止点	客运密度 (人公里/公里)
江苏段	南通—广陵	48 687	广陵—南通	47 007
	广陵—南京	61 302	南京—广陵	87 710
	南京—皖苏界	48 597	皖苏界—南京	29 029
安徽段	吴庄(皖苏界)—合肥	45 616	合肥—吴庄(皖苏界)	47 648
	合肥—叶集(皖豫界)	39 671	叶集(皖豫界)—合肥	37 598
河南段	沪陕豫皖界—南阳	15 616	南阳—沪陕豫皖界	14 479
	南阳—沪陕豫陕界	13 168	沪陕豫陕界—南阳	11 940
陕西段	界牌(陕豫界)—商洛	7 773	商洛—界牌(陕豫界)	35 485
	商洛—西安	22 193	西安—商洛	46 998

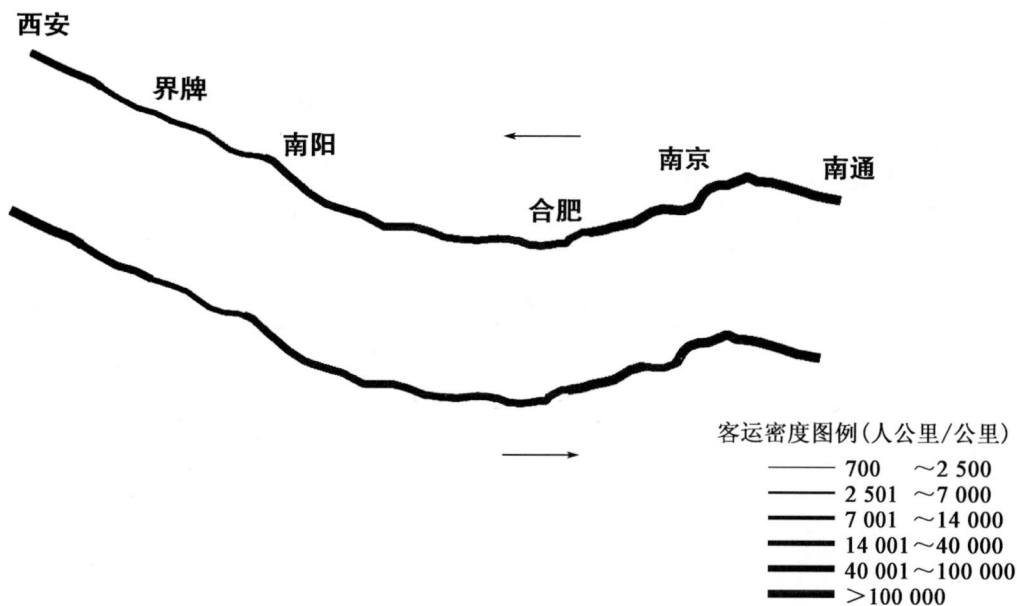

图 3.19　2014 年沪陕高速公路(G40)客运密度

3.10.2 货运密度分布如表3.20和图3.20所示。

2014年沪陕高速公路(G40)货运密度   表 3.20

路　　段	路段起止点	货运密度 (吨公里/公里)	路段起止点	货运密度 (吨公里/公里)
江苏段	南通—广陵	21 046	广陵—南通	22 151
	广陵—南京	76 370	南京—广陵	80 673
	南京—皖苏界	63 951	皖苏界—南京	33 127
安徽段	吴庄(皖苏界)—合肥	54 425	合肥—吴庄(皖苏界)	44 461
	合肥—叶集(皖豫界)	73 178	叶集(皖豫界)—合肥	78 593
河南段	沪陕豫皖界—南阳	14 247	南阳—沪陕豫皖界	16 740
	南阳—沪陕豫陕界	16 556	沪陕豫陕界—南阳	20 157
陕西段	界牌(陕豫界)—商洛	44 154	商洛—界牌(陕豫界)	89 840
	商洛—西安	66 552	西安—商洛	135 130

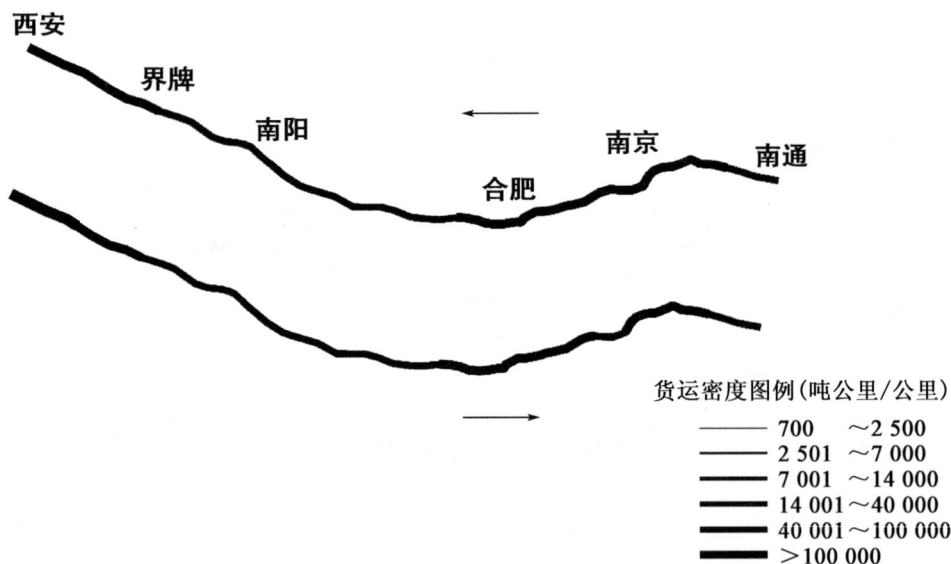

货运密度图例(吨公里/公里)
- 700 ～2 500
- 2 501 ～7 000
- 7 001 ～14 000
- 14 001～40 000
- 40 001～100 000
- >100 000

图 3.20　2014年沪陕高速公路(G40)货运密度

3.11　沪蓉高速公路(G42)运输密度

3.11.1　客运密度分布如表 3.21 和图 3.21 所示。

表 3.21

2014 年沪蓉高速公路(G42)客运密度

路　段	路段起止点	客运密度 (人公里/公里)	路段起止点	客运密度 (人公里/公里)
上海段	江桥—安亭主线(沪苏界)	139 486	安亭主线(沪苏界)—江桥	134 630
江苏段	花桥主线(苏沪界)—苏州北	156 150	苏州北—花桥主线(苏沪界)	144 193
	苏州北—无锡	229 913	无锡—苏州北	206 908
	无锡—南京	136 257	南京—无锡	128 858
	南京—苏皖界	48 597	苏皖界—南京	29 029
安徽段	吴庄(皖苏界)—合肥	45 616	合肥—吴庄(皖苏界)	47 648
	合肥—六安	49 765	六安—合肥	47 655
	六安—长岭关(皖鄂界)	17 979	长岭关(皖鄂界)—六安	16 713
湖北段	麻城—武汉	15 743	武汉—麻城	15 127
	武汉—荆门	13 351	荆门—武汉	13 172
	荆门—宜昌	13 916	宜昌—荆门	12 436
	宜昌—神农溪	2 855	神农溪—宜昌	1 679
重庆段	巫山—云阳	7 624	云阳—巫山	8 106
	云阳—垫江	19 727	垫江—云阳	19 900
	垫江—邻水	11 285	邻水—垫江	11 121
四川段	邻水—南充	30 435	南充—邻水	30 430
	南充—遂宁	29 768	遂宁—南充	31 273
	遂宁—成都	53 907	成都—遂宁	55 185

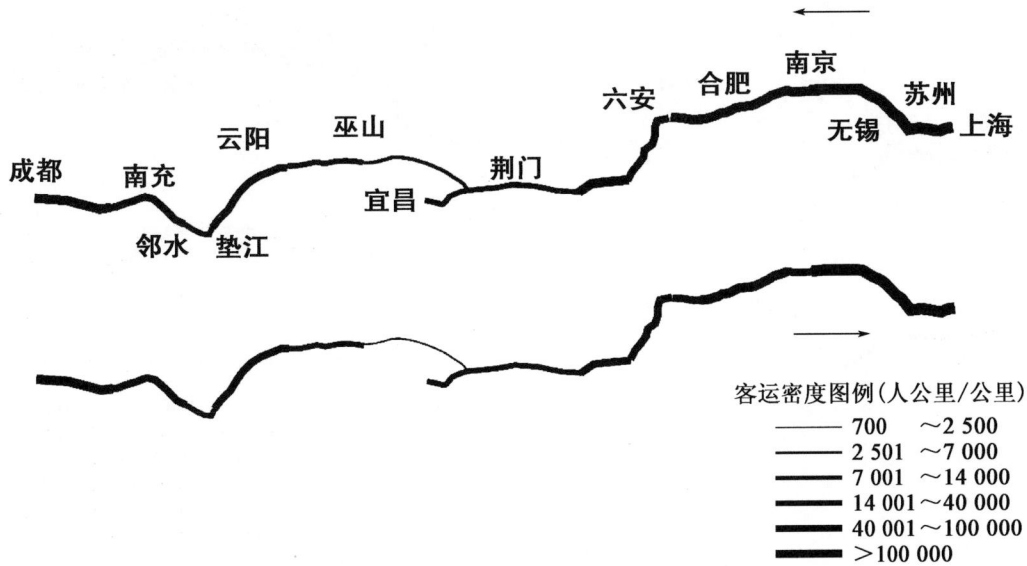

图 3.21　2014 年沪蓉高速公路(G42)客运密度

3.11.2　货运密度分布如表3.22和图3.22所示。

2014年沪蓉高速公路（G42）货运密度　　　　　　表 3.22

路　段	路段起止点	货运密度 （吨公里/公里）	路段起止点	货运密度 （吨公里/公里）
上海段	江桥—安亭主线（沪苏界）	61 281	安亭主线（沪苏界）—江桥	57 743
江苏段	花桥主线（苏沪界）—苏州北	78 143	苏州北—花桥主线（苏沪界）	63 918
	苏州北—无锡	173 306	无锡—苏州北	157 734
	无锡—南京	106 533	南京—无锡	83 034
	南京—苏皖界	63 548	苏皖界—南京	32 068
安徽段	吴庄（皖苏界）—合肥	54 425	合肥—吴庄（皖苏界）	44 461
	合肥—六安	81 041	六安—合肥	88 914
	六安—长岭关（皖鄂界）	62 205	长岭关（皖鄂界）—六安	54 314
湖北段	麻城—武汉	47 201	武汉—麻城	30 596
	武汉—荆门	8 185	荆门—武汉	10 661
	荆门—宜昌	30 592	宜昌—荆门	20 343
	宜昌—神农溪	1 109	神农溪—宜昌	418
重庆段	巫山—云阳	1 136	云阳—巫山	2 077
	云阳—垫江	6 888	垫江—云阳	3 990
	垫江—邻水	18 638	邻水—垫江	19 000
四川段	邻水—南充	43 413	南充—邻水	26 115
	南充—遂宁	35 959	遂宁—南充	33 644
	遂宁—成都	57 298	成都—遂宁	60 749

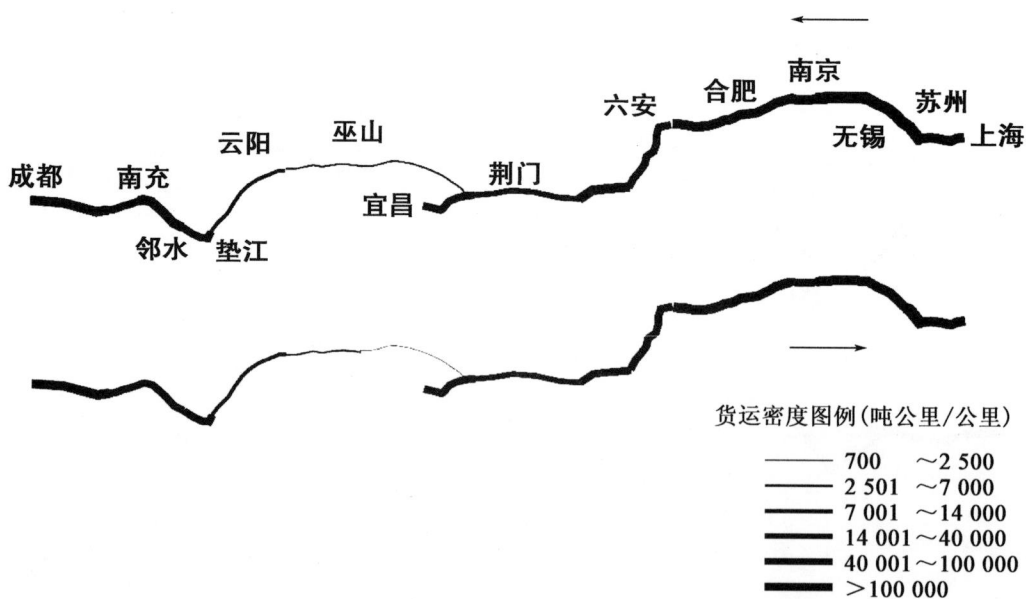

图3.22　2014年沪蓉高速公路（G42）货运密度

3.12 沪渝高速公路(G50)运输密度

3.12.1 客运密度分布如表 3.23 和图 3.23 所示。

2014 年沪渝高速公路(G50)客运密度   表 3.23

路　段	路段起止点	客运密度 (人公里/公里)	路段起止点	客运密度 (人公里/公里)
上海段	徐泾—嘉松	115 965	嘉松—徐泾	102 810
	嘉松—沪青平(沪苏界)	50 727	沪青平(沪苏界)—嘉松	50 006
江苏段	苏沪主线—苏浙省界	48 643	苏浙省界—苏沪主线	46 356
浙江段	浙苏主线—湖州	25 198	湖州—浙苏主线	26 325
	湖州—浙皖主线	30 462	浙皖主线—湖州	29 511
安徽段	广德(皖浙界)—宣城	38 169	宣城—广德(皖浙界)	38 294
	宣城—芜湖	36 487	芜湖—宣城	36 059
	芜湖—安庆	22 377	安庆—芜湖	21 649
	安庆—怀宁	19 607	怀宁—安庆	20 019
	怀宁—宿松(皖鄂界)	17 869	宿松(皖鄂界)—怀宁	18 409
湖北段	鄂皖界—黄梅	30 584	黄梅—鄂皖界	29 878
	黄梅—黄石	34 058	黄石—黄梅	34 067
	黄石—武汉	62 217	武汉—黄石	61 524
	武汉—荆州	39 473	荆州—武汉	37 644
	荆州—宜昌	25 473	宜昌—荆州	24 141
	宜昌—白羊塘(鄂渝界)	16 117	白羊塘(鄂渝界)—宜昌	15 075
重庆段	冷水(渝鄂界)—垫江	11 093	垫江—冷水(渝鄂界)	10 900
	垫江—长寿	39 501	长寿—垫江	40 399
	长寿—重庆	66 914	重庆—长寿	66 760

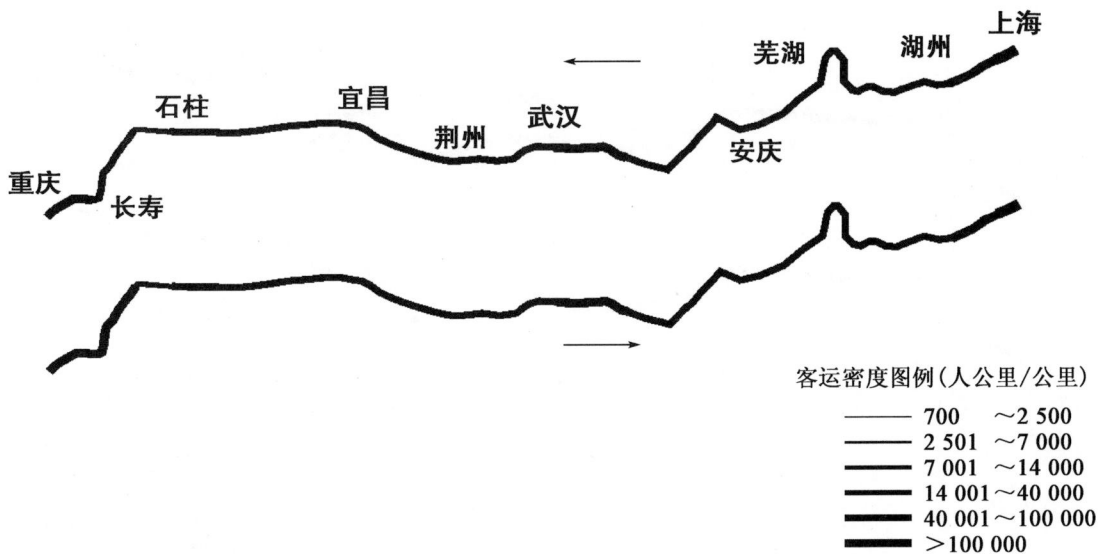

客运密度图例(人公里/公里)

线型	范围
——	700　　~2 500
——	2 501　~7 000
——	7 001　~14 000
——	14 001~40 000
——	40 001~100 000
━━	>100 000

图 3.23　2014 年沪渝高速公路(G50)客运密度

3.12.2 货运密度分布如表3.24和图3.24所示。

2014年沪渝高速公路(G50)货运密度 　　表3.24

路　　段	路段起止点	货运密度 (吨公里/公里)	路段起止点	货运密度 (吨公里/公里)
上海段	徐泾—嘉松	36 015	嘉松—徐泾	29 714
	嘉松—沪青平(苏沪界)	19 460	沪青平(苏沪界)—嘉松	18 630
江苏段	苏沪主线—苏浙省界	17 697	苏浙省界—苏沪主线	16 534
浙江段	浙苏主线—湖州	16 211	湖州—浙苏主线	15 175
	湖州—浙皖主线	20 876	浙皖主线—湖州	22 217
安徽段	广德(皖浙界)—宣城	30 274	宣城—广德(皖浙界)	33 353
	宣城—芜湖	38 208	芜湖—宣城	44 145
	芜湖—安庆	25 546	安庆—芜湖	25 615
	安庆—怀宁	30 184	怀宁—安庆	29 265
	怀宁—宿松(皖鄂界)	52 266	宿松(皖鄂界)—怀宁	41 761
湖北段	鄂皖界—黄梅	44 090	黄梅—鄂皖界	50 309
	黄梅—黄石	42 673	黄石—黄梅	49 847
	黄石—武汉	52 409	武汉—黄石	54 758
	武汉—荆州	50 513	荆州—武汉	38 591
	荆州—宜昌	48 739	宜昌—荆州	33 812
	宜昌—白羊塘(鄂渝界)	43 047	白羊塘(鄂渝界)—宜昌	22 625
重庆段	冷水(渝鄂界)—垫江	24 591	垫江—冷水(渝鄂界)	18 116
	垫江—长寿	8 815	长寿—垫江	13 754
	长寿—重庆	32 671	重庆—长寿	29 397

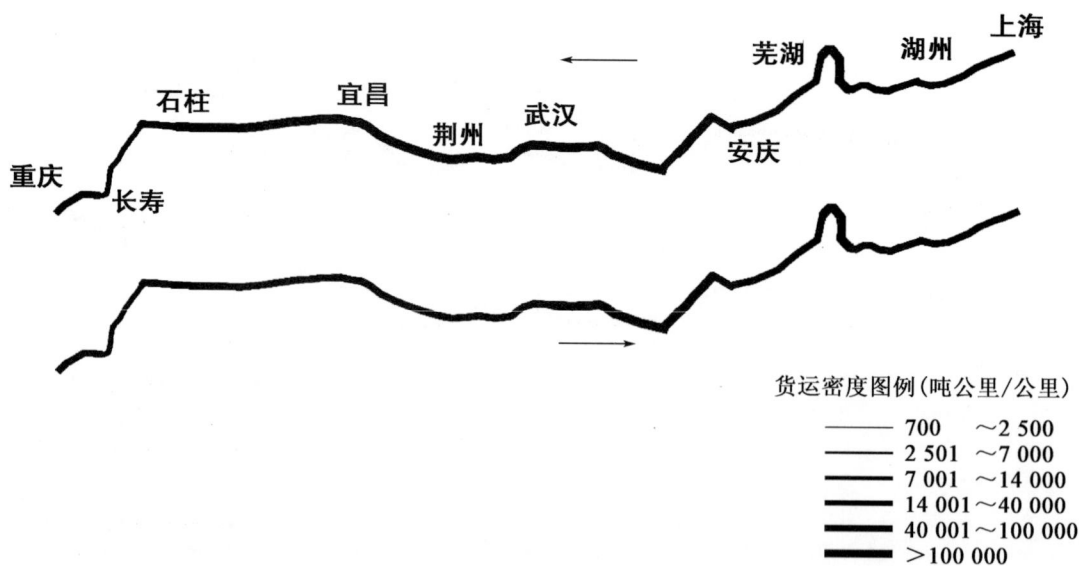

图3.24　2014年沪渝高速公路(G50)货运密度

3.13 沪昆高速公路(G60)运输密度

3.13.1 客运密度分布如表 3.25 和图 3.25 所示。

2014 年沪昆高速公路(G60)客运密度 表 3.25

路 段	路段起止点	客运密度 (人公里/公里)	路段起止点	客运密度 (人公里/公里)
上海段	莘庄—新桥	171 316	新桥—莘庄	174 181
	新桥—大港	116 928	大港—新桥	121 867
	大港—枫泾(沪浙界)	82 491	枫泾(沪浙界)—大港	82 133
浙江段	大云(浙沪界)—嘉兴	79 262	嘉兴—大云(浙沪界)	79 099
	嘉兴—杭州	102 639	杭州—嘉兴	103 889
	杭州—金华	57 883	金华—杭州	58 186
	金华—龙游	35 005	龙游—金华	34 810
	龙游—浙赣界	46 677	浙赣界—龙游	44 793
江西段	浙赣界—上饶	45 057	上饶—浙赣界	42 392
	上饶—鹰潭	43 268	鹰潭—上饶	41 431
	鹰潭—南昌	38 104	南昌—鹰潭	37 377
	南昌—新余	46 938	新余—南昌	46 860
	新余—萍乡	37 528	萍乡—新余	37 136
	萍乡—赣湘界	32 020	赣湘界—萍乡	31 454
湖南段	赣湘界—株洲	40 037	株洲—赣湘界	41 235
	株洲—娄底	47 641	娄底—株洲	45 503
	娄底—邵阳	34 601	邵阳—娄底	31 869
	邵阳—怀化	41 345	怀化—邵阳	41 752
	怀化—新晃(湘黔界)	19 233	新晃(湘黔界)—怀化	17 373
贵州段	黔湘界—麻江	35 802	麻江—黔湘界	34 382
	麻江—贵阳	44 189	贵阳—麻江	43 093
	贵阳—镇宁	50 950	镇宁—贵阳	47 204
	镇宁—胜境关(黔滇界)	14 686	胜境关(黔滇界)—镇宁	13 119
云南段	胜境关(滇黔界)—曲靖	21 381	曲靖—胜境关(滇黔界)	18 099
	曲靖—嵩明	31 867	嵩明—曲靖	27 974
	嵩明—昆明	73 740	昆明—嵩明	69 305

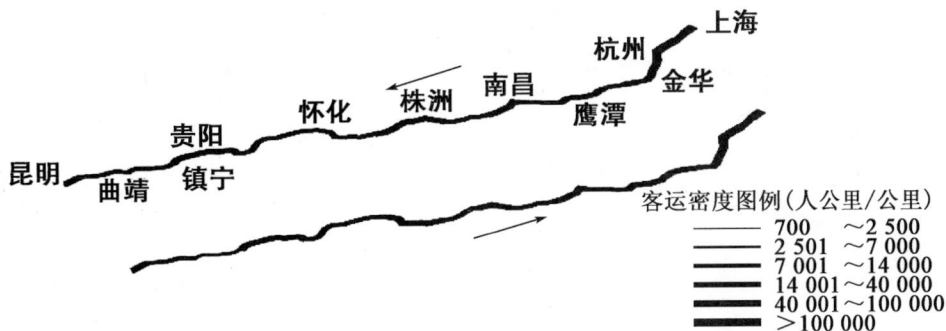

图 3.25 2014 年沪昆高速公路(G60)客运密度

3.13.2 货运密度分布如表3.26和图3.26所示。

2014年沪昆高速公路(G60)货运密度　　　　　　　　　　　　表3.26

路　段	路段起止点	货运密度 (吨公里/公里)	路段起止点	货运密度 (吨公里/公里)
上海段	莘庄—新桥	70 179	新桥—莘庄	72 224
	新桥—大港	50 957	大港—新桥	57 146
	大港—枫泾(沪浙界)	67 538	枫泾(沪浙界)—大港	66 833
浙江段	大云(浙沪界)—嘉兴	75 618	嘉兴—大云(浙沪界)	68 791
	嘉兴—杭州	139 895	杭州—嘉兴	104 227
	杭州—金华	76 149	金华—杭州	50 957
	金华—龙游	53 726	龙游—金华	70 206
	龙游—浙赣界	130 108	浙赣界—龙游	138 561
江西段	浙赣界—上饶	98 479	上饶—浙赣界	106 993
	上饶—鹰潭	94 588	鹰潭—上饶	103 330
	鹰潭—南昌	81 782	南昌—鹰潭	90 005
	南昌—新余	85 860	新余—南昌	86 029
	新余—萍乡	52 725	萍乡—新余	49 431
	萍乡—赣湘界	55 889	赣湘界—萍乡	48 253
湖南段	赣湘界—株洲	56 543	株洲—赣湘界	57 934
	株洲—娄底	58 036	娄底—株洲	41 610
	娄底—邵阳	50 624	邵阳—娄底	29 736
	邵阳—怀化	54 885	怀化—邵阳	41 980
	怀化—新晃(湘黔界)	40 434	新晃(湘黔界)—怀化	27 722
贵州段	湘黔界—麻江	37 408	麻江—湘黔界	29 398
	麻江—贵阳	38 342	贵阳—麻江	33 990
	贵阳—镇宁	29 916	镇宁—贵阳	31 739
	镇宁—胜境关(黔滇界)	23 014	胜境关(黔滇界)—镇宁	27 902
云南段	胜境关(滇黔界)—曲靖	58 086	曲靖—胜境关(滇黔界)	58 392
	曲靖—嵩明	72 826	嵩明—曲靖	71 521
	嵩明—昆明	83 442	昆明—嵩明	75 981

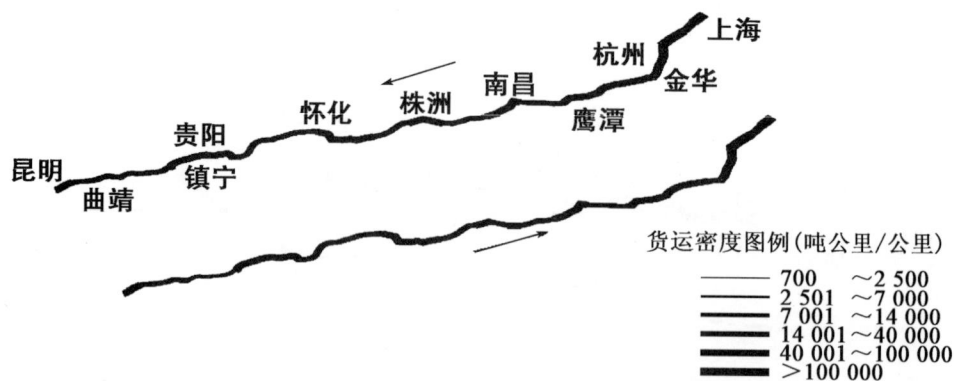

图3.26　2014年沪昆高速公路(G60)货运密度

3.14 包茂高速公路(G65)运输密度

3.14.1 客运密度分布如表 3.27 和图 3.27 所示。

路 段	路段起止点	客运密度 (人公里/公里)	路段起止点	客运密度 (人公里/公里)
内蒙古段	包头—蒙陕界	14 332	蒙陕界—包头	9 546.6
陕西段	陕蒙界—榆林	6 070	榆林—陕蒙界	42 480
	榆林—靖边	12 115	靖边—榆林	24 371
	靖边—延安	12 138	延安—靖边	7 340
	延安—铜川	18 936	铜川—延安	18 711
	铜川—未央(西安)	30 046	未央(西安)—铜川	27 387
	西安—安康	17 129	安康—西安	16 493
	安康—巴山(陕川界)	5 628	巴山(陕川界)—安康	5 451
四川段	巴山(川陕界)—达州	7 279	达州—巴山(川陕界)	7 502
	达州—邻水	25 036	邻水—达州	23 107
	邻水—川渝界	23 785	川渝界—邻水	23 517
重庆段	草坝场(渝川界)—重庆	28 239	重庆—草坝场(渝川界)	28 081
	重庆—南川	39 569	南川—重庆	38 857
	南川—武隆	28 014	武隆—南川	27 782
	武隆—黔江	19 583	黔江—武隆	19 405
	黔江—濯水	15 788	濯水—黔江	16 032
	濯水—洪安(渝湘界)	16 247	洪安(渝湘界)—濯水	15 711
湖南	吉首—凤凰	21 372	凤凰—吉首	21 470
	凤凰—怀化西	20 868	怀化西—凤凰	19 853
	怀化西—会同	9 413	会同—怀化西	9 096
	会同—通道	2 630	通道—会同	2 276
广西	桂林—梧州	9 829	梧州—桂林	9 542
	梧州—岑溪	15 887	岑溪—梧州	15 605

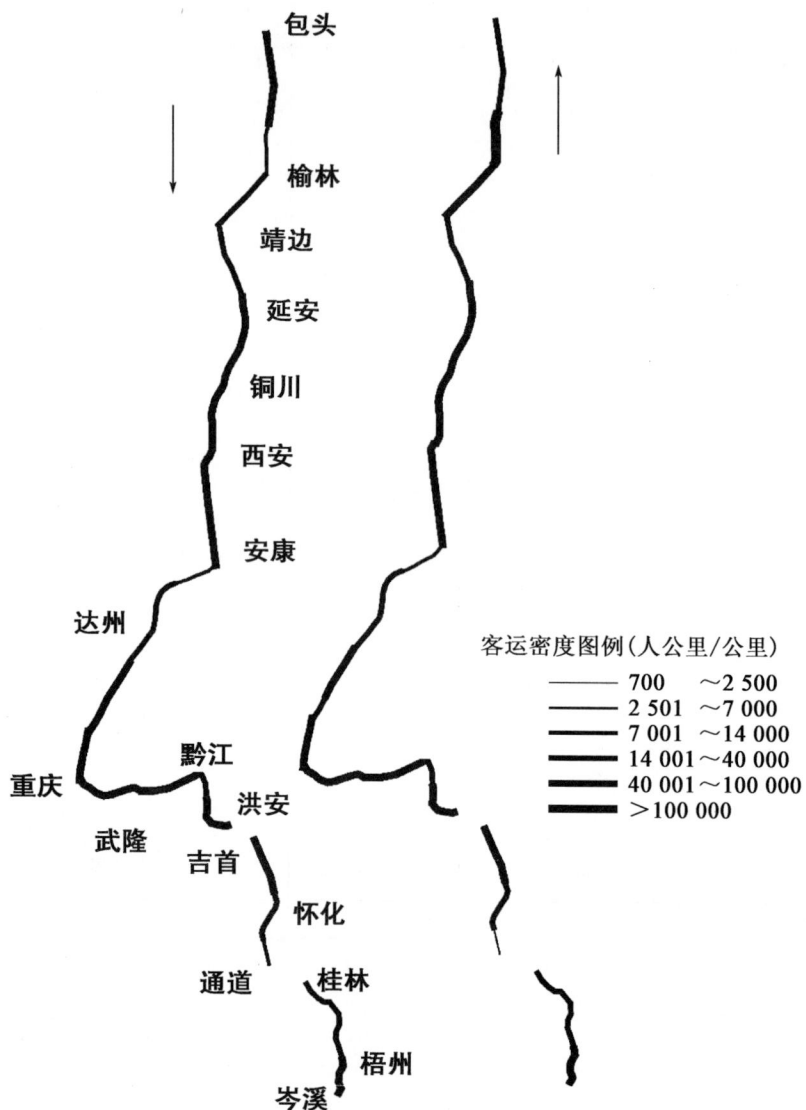

图 3.27　2014 年包茂高速公路(G65)客运密度

3.14.2 货运密度分布如表 3.28 和图 3.28 所示。

2014 年包茂高速公路（G65）货运密度

表 3.28

路 段	路段起止点	货运密度 （吨公里/公里）	路段起止点	货运密度 （吨公里/公里）
内蒙古段	包头—蒙陕界	46 766	蒙陕界—包头	26 020
陕西段	陕蒙界—榆林	65 768	榆林—陕蒙界	12 483
	榆林—靖边	86 187	靖边—榆林	18 843
	靖边—延安	96 593	延安—靖边	27 174
	延安—铜川	100 851	铜川—延安	51 488
	铜川—未央（西安）	87 632	未央（西安）—铜川	39 465
	西安—安康	35 589	安康—西安	18 844
	安康—巴山（陕川界）	16 499	巴山（陕川界）—安康	9 798
四川段	巴山（川陕界）—达州	17 733	达州—巴山（川陕界）	10 387
	达州—邻水	33 686	邻水—达州	21 261
	邻水—川渝界	22 702	川渝界—邻水	17 023
重庆段	草坝场（渝川界）—重庆	24 231	重庆—草坝场（渝川界）	14 856
	重庆—南川	18 624	南川—重庆	20 995
	南川—武隆	18 126	武隆—南川	20 995
	武隆—黔江	21 154	黔江—武隆	26 221
	黔江—濯水	18 726	濯水—黔江	25 029
	濯水—洪安（渝湘界）	18 573	洪安（渝湘界）—濯水	26 094
湖南	吉首—凤凰	24 178	凤凰—吉首	17 204
	凤凰—怀化西	18 112	怀化西—凤凰	17 977
	怀化西—会同	7 193	会同—怀化西	6 786
	会同—通道	2 121	通道—会同	2 515
广西	桂林—梧州	8 470	梧州—桂林	6 019
	梧州—岑溪	6 571	岑溪—梧州	8 748

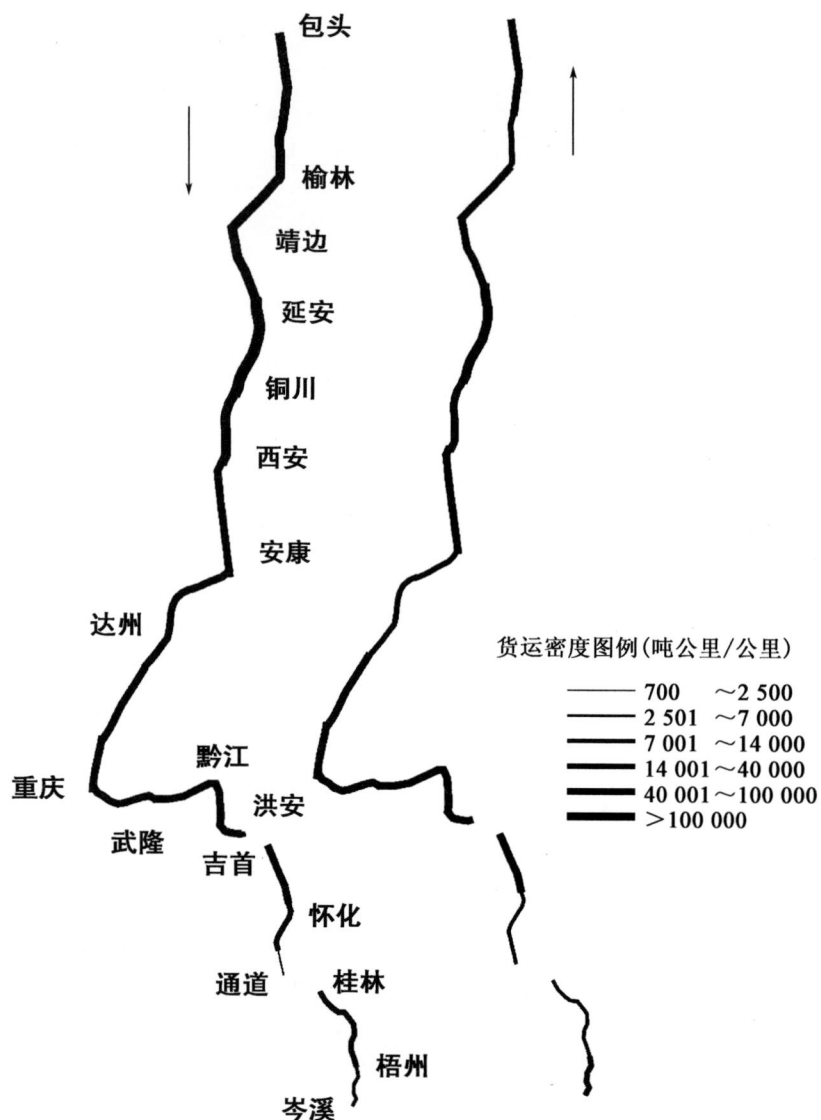

图 3.28　2014 年包茂高速公路(G65)货运密度

3.15　兰海高速公路(G75)运输密度

3.15.1　客运密度分布如表 3.29 和图 3.29 所示。

2014 年兰海高速公路(G75)客运密度　　　　　　　表 3.29

路　段	路段起止点	客运密度 (人公里/公里)	路段起止点	客运密度 (人公里/公里)
甘肃段	兰州—康家崖	14 976	康家崖—兰州	16 330
	康家崖—临洮	10 095	临洮—康家崖	9 163
	陇南—川甘界	2 004	川甘界—陇南	2 129
四川段	川甘界—广元	5 024	广元—川甘界	5 338
	广元—南充	15 253	南充—广元	17 561
	南充—南渝四川站	18 365	南渝四川站—南充	17 804
重庆段	兴山(渝川界)—合川	20 943	合川—兴山(渝川界)	22 380
	合川—重庆	49 313	重庆—合川	50 316
	重庆—綦江	54 202	綦江—重庆	52 440
	綦江—崇溪河(渝黔界)	31 259	崇溪河(渝黔界)—綦江	27 313
贵州段	崇溪河(黔渝界)—遵义	26 814	遵义—崇溪河(黔渝界)	26 034
	遵义—贵阳	65 807	贵阳—遵义	70 893
	贵阳—都匀	51 571	都匀—贵阳	52 576
	都匀—新寨(黔桂界)	17 268	新寨(黔桂界)—都匀	16 336
广西段	六寨(桂黔界)—都安	6 078	都安—六寨(桂黔界)	6 249
	都安—南宁	27 192	南宁—都安	28 393
	南宁—钦州	44 684	钦州—南宁	44 695
	钦州—桂海(桂粤界)	28 522	桂海(桂粤界)—钦州	28 763
广东段	粤西(粤桂界)—湛江	3 242	湛江—粤西(粤桂界)	14 545

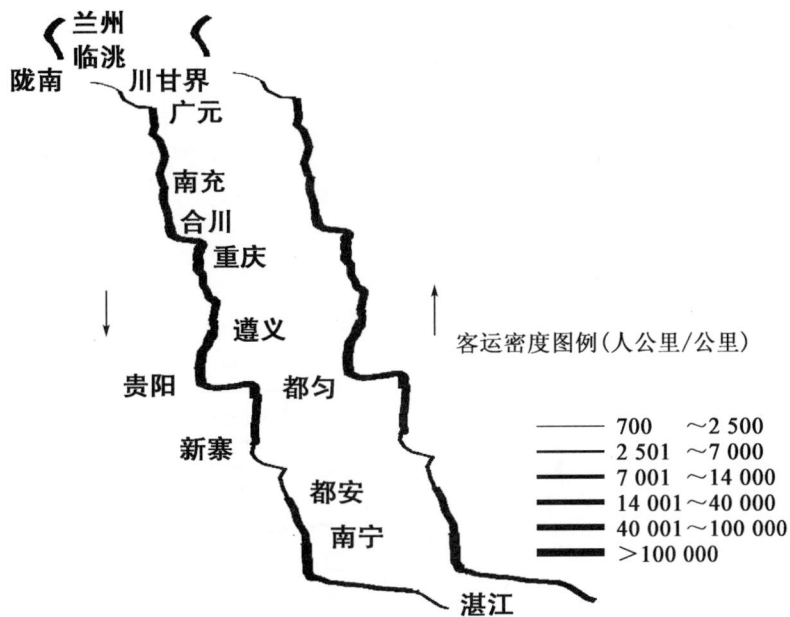

图 3.29　2014 年兰海高速公路(G75)客运密度

3.15.2 货运密度分布如表3.30和图3.30所示。

2014年兰海高速公路(G75)货运密度   表3.30

路　　段	路段起止点	货运密度 (吨公里/公里)	路段起止点	货运密度 (吨公里/公里)
甘肃段	兰州—康家崖	8 074	康家崖—兰州	5 713
	康家崖—临洮	3 673	临洮—康家崖	3 736
	陇南—川甘界	5 353	川甘界—陇南	5 283
四川段	甘川界—广元	5 446	广元—甘川界	4 970
	广元—南充	25 161	南充—广元	25 693
	南充—南渝四川站	7 162	南渝四川站—南充	6 411
重庆段	兴山(渝川界)—合川	8 016	合川—兴山(渝川界)	10 270
	合川—重庆	23 147	重庆—合川	20 670
	重庆—綦江	32 161	綦江—重庆	27 252
	綦江—崇溪河(渝黔界)	28 399	崇溪河(渝黔界)—綦江	23 818
贵州段	崇溪河(黔渝界)—遵义	22 687	遵义—崇溪河(黔渝界)	20 244
	遵义—贵阳	29 000	贵阳—遵义	30 143
	贵阳—都匀	48 328	都匀—贵阳	45 968
	都匀—新寨(黔桂界)	23 783	新寨(黔桂界)—都匀	22 638
广西段	六寨(桂黔界)—都安	11 627	都安—六寨(桂黔界)	11 398
	都安—南宁	15 572	南宁—都安	18 634
	南宁—钦州	29 684	钦州—南宁	39 442
	钦州—桂海(桂粤界)	29 055	桂海(桂粤界)—钦州	23 516
广东段	粤西(粤桂界)—湛江	28 813	湛江—粤西(粤桂界)	35 270

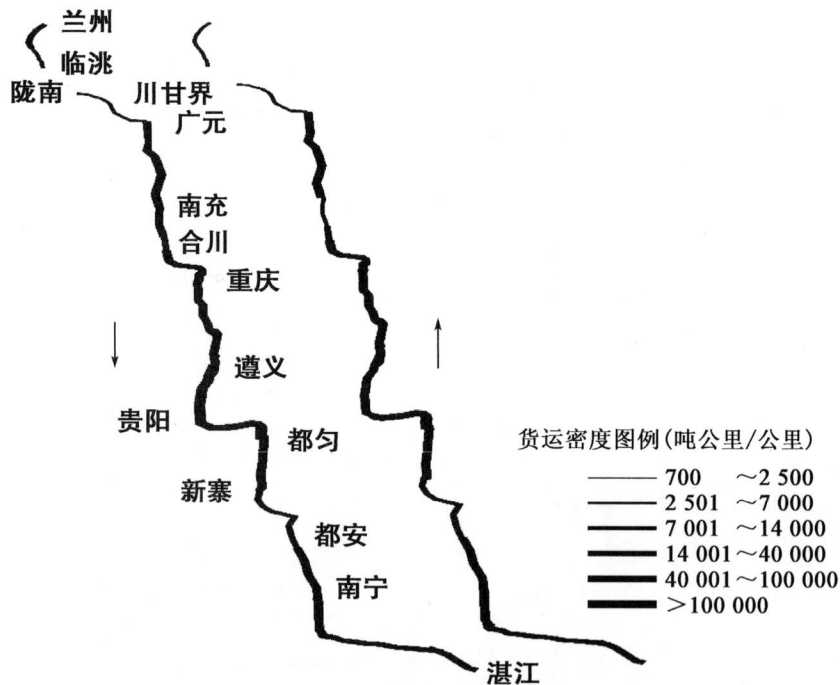

图3.30　2014年兰海高速公路(G65)货运密度

第4章 部分省(市)高速公路运输密度

4.1 天津市高速公路运输密度

4.1.1 客运密度分布如表 4.1 和图 4.1 所示。

2014 年天津市高速公路客运密度 表 4.1

路段起止点	客运密度 (人公里/公里)	路段起止点	客运密度 (人公里/公里)
高村—徐庄	37 277	徐庄—高村	40 477
徐庄—汉沽	29 679	汉沽—徐庄	29 716
汉沽—独流	31 698	独流—汉沽	30 673
独流—九宣闸	14 945	九宣闸—独流	14 477
徐庄—东堤头	17 071	东堤头—徐庄	18 343
东堤头—北塘	9 946	北塘—东堤头	14 886
莲花岭—宝坻北	14 374	宝坻北—莲花岭	14 795
宝坻北—津蓟天津	24 728	津蓟天津—宝坻北	26 154
汉沽—芦台	9 098	芦台—汉沽	8 828
宁河—塘沽西	12 339	塘沽西—宁河	5 584
塘沽西—陈官屯	8 142	陈官屯—塘沽西	5 691
津静—九宣闸	13 191	九宣闸—津静	20 059
杨柳青—津晋高速塘沽	12 519	津晋塘沽—杨柳青	13 873
津港天津—大港	29 574	大港—津港天津	24 509
荣乌天津—霍庄子	24 474	霍庄子—荣乌天津	22 995
泗村店—天津机场	14 210	天津机场—泗村店	12 136
天津机场—塘沽	10 628	塘沽—天津机场	12 664
大羊坊—泗村店	48 086	泗村店—大羊坊	38 796
京沈互通新安镇—七里海	1 370	七里海—京沈互通新安镇	1 335
北辰东—芦台西	6 618	芦台西—北辰东	5 419

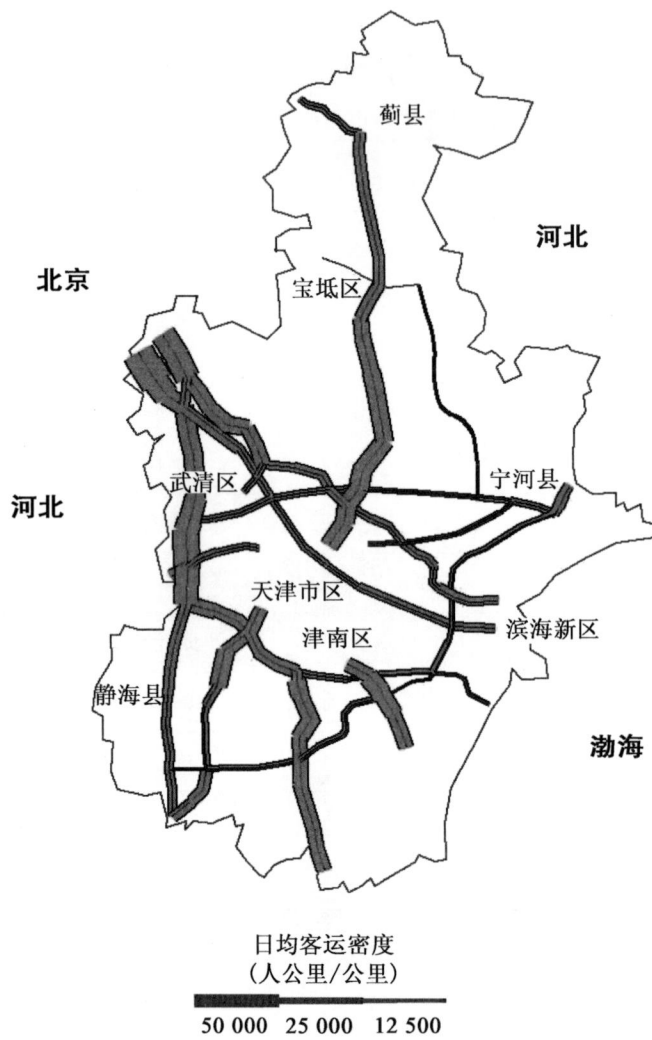

日均客运密度
（人公里/公里）

50 000   25 000   12 500

注：未含津滨高速和海滨高速

图 4.1   2014 年天津市高速公路日均客运密度

4.1.2　货运密度分布如表 4.2 和图 4.2 所示。

2014 年天津市高速公路货运密度

表 4.2

路段起止点	货运密度 (吨公里/公里)	路段起止点	货运密度 (吨公里/公里)
高村—徐庄	89 144	徐庄—高村	72 085
徐庄—汉沽	56 018	汉沽—徐庄	60 995
汉沽—独流	63 885	独流—汉沽	68 965
独流—九宣闸	21 124	九宣闸—独流	24 100
徐庄—东堤头	61 595	东堤头—徐庄	46 962
东堤头—北塘	57 632	北塘—东堤头	54 444
莲花岭—宝坻北	22 730	宝坻北—莲花岭	10 962
宝坻北—津蓟天津	20 407	津蓟天津—宝坻北	11 799
汉沽—芦台	42 607	芦台—汉沽	56 990
宁河—塘沽西	141 191	塘沽西—宁河	51 276
塘沽西—陈官屯	72 213	陈官屯—塘沽西	46 186
津静—九宣闸	16 653	九宣闸—津静	14 143
杨柳青—津晋高速塘沽	33 509	津晋塘沽—杨柳青	67 673
津港天津—大港	46 537	大港—津港天津	5 402
荣乌天津—霍庄子	45 111	霍庄子—荣乌天津	48 720
泗村店—天津机场	41 646	天津机场—泗村店	34 168
天津机场—塘沽	41 221	塘沽—天津机场	39 306
大羊坊—泗村店	52 823	泗村店—大羊坊	52 430
京沈互通新安镇—七里海	7 773	七里海—京沈互通新安镇	4 191
北辰东—芦台西	7 775	芦台西—北辰东	10 466

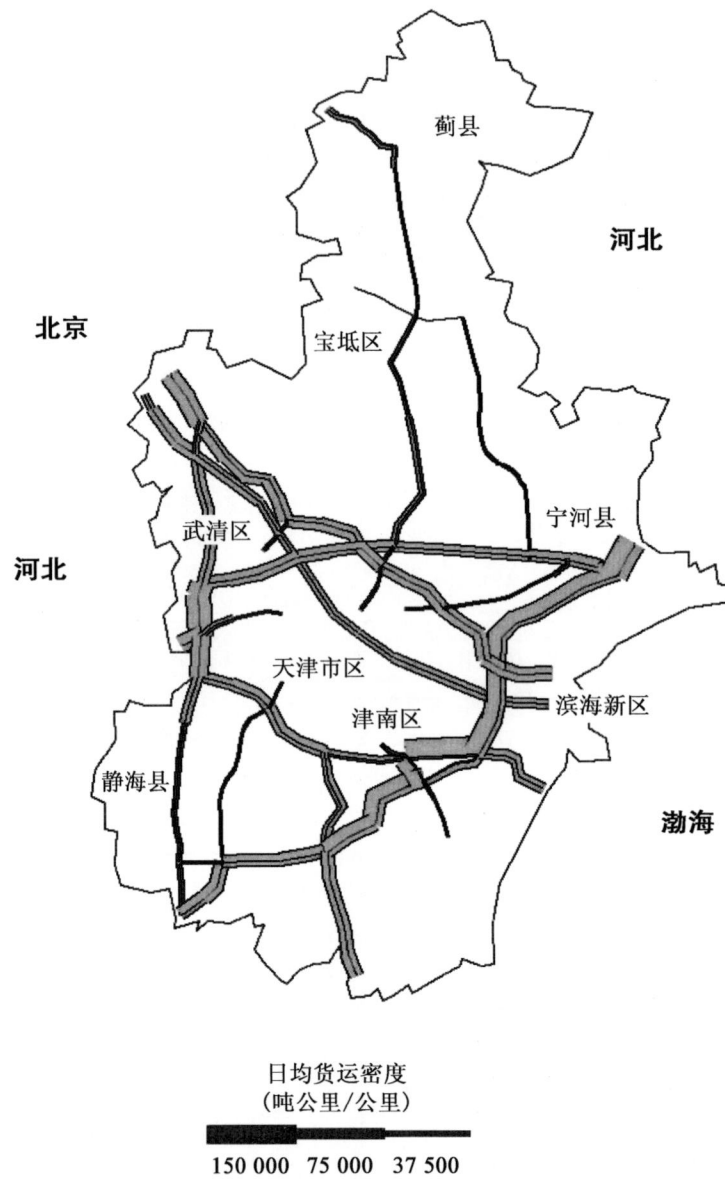

日均货运密度
(吨公里/公里)

150 000 75 000 37 500

注：未含津滨高速和海滨高速

图 4.2 2014 年天津市高速公路日均货运密度

4.2　河北省高速公路运输密度

4.2.1　客运密度分布如表4.3和图4.3所示。

2014年河北省高速公路客运密度　　　　　　　　　表4.3

路段起止点	客运密度 (人公里/公里)	路段起止点	客运密度 (人公里/公里)
宣化主线—东洋河	10 549	东洋河—宣化主线	11 102
东花园—宣化主线	20 745	宣化主线—东花园	21 535
沙城西—万全	15 100	万全—沙城西	13 157
张家口北—九连城	5 064	九连城—张家口北	8 924
化稍营—蔚县	2 014	威县—化稍营	2 029
冀晋主线—宣化主线	7 609	宣化主线—冀晋主线	7 647
屈家庄—崇礼北	4 371	崇礼北—屈家庄	4 103
迁安—香河	40 476	香河—迁安	40 616
秦皇岛—迁安	36 513	迁安—秦皇岛	34 670
万家主线—秦皇岛	25 769	秦皇岛—万家主线	16 950
秦皇岛—京唐港	8 173	京唐港—秦皇岛	10 269
京唐港—涧河	8 255	涧河—京唐港	10 401
京唐港—唐山	16 620	唐山—京唐港	15 905
唐津—唐山	14 715	唐山—唐津	12 642
唐山—丰南西	15 777	丰南西—唐山	11 756
唐山西—承唐主线	17 400	承唐主线—唐山西	17 652
唐山西—曹妃甸	11 885	曹妃甸—唐山西	13 334
涿州北—保定	17 594	保定—涿州北	10 397
保定—冀津主线	22 156	冀津主线—保定	21 561
保定—石家庄北	17 237	石家庄北—保定	15 697
石家庄北—井陉西	17 277	井陉西—石家庄北	15 780
廊坊西—涞水	15 984	涞水—廊坊西	20 518
涞水—满城	20 913	满城—涞水	20 529
满城—石家庄	13 758	石家庄—满城	14 395
衡水北—石家庄北	27 644	石家庄北—衡水北	27 694
石家庄北—栾城	21 908	栾城—石家庄北	21 399
栾城—临漳	8 689	临漳—栾城	8 756
邯郸西—冀鲁主线	12 511	冀鲁主线—邯郸西	11 171
邢台南—冀鲁界	8 543	冀鲁界—邢台南	7 067
衡水北—景州主线	10 322	景州主线—衡水北	10 203
鹿泉—栾城	11 492	栾城—鹿泉	10 827
栾城—清河主线	13 088	清河主线—栾城	12 553
河城街—衡水北	14 343	衡水北—河城街	13 868

续上表

路段起止点	客运密度（人公里/公里）	路段起止点	客运密度（人公里/公里）
沧州西—河城街	19 184	河城街—沧州西	18 908
黄骅港—沧州西	7 770	沧州西—黄骅港	8 404
黄骅北线—海兴	18 587	海兴—黄骅北	18 277
青县主线—沧州南	34 038	沧州南—青县主线	32 097
沧州南—吴桥主线	21 459	吴桥主线—沧州南	20 663
京冀主线—霸州	49 610	霸州—京冀主线	53 849
霸州—高阳	41 623	高阳—霸州	41 891
高阳—衡水	43 814	衡水—高阳	43 717
衡水—威县	37 616	威县—衡水	37 529
威县—大名	32 758	大名—威县	32 741
保定—沧州	14 910	沧州—保定	13 966
邯郸—涉县	6 496	涉县—邯郸	7 155
保定西—晋冀主线	8 069	晋冀主线—保定西	7 432
黄骅岐口—海港主线	9 393	海港主线—黄骅岐口	9 252
永清—沧州开发区	4 203	沧州开发区—永清	4 387
石家庄—西柏坡	7 778	西柏坡—石家庄	7 321
承唐主线—承德	10 729	承德—承唐主线	11 063
金山岭—红石砬	15 434	红石砬—金山岭	14 976
红石砬—双峰寺	1 886	双峰寺—红石砬	1 825
红石砬—双峰寺 2	10 921	红石砬—双峰寺 2	11 342
双峰寺—七家	4 193	七家—双峰寺	3 823
七家—冀蒙界收费站	260	冀蒙界收费站—七家	255
七家—围场北	2 674	围场北—七家	2 638
双峰寺—冀辽主线	3 875	冀辽主线—双峰寺	3 825
承德—坂城	4 235	坂城—承德	4 029
榛子镇—迁西	7 151	迁西—榛子镇	7 291
迁安—白羊裕	2 051	白羊裕—迁安	1 938
坂城—北戴河	4 725	北戴河—坂城	4 442
定州南—正定	24 564	正定—定州南	25 014
藁城北—赵县	5 008	赵县—藁城北	5 095
路罗—坂上	1 533	坂上—路罗	1 215
坂上—邢台南	1 045	邢台南—坂上	867
坂上—内丘南	105	内丘南—坂上	91
内丘南—新河南	557	新河南—内丘南	550
逐鹿北—涞水东	3 295	涞水东—逐鹿北	3 410
马头—铺上	1 442	铺上—马头	1 331
铺上—大名冀鲁界	282	大名冀鲁界—铺上	193

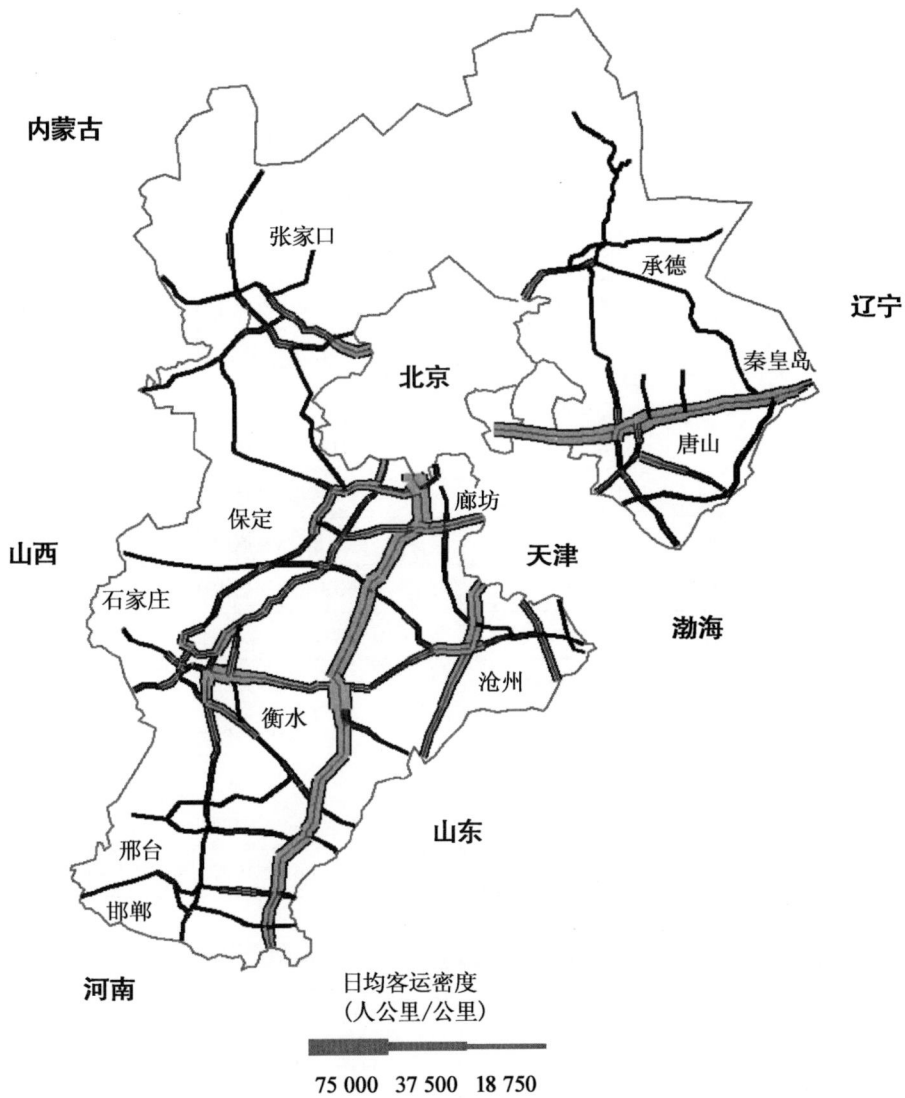

内蒙古

张家口

承德

辽宁

秦皇岛

北京

唐山

保定

廊坊

天津

渤海

山西

石家庄

沧州

衡水

山东

邢台

邯郸

河南

日均客运密度
(人公里/公里)

75 000　37 500　18 750

注: 未含京津唐高速河北段。

图 4.3　2014 年河北省高速公路日均客运密度

4.2.2 货运密度分布如表4.4和图4.4所示。

2014年河北省高速公路货运密度 表4.4

路段起止点	货运密度 （吨公里/公里）	路段起止点	货运密度 （吨公里/公里）
宣化主线—东洋河	27 349	东洋河—宣化主线	77 247
东花园—宣化主线	50 854	宣化主线—东花园	30 110
沙城西—万全	82 606	万全—沙城西	203 804
张家口北—九连城	4 924	九连城—张家口北	6 999
化稍营—蔚县	15 588	威县—化稍营	3 754
冀晋主线—宣化主线	12 249	宣化主线—冀晋主线	9 437
屈家庄—崇礼北	660	崇礼北—屈家庄	656
迁安—香河	108 150	香河—迁安	110 433
秦皇岛—迁安	157 352	迁安—秦皇岛	145 893
万家主线—秦皇岛	229 594	秦皇岛—万家主线	142 285
秦皇岛—京唐港	95 308	京唐港—秦皇岛	116 418
京唐港—涧河	109 340	涧河—京唐港	128 474
京唐港—唐山	21 479	唐山—京唐港	20 559
唐津—唐山	122 769	唐山—唐津	97 119
唐山—丰南西	181 332	丰南西—唐山	92 824
唐山西—承唐主线	41 857	承唐主线—唐山西	69 175
唐山西—曹妃甸	52 260	曹妃甸—唐山西	59 954
涿州北—保定	23 936	保定—涿州北	22 821
保定—冀津主线	61 406	冀津主线—保定	39 299
保定—石家庄北	26 524	石家庄北—保定	38 719
石家庄北—井陉西	89 238	井陉西—石家庄北	145 608
廊坊西—涞水	22 671	涞水—廊坊西	88 202
涞水—满城	15 762	满城—涞水	19 756
满城—石家庄	18 414	石家庄—满城	22 526
衡水北—石家庄北	39 039	石家庄北—衡水北	69 089
石家庄北—栾城	12 881	栾城—石家庄北	12 901
栾城—临漳	8 024	临漳—栾城	7 840
邯郸西—冀鲁主线	28 611	冀鲁主线—邯郸西	23 477
邢台南—冀鲁界	11 340	冀鲁界—邢台南	5 607
衡水北—景州主线	35 423	景州主线—衡水北	25 178
鹿泉—栾城	74 225	栾城—鹿泉	33 452
栾城—清河主线	64 816	清河主线—栾城	35 379
河城街—衡水北	58 227	衡水北—河城街	77 892
沧州西—河城街	48 586	河城街—沧州西	59 746

路段起止点	货运密度 （吨公里/公里）	路段起止点	货运密度 （吨公里/公里）
黄骅港—沧州西	38 273	沧州西—黄骅港	49 190
黄骅北线—海兴	88 481	海兴—黄骅北	92 253
青县主线—沧州南	103 742	沧州南—青县主线	82 279
沧州南—吴桥主线	82 699	吴桥主线—沧州南	57 910
京冀主线—霸州	79 000	霸州—京冀主线	81 041
霸州—高阳	62 761	高阳—霸州	71 901
高阳—衡水	80 011	衡水—高阳	78 034
衡水—威县	83 644	威县—衡水	78 450
威县—大名	88 974	大名—威县	78 218
保定—沧州	42 866	沧州—保定	29 474
邯郸—涉县	14 331	涉县—邯郸	25 975
保定西—晋冀主线	11 445	晋冀主线—保定西	72 030
黄骅岐口—海港主线	22 389	海港主线—黄骅岐口	20 964
永清—沧州开发区	55 115	沧州开发区—永清	56 733
石家庄—西柏坡	29 928	西柏坡—石家庄	18 944
承唐主线—承德	12 046	承德—承唐主线	67 443
金山岭—红石砬	32 726	红石砬—金山岭	76 435
红石砬—双峰寺	1 440	双峰寺—红石砬	2 095
红石砬—双峰寺2	12 276	红石砬—双峰寺2	12 784
双峰寺—七家	1 639	七家—双峰寺	3 461
七家—冀蒙界收费站	616	冀蒙界收费站—七家	962
七家—围场北	452	围场北—七家	1 840
双峰寺—冀辽主线	5 729	冀辽主线—双峰寺	5 695
承德—坂城	2 248	坂城—承德	1 208
榛子镇—迁西	12 270	迁西—榛子镇	5 521
迁安—白羊裕	2 257	白羊裕—迁安	1 681
坂城—北戴河	2 253	北戴河—坂城	2 140
定州南—正定	25 932	正定—定州南	35 947
藁城北—赵县	3 792	赵县—藁城北	3 904
路罗—坂上	5 289	坂上—路罗	1 458
坂上—邢台南	2 525	邢台南—坂上	1 204
坂上—内丘南	318	内丘南—坂上	40
内丘南—新河南	167	新河南—内丘南	78
逐鹿北—涞水东	67 966	涞水东—逐鹿北	16 969
马头—铺上	707	铺上—马头	434
铺上—大名冀鲁界	149	大名冀鲁界—铺上	86

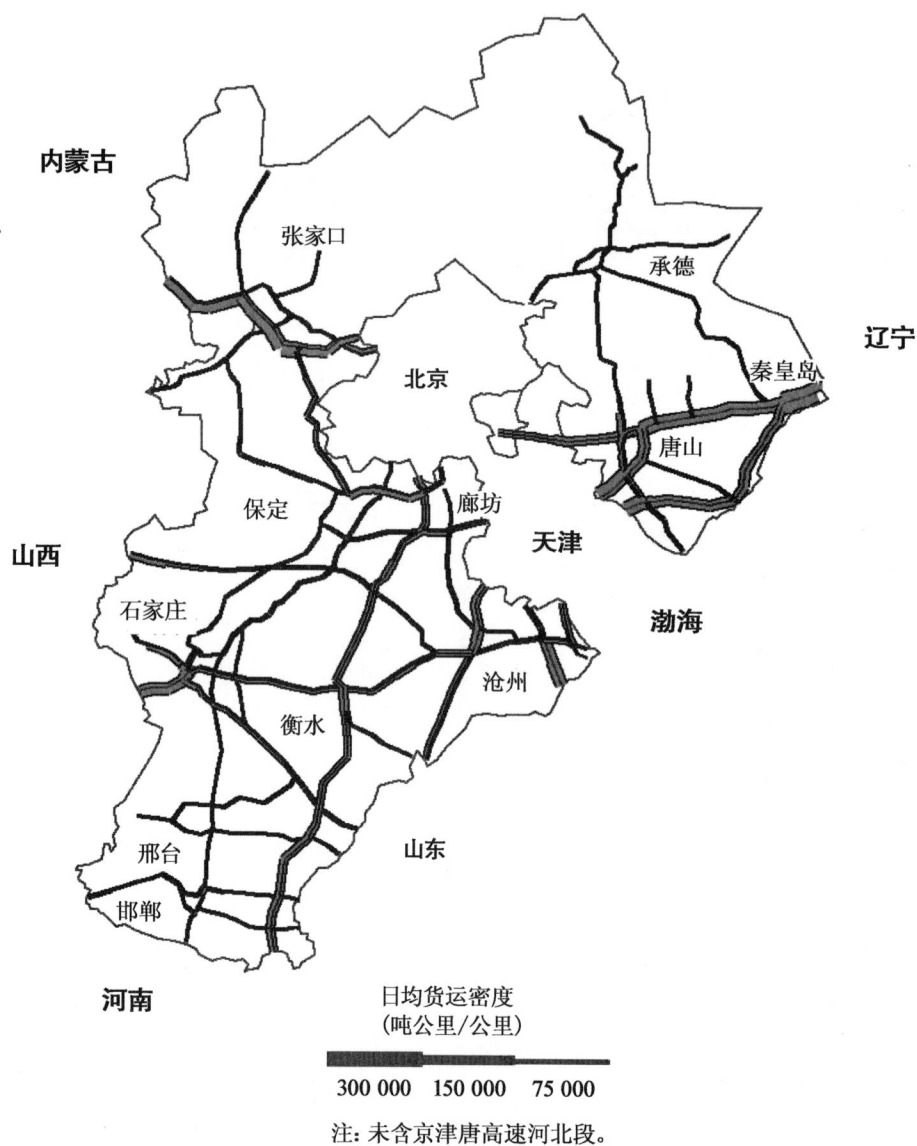

图 4.4　2014 年河北省高速公路日均货运密度

4.2.3 道路负荷分布如表 4.5 和图 4.5 所示。

表 4.5

2014 年河北省高速公路轴载

路 段 起 止	轴载 (标准轴载当量轴次/日)	路 段 起 止	轴载 (标准轴载当量轴次/日)
宣化主线—东洋河	4 872	东洋河—宣化主线	16 646
东花园—宣化主线	9 995	宣化主线—东花园	7 777
沙城西—万全	14 817	万全—沙城西	47 472
张家口北—九连城	987	九连城—张家口北	1 410
化稍营—蔚县	3 136	威县—化稍营	605
冀晋主线—宣化主线	2 750	宣化主线—冀晋主线	1 628
屈家庄—崇礼北	167	崇礼北—屈家庄	162
迁安—香河	27 119	香河—迁安	24 707
秦皇岛—迁安	32 698	迁安—秦皇岛	29 652
万家主线—秦皇岛	44 661	秦皇岛—万家主线	27 632
秦皇岛—京唐港	19 796	京唐港—秦皇岛	23 072
京唐港—涧河	23 866	涧河—京唐港	25 005
京唐港—唐山	8 961	唐山—京唐港	6 734
唐津—唐山	28 693	唐山—唐津	21 994
唐山—丰南西	56 905	丰南西—唐山	20 502
唐山西—承唐主线	9 432	承唐主线—唐山西	24 964
唐山西—曹妃甸	19 174	曹妃甸—唐山西	26 832
涿州北—保定	4 758	保定—涿州北	4 511
保定—冀津主线	15 178	冀津主线—保定	7 837
保定—石家庄北	4 767	石家庄北—保定	7 712
石家庄北—井陉西	14 868	井陉西—石家庄北	29 113
廊坊西—涞水	4 789	涞水—廊坊西	36 355
涞水—满城	3 787	满城—涞水	6 751
满城—石家庄	4 328	石家庄—满城	6 053
衡水北—石家庄北	6 449	石家庄北—衡水北	12 505
石家庄北—栾城	3 092	栾城—石家庄北	2 831
栾城—临漳	2 088	临漳—栾城	1 469
邯郸西—冀鲁主线	6 199	冀鲁主线—邯郸西	4 692
邢台南—冀鲁界	3 611	冀鲁界—邢台南	1 306
衡水北—景州主线	6 985	景州主线—衡水北	4 250
鹿泉—栾城	16 440	栾城—鹿泉	5 223
栾城—清河主线	14 822	清河主线—栾城	5 522
河城街—衡水北	9 359	衡水北—河城街	13 106
沧州西—河城街	7 742	河城街—沧州西	10 047

续上表

路 段 起 止	轴载 （标准轴载当量轴次/日）	路 段 起 止	轴载 （标准轴载当量轴次/日）
黄骅港—沧州西	6 117	沧州西—黄骅港	7 499
黄骅北线—海兴	15 273	海兴—黄骅北	14 884
青县主线—沧州南	18 119	沧州南—青县主线	13 399
沧州南—吴桥主线	14 023	吴桥主线—沧州南	8 814
京冀主线—霸州	18 506	霸州—京冀主线	16 512
霸州—高阳	12 380	高阳—霸州	13 955
高阳—衡水	14 159	衡水—高阳	13 958
衡水—威县	13 858	威县—衡水	12 900
威县—大名	14 199	大名—威县	11 962
保定—沧州	9 677	沧州—保定	5 168
邯郸—涉县	2 714	涉县—邯郸	6 929
保定西—晋冀主线	2 039	晋冀主线—保定西	14 841
黄骅岐口—海港主线	4 917	海港主线—黄骅岐口	5 187
永清—沧州开发区	8 342	沧州开发区—永清	7 709
石家庄—西柏坡	6 331	西柏坡—石家庄	3 478
承唐主线—承德	2 420	承德—承唐主线	12 647
金山岭—红石砬	6 132	红石砬—金山岭	17 932
红石砬—双峰寺	223	双峰寺—红石砬	338
红石砬—双峰寺2	2 658	红石砬—双峰寺2	2 929
双峰寺—七家	301	七家—双峰寺	574
七家—冀蒙界收费站	116	冀蒙界收费站—七家	209
七家—围场北	73	围场北—七家	236
双峰寺—冀辽主线	980	冀辽主线—双峰寺	1 076
承德—坂城	1 222	坂城—承德	384
榛子镇—迁西	6 170	迁西—榛子镇	1 704
迁安—白羊裕	936	白羊裕—迁安	518
坂城—北戴河	797	北戴河—坂城	443
定州南—正定	5 142	正定—定州南	7 680
藁城北—赵县	808	赵县—藁城北	877
路罗—坂上	1 245	坂上—路罗	291
坂上—邢台南	586	邢台南—坂上	218
坂上—内丘南	95	内丘南—坂上	8
内丘南—新河南	35	新河南—内丘南	15
逐鹿北—涞水东	14 884	涞水东—逐鹿北	3 017
马头—铺上	200	铺上—马头	75
铺上—大名冀鲁界	90	大名冀鲁界—铺上	17

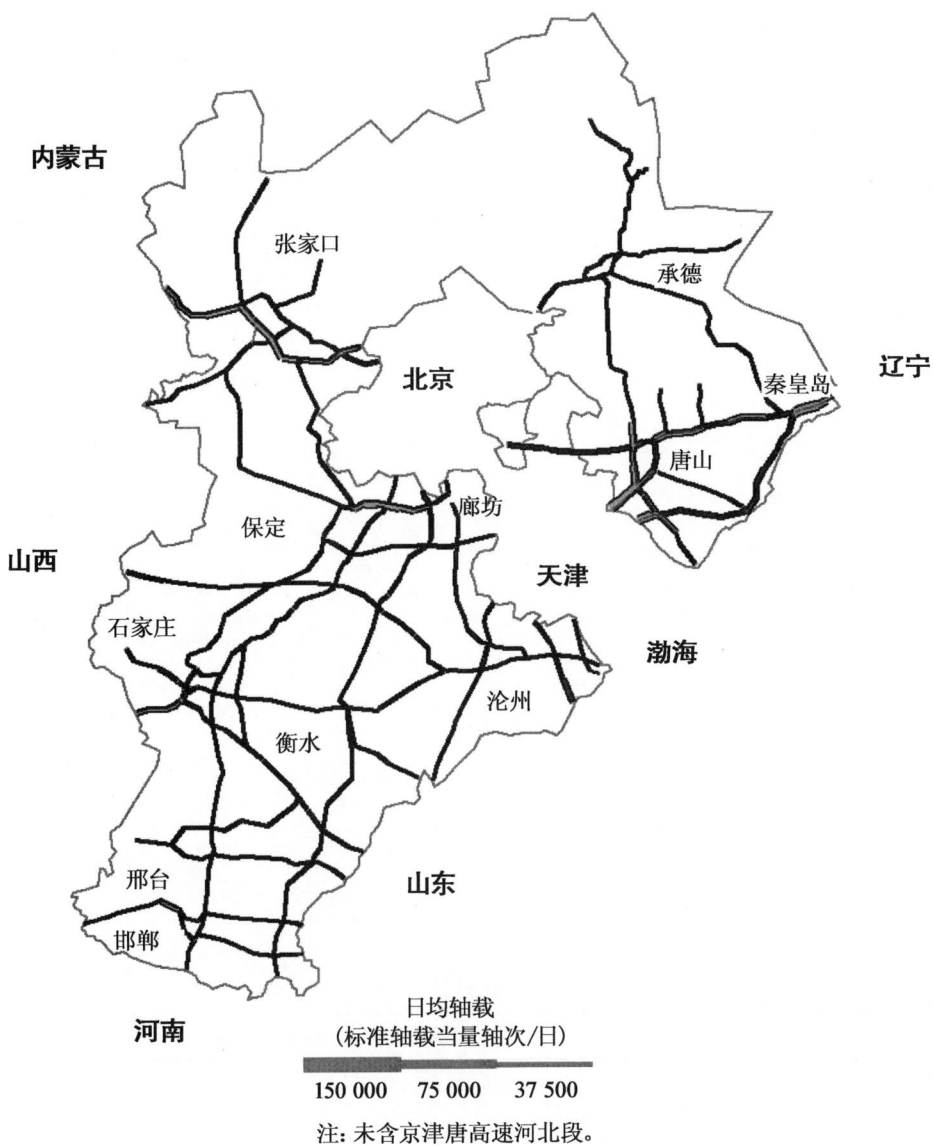

日均轴载
(标准轴载当量轴次/日)

150 000   75 000   37 500

注：未含京津唐高速河北段。

图 4.5　2014 年河北省高速公路日均轴载

4.2.4 交通量分布如表4.6和图4.6所示。

2014年河北省高速公路交通量　　　　　　　　　表4.6

路段起止点	正　向			反　向		
	客车折算交通量（辆/日）	货车折算交通量（辆/日）	小计	客车折算交通量（辆/日）	货车折算交通量（辆/日）	小计
宣化主线—东洋河	2 860	5 931	8 791	2 824	9 004	11 828
东花园—宣化主线	5 273	11 902	17 175	5 140	4 555	9 695
沙城西—万全	4 005	19 000	23 005	3 848	23 697	27 545
张家口北—九连城	1 398	1 219	2 617	2 301	1 389	3 690
化稍营—蔚县	608	1 979	2 587	613	1 062	1 675
冀晋主线—宣化主线	1 937	1 985	3 922	1 964	2 796	4 760
屈家庄—崇礼北	1 379	234	1 613	1 281	289	1 570
迁安—香河	10 839	18 863	29 702	10 838	19 287	30 125
秦皇岛—迁安	9 852	23 836	33 688	9 306	21 263	30 569
万家主线—秦皇岛	6 637	34 344	40 981	4 464	21 736	26 200
秦皇岛—京唐港	2 259	16 328	18 587	2 763	19 599	22 362
京唐港—涧河	2 203	18 073	20 276	2 707	22 050	24 757
京唐港—唐山	5 002	5 823	10 825	4 805	5 925	10 730
唐津—唐山	4 056	17 353	21 409	3 573	14 876	18 449
唐山—丰南西	4 361	25 667	30 028	3 251	18 325	21 576
唐山西—承唐主线	5 431	11 298	16 729	5 489	11 858	17 347
唐山西—曹妃甸	3 386	12 815	16 201	3 871	12 118	15 989
涿州北—保定	4 601	5 309	9 910	2 679	4 067	6 746
保定—冀津主线	5 525	10 958	16 483	5 551	10 398	15 949
保定—石家庄北	4 566	5 922	10 488	4 224	6 509	10 733
石家庄北—井陉西	4 557	25 453	30 010	4 323	19 935	24 258
廊坊西—涞水	4 609	8 383	12 992	5 691	12 362	18 053
涞水—满城	6 084	4 673	10 757	5 750	4 351	10 101
满城—石家庄	3 982	5 038	9 020	4 153	4 686	8 839
衡水北—石家庄北	8 194	10 516	18 710	8 276	11 416	19 692
石家庄北—栾城	6 528	3 657	10 185	6 323	4 028	10 351
栾城—临漳	2 653	1 172	3 825	2 609	1 660	4 269
邯郸西—冀鲁主线	3 332	4 721	8 053	3 010	5 601	8 611
邢台南—冀鲁界	2 488	2 124	4 612	2 054	1 825	3 879
衡水北—景州主线	2 810	5 900	8 710	2 797	5 715	8 512
鹿泉—栾城	3 153	9 691	12 844	2 978	11 855	14 833
栾城—清河主线	3 361	8 903	12 264	3 198	9 108	12 306
河城街—衡水北	3 528	10 038	13 566	3 503	11 935	15 438
沧州西—河城街	4 926	9 080	14 006	4 833	10 166	14 999

续上表

路段起止点	正　向		小计	反　向		小计
	客车折算交通量 （辆/日）	货车折算交通量 （辆/日）		客车折算交通量 （辆/日）	货车折算交通量 （辆/日）	
黄骅港—沧州西	2 232	6 697	8 929	2 363	8 443	10 806
黄骅北线—海兴	4 833	14 991	19 824	4 763	15 703	20 466
青县主线—沧州南	8 188	17 871	26 059	7 684	15 918	23 602
沧州南—吴桥主线	5 159	13 955	19 114	4 926	11 464	16 390
京冀主线—霸州	11 362	15 657	27 019	12 100	16 133	28 233
霸州—高阳	8 582	12 728	21 310	8 315	13 208	21 523
高阳—衡水	9 297	14 404	23 701	8 946	14 359	23 305
衡水—威县	6 977	13 816	20 793	6 710	13 796	20 506
威县—大名	5 945	14 192	20 137	5 773	13 620	19 393
保定—沧州	4 247	7 608	11 855	3 936	7 609	11 545
邯郸—涉县	1 776	4 554	6 330	1 907	4 010	5 917
保定西—晋冀主线	2 209	8 746	10 955	2 067	9 165	11 232
黄骅岐口—海港主线	2 833	4 473	7 306	2 777	4 059	6 836
永清—沧州开发区	1 120	8 348	9 468	1 112	9 445	10 557
石家庄—西柏坡	2 340	5 642	7 982	2 197	4 163	6 360
承唐主线—承德	3 062	5 567	8 629	3 168	8 645	11 813
金山岭—红石砬	3 889	7 375	11 264	3 872	9 692	13 564
红石砬—双峰寺	472	326	798	450	400	850
红石砬—双峰寺2	2 929	2 751	5 680	3 023	2 760	5 783
双峰寺—七家	1 182	603	1 785	1 054	758	1 812
七家—冀蒙界收费站	77	138	215	77	169	246
七家—围场北	728	234	962	712	345	1 057
双峰寺—冀辽主线	1 090	1 091	2 181	1 065	1 171	2 236
承德—坂城	1 347	514	1 861	1 276	518	1 794
榛子镇—迁西	2 232	2 041	4 273	2 252	1 414	3 666
迁安—白羊裕	639	626	1 265	601	518	1 119
坂城—北戴河	1 386	587	1 973	1 297	571	1 868
定州南—正定	6 999	6 708	13 707	6 988	6 824	13 812
藁城北—赵县	1 433	1 052	2 485	1 438	1 106	2 544
路罗—坂上	443	697	1 140	356	701	1 057
坂上—邢台南	297	386	683	253	761	1 014
坂上—内丘南	31	55	86	26	51	77
内丘南—新河南	177	48	225	175	43	218
逐鹿北—涞水东	889	8 362	9 251	920	4 668	5 588
马头—铺上	388	171	559	388	171	559
铺上—大名冀鲁界	84	43	127	52	45	97

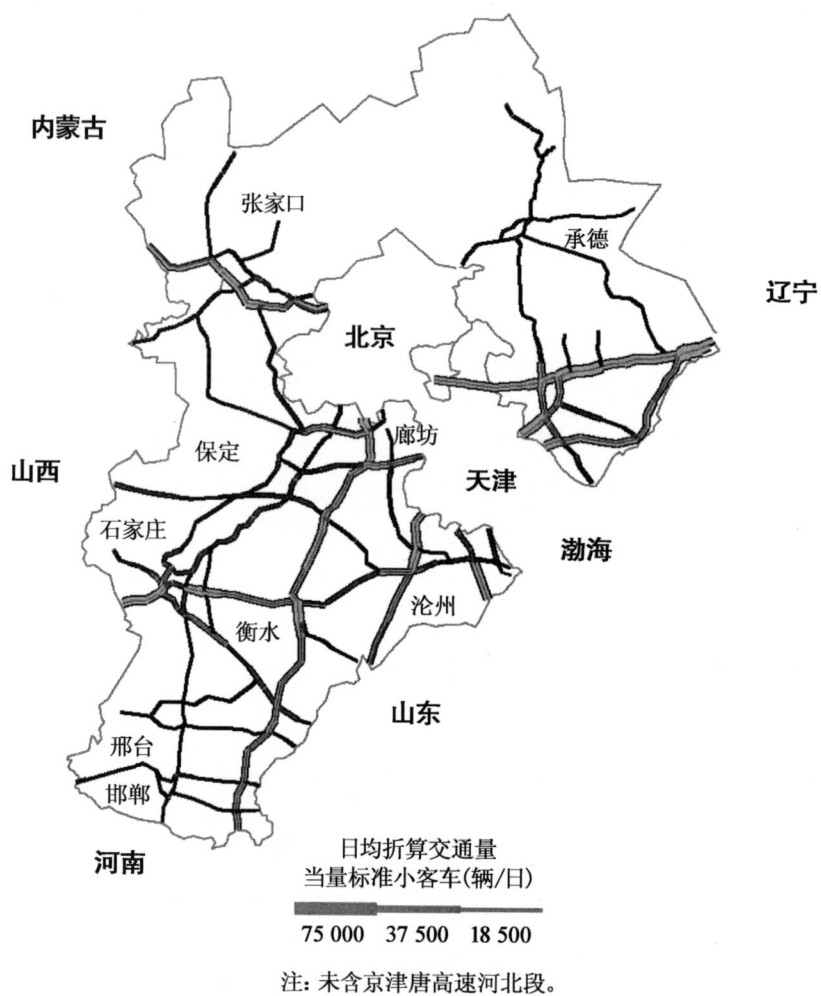

日均折算交通量
当量标准小客车(辆/日)

75 000　37 500　18 500

注: 未含京津唐高速河北段。

图 4.6　2014 年河北省高速公路日均交通量

4.3 山西省高速公路运输密度

4.3.1 客运密度分布如表4.7和图4.7所示。

2014年山西省高速公路客运密度 表4.7

路段起止点	客运密度 (人公里/公里)	路段起止点	客运密度 (人公里/公里)
得胜口—大同北	3 964	大同北—得胜口	4 276
大同北—马连庄	3 215	马连庄—大同北	3 165
马连庄—孙启庄	7 441	孙启庄—马连庄	7 599
马连庄—大同北	4 771	大同北—马连庄	4 657
大同—元营	16 969	元营—大同	16 487
元营—朔州	12 752	朔州—元营	11 377
元营—忻州	21 892	忻州—元营	23 390
忻州—武宿	40 538	武宿—忻州	42 135
罗城—交城	49 061	交城—罗城	48 000
交城—汾阳	23 433	汾阳—交城	22 654
交城—平遥	27 145	平遥—交城	26 740
平遥—临汾	20 491	临汾—侯马	19 732
临汾—侯马	18 893	侯马—临汾	18 138
北柴—龙门大桥	7 969	龙门大桥—北柴	7 557
侯马—运城	15 800	运城—侯马	15 173
运城—平陆	11 098	平陆—运城	10 812
运城—风陵渡	5 772	风陵渡—运城	5 626
东郭—运城西	2 504	运城西—东郭	2 934
小店—屯留	24 342	屯留—小店	24 565
屯留—晋城东	19 955	晋城东—屯留	19 986
晋城—泽州	3 863	泽州—晋城	1 301
大同北—西口	1 415	西口—大同北	1 439
驿马岭—山阴	1 710	山阴—驿马岭	1 569
五台山主线—顿村	7 029	顿村—五台山主线	6 343
顿村—杨家湾	5 367	杨家湾—顿村	5 106
黄寨—太佳	4 222	太佳—黄寨	3 909
郝家庄主线—阳曲	2 229	阳曲—郝家庄主线	2 253
阳曲—古交	15 968	古交—阳曲	16 158

续上表

路段起止点	客运密度 （人公里/公里）	路段起止点	客运密度 （人公里/公里）
旧关—晋中北	14 948	晋中北—旧关	16 877
晋中北—罗城	32 856	罗城—晋中北	31 946
晋中北—祁县	9 848	祁县—晋中北	9 912
孟县东—平定	3 149	平定—孟县东	4 984
左权—平遥	1 124	平遥—左权	1 098
平遥—汾阳	4 485	汾阳—平遥	4 486
汾阳—军渡	10 766	军渡—汾阳	9 645
东阳关—屯留	5 651	屯留—东阳关	6 142
潞城—长治县	1 906	长治县—潞城	1 926
明姜—广胜寺景区	875	广胜寺景区—明姜	790
龙马枢纽—洪洞西	668	洪洞西—龙马枢纽	724
临汾枢纽—壶口景区	4 678	壶口景区—临汾枢纽	4 254
王莽岭景区—南义城	1 268	南义城—王莽岭景区	1 259
南义城—晋城西	1 626	晋城西—南义城	2 386
丹河—北留	11 771	北留—丹河	11 611
北留—阳城	10 044	阳城—北留	7 687
北留—侯马	6 238	侯马—北留	6 009
河津—临猗西	1 264	临猗西—河津	1 280
蒲掌—东镇	5 054	东镇—蒲掌	5 532
北恒—王显	1 851	王显—北恒	1 884
新平堡—大同县	1 275	大同县—新平堡	1 326
大同县—浑源西	4 190	浑源西—大同县	4 556
浑源北—焦山主线	903	焦山主线—浑源北	1 119
汤头—五台山北	935	五台山北—汤头	938
长治东—虹梯关	2 698	虹梯关—长治东	3 865
定襄西—高蒲	5 815	定襄西—高蒲	7 103
五台山北—代县	635	五台山北—代县	1 576
岢岚—临县北	361	岢岚—临县北	307
平定—左权	1 537	平定—左权	1 054
朔州东—平鲁	800	朔州东—平鲁	452

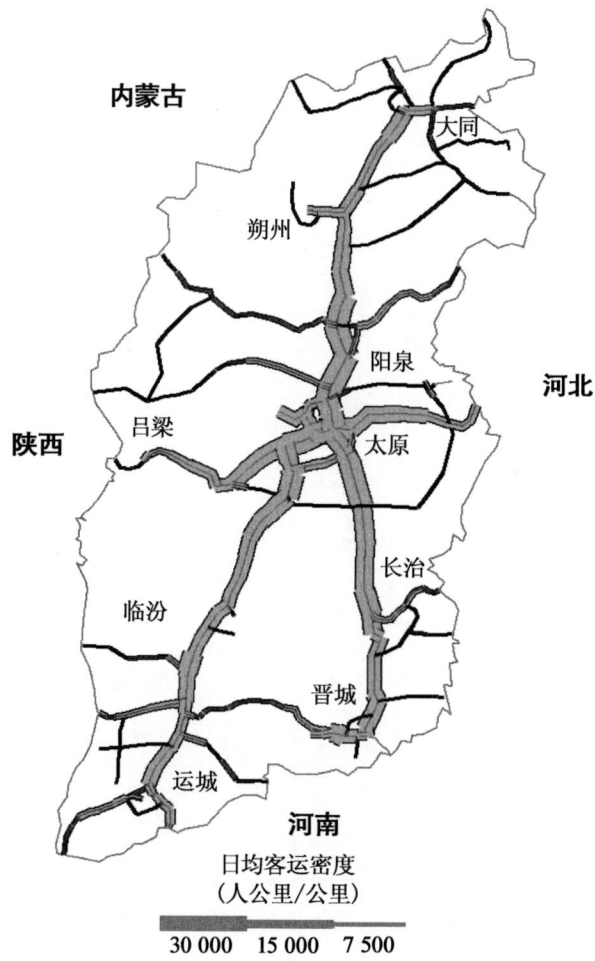

图 4.7 2014 年山西省高速公路日均客运密度

4.3.2 货运密度分布如表 4.8 和图 4.8 所示。

2014 年山西省高速公路货运密度 表 4.8

路段起止点	货运密度 （吨公里/公里）	路段起止点	货运密度 （吨公里/公里）
得胜口—大同北	4 667	大同北—得胜口	17 072
大同北—马连庄	9 223	马连庄—大同北	9 066
马连庄—孙启庄	10 275	孙启庄—马连庄	6 005
马连庄—大同北	12 781	大同北—马连庄	13 543
大同—元营	6 927	元营—大同	10 470
元营—朔州	2 968	朔州—元营	4 706
元营—忻州	25 145	忻州—元营	13 008
忻州—武宿	53 006	武宿—忻州	21 925
罗城—交城	42 132	交城—罗城	39 990
交城—汾阳	38 555	汾阳—交城	46 806
交城—平遥	23 780	平遥—交城	34 025
平遥—临汾	17 353	临汾—侯马	14 327
临汾—侯马	28 497	侯马—临汾	17 309
北柴—龙门大桥	20 196	龙门大桥—北柴	14 046
侯马—运城	15 048	运城—侯马	7 747
运城—平陆	19 388	平陆—运城	13 483
运城—风陵渡	3 038	风陵渡—运城	2 235
东郭—运城西	1 222	运城西—东郭	1 470
小店—屯留	45 781	屯留—小店	17 778
屯留—晋城东	35 497	晋城东—屯留	16 604
晋城—泽州	23 021	泽州—晋城	3 431
大同北—西口	1 749	西口—大同北	5 218
驿马岭—山阴	3 781	山阴—驿马岭	8 354
五台山主线—顿村	8 699	顿村—五台山主线	100 784
顿村—杨家湾	6 199	杨家湾—顿村	58 789
黄寨—太佳	4 735	太佳—黄寨	39 037
郝家庄主线—阳曲	878	阳曲—郝家庄主线	11 589
阳曲—古交	13 519	古交—阳曲	27 862

续上表

路段起止点	货运密度 (吨公里/公里)	路段起止点	货运密度 (吨公里/公里)
旧关—晋中北	79 448	晋中北—旧关	116 554
晋中北—罗城	82 386	罗城—晋中北	93 990
晋中北—祁县	20 458	祁县—晋中北	47 942
孟县东—平定	6 665	平定—孟县东	1 785
左权—平遥	3 422	平遥—左权	7 574
平遥—汾阳	3 648	汾阳—平遥	10 749
汾阳—军渡	53 880	军渡—汾阳	112 575
东阳关—屯留	6 755	屯留—东阳关	22 740
潞城—长治县	1 609	长治县—潞城	1 179
明姜—广胜寺景区	188	广胜寺景区—明姜	89
龙马枢纽—洪洞西	4 476	洪洞西—龙马枢纽	4 207
临汾枢纽—壶口景区	8 744	壶口景区—临汾枢纽	8 151
王莽岭景区—南义城	140	南义城—王莽岭景区	526
南义城—晋城西	1 947	晋城西—南义城	2 534
丹河—北留	7 835	北留—丹河	7 790
北留—阳城	3 481	阳城—北留	3 427
北留—侯马	6 211	侯马—北留	7 337
河津—临猗西	806	临猗西—河津	1 621
蒲掌—东镇	9 720	东镇—蒲掌	27 479
北恒—王显	723	王显—北恒	2 719
新平堡—大同县	256	大同县—新平堡	3 496
大同县—浑源西	1 801	浑源西—大同县	5 113
浑源北—焦山主线	13 465	焦山主线—浑源北	408
汤头—五台山北	748	五台山北—汤头	3 142
长治东—虹梯关	3 633	虹梯关—长治东	2 497
定襄西—高蒲	2 134	定襄西—高蒲	2 026
五台山北—代县	96	五台山北—代县	147
岢岚—临县北	866	岢岚—临县北	543
平定—左权	9 886	平定—左权	3 060
朔州东—平鲁	259	朔州东—平鲁	84

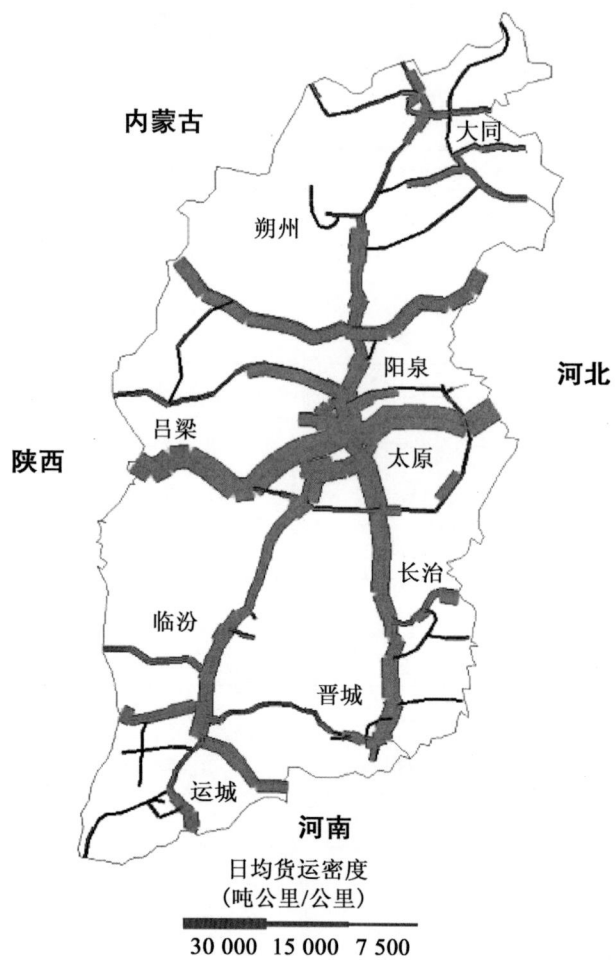

图 4.8 2014 年山西省高速公路日均货运密度

4.3.3　道路负荷分布如表 4.9 和图 4.9 所示。

2014 年山西省高速公路轴载　　　　　　　　　　　　　表 4.9

路段起止点	轴载 (标准轴载当量轴次/日)	路段起止点	轴载 (标准轴载当量轴次/日)
得胜口—大同北	942	大同北—得胜口	3 995
大同北—马连庄	1 873	马连庄—大同北	1 875
马连庄—孙启庄	2 522	孙启庄—马连庄	1 003
马连庄—大同北	2 548	大同北—马连庄	2 699
大同—元营	1 309	元营—大同	2 217
元营—朔州	565	朔州—元营	940
元营—忻州	5 052	忻州—元营	2 293
忻州—武宿	10 773	武宿—忻州	3 679
罗城—交城	6 517	交城—罗城	7 386
交城—汾阳	5 876	汾阳—交城	8 749
交城—平遥	4 606	平遥—交城	7 350
平遥—临汾	3 383	临汾—侯马	2 878
临汾—侯马	6 226	侯马—临汾	3 435
北柴—龙门大桥	4 527	龙门大桥—北柴	2 818
侯马—运城	3 253	运城—侯马	1 532
运城—平陆	3 973	平陆—运城	1 862
运城—风陵渡	629	风陵渡—运城	447
东郭—运城西	226	运城西—东郭	310
小店—屯留	8 539	屯留—小店	3 000
屯留—晋城东	7 435	晋城东—屯留	2 872
晋城—泽州	5 164	泽州—晋城	581
大同北—西口	320	西口—大同北	1 098
驿马岭—山阴	723	山阴—驿马岭	1 747
五台山主线—顿村	1 584	顿村—五台山主线	21 411
顿村—杨家湾	1 419	杨家湾—顿村	12 279
黄寨—太佳	873	太佳—黄寨	8 301
郝家庄主线—阳曲	177	阳曲—郝家庄主线	2 615
阳曲—古交	2 776	古交—阳曲	5 686
旧关—晋中北	12 904	晋中北—旧关	26 427

续上表

路段起止点	轴载 （标准轴载当量轴次/日）	路段起止点	轴载 （标准轴载当量轴次/日）
晋中北—罗城	14 210	罗城—晋中北	21 027
晋中北—祁县	3 926	祁县—晋中北	10 847
孟县东—平定	1 404	平定—孟县东	368
左权—平遥	738	平遥—左权	1 742
平遥—汾阳	679	汾阳—平遥	2 374
汾阳—军渡	8 556	军渡—汾阳	24 560
东阳关—屯留	1 260	屯留—东阳关	4 872
潞城—长治县	323	长治县—潞城	233
明姜—广胜寺景区	32	广胜寺景区—明姜	16
龙马枢纽—洪洞西	720	洪洞西—龙马枢纽	899
临汾枢纽—壶口景区	1 583	壶口景区—临汾枢纽	1 641
王莽岭景区—南义城	38	南义城—王莽岭景区	127
南义城—晋城西	429	晋城西—南义城	648
丹河—北留	1 306	北留—丹河	1 741
北留—阳城	740	阳城—北留	913
北留—侯马	1 288	侯马—北留	1 531
河津—临猗西	172	临猗西—河津	386
蒲掌—东镇	1 809	东镇—蒲掌	6 155
北恒—王显	146	王显—北恒	588
新平堡—大同县	51	大同县—新平堡	878
大同县—浑源西	426	浑源西—大同县	1 136
浑源北—焦山主线	3 194	焦山主线—浑源北	108
汤头—五台山北	185	五台山北—汤头	686
长治东—虹梯关	897	虹梯关—长治东	612
定襄西—高蒲	429	定襄西—高蒲	336
五台山北—代县	18	五台山北—代县	25
岢岚—临县北	154	岢岚—临县北	75
平定—左权	1 949	平定—左权	599
朔州东—平鲁	47	朔州东—平鲁	18

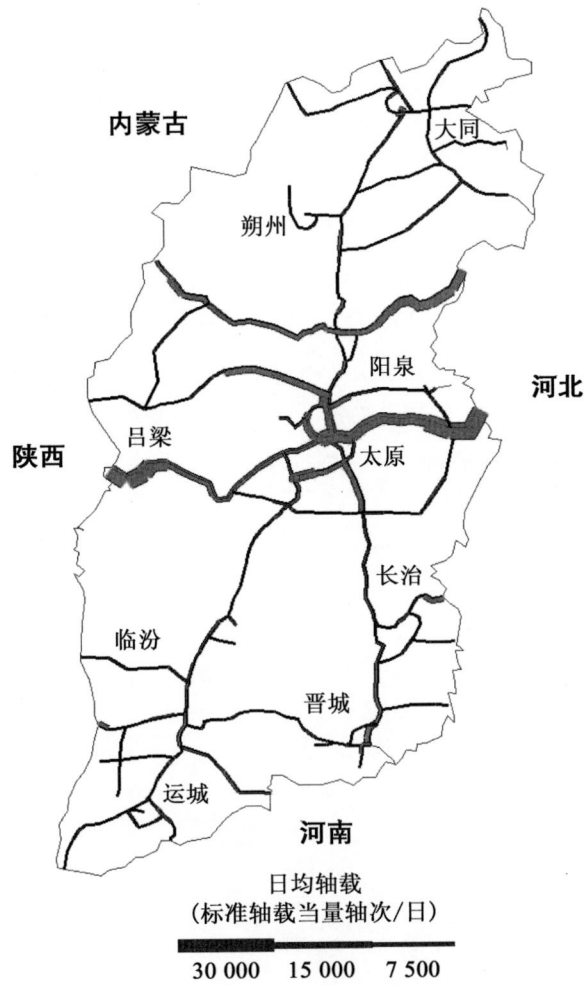

日均轴载
(标准轴载当量轴次/日)

30 000   15 000   7 500

图 4.9 2014 年山西省高速公路日均轴载

4.3.4 交通量分布如表4.10和图4.10所示。

2014年山西省高速公路交通量

表4.10

路段起止点	正 向		小计	反 向		小计
	客车折算交通量（辆/日）	货车折算交通量（辆/日）		客车折算交通量（辆/日）	货车折算交通量（辆/日）	
得胜口—大同北	1 225	1 008	2 233	1 345	2 473	3 818
大同北—马连庄	1 013	1 537	2 550	974	2 318	3 292
马连庄—孙启庄	2 267	1 511	3 778	2 332	1 411	3 743
马连庄—大同北	1 519	3 475	4 994	1 458	2 532	3 990
大同—元营	5 100	2 761	7 861	4 951	1 975	6 926
元营—朔州	3 835	1 110	4 945	3 386	898	4 284
元营—忻州	6 286	4 138	10 424	6 806	5 609	12 415
忻州—武宿	12 295	8 614	20 909	12 833	17 291	30 124
罗城—交城	15 695	9 424	25 119	15 337	8 328	23 665
交城—汾阳	7 490	11 967	19 457	7 223	7 055	14 278
交城—平遥	8 483	7 377	15 860	8 336	7 936	16 272
平遥—临汾	6 207	3 814	10 021	5 944	5 086	11 030
临汾—侯马	5 790	5 183	10 973	5 503	7 291	12 794
北柴—龙门大桥	2 466	3 638	6 104	2 297	4 155	6 452
侯马—运城	5 066	2 992	8 058	4 876	3 716	8 592
运城—平陆	3 469	3 354	6 823	3 388	4 533	7 921
运城—风陵渡	1 721	741	2 462	1 673	1 010	2 683
东郭—运城西	804	414	1 218	938	403	1 341
小店—屯留	6 609	6 513	13 122	6 543	12 430	18 973
屯留—晋城东	5 714	5 467	11 181	5 636	7 635	13 271
晋城—泽州	992	2 831	3 823	369	1 406	1 775
大同北—西口	471	1 348	1 819	481	705	1 186
驿马岭—山阴	519	1 718	2 237	483	1 024	1 507
五台山主线—顿村	2 232	12 230	14 462	1 976	12 061	14 037
顿村—杨家湾	1 552	24 196	25 748	1 473	7 193	8 666
黄寨—太佳	1 277	5 047	6 324	1 176	4 629	5 805
郝家庄主线—阳曲	758	1 091	1 849	767	1 501	2 268
阳曲—古交	5 150	8 405	13 555	5 222	4 761	9 983
旧关—晋中北	4 591	20 721	25 312	5 226	15 416	20 642

路段起止点	正　　向		小计	反　　向		小计
	客车折算交通量 （辆/日）	货车折算交通量 （辆/日）		客车折算交通量 （辆/日）	货车折算交通量 （辆/日）	
晋中北—罗城	10 507	19 409	29 916	10 290	14 886	25 176
晋中北—祁县	3 128	7 956	11 084	3 141	7 026	10 167
孟县东—平定	1 080	979	2 059	1 576	3 156	4 732
左权—平遥	352	2 053	2 405	346	935	1 281
平遥—汾阳	1 431	2 100	3 531	1 425	1 642	3 067
汾阳—军渡	3 368	13 356	16 724	2 970	13 312	16 282
东阳关—屯留	1 581	3 921	5 502	1 677	3 198	4 875
潞城—长治县	515	493	1 008	505	654	1 159
明姜—广胜寺景区	295	66	361	269	46	315
龙马枢纽—洪洞西	226	970	1 196	242	723	965
临汾枢纽—壶口景区	1 413	1 824	3 237	1 275	1 263	2 538
王莽岭景区—南义城	406	87	493	402	102	504
南义城—晋城西	563	590	1 153	777	987	1 764
丹河—北留	3 653	2 185	5 838	3 607	2 072	5 679
北留—阳城	3 240	1 349	4 589	2 532	996	3 528
北留—侯马	1 925	1 776	3 701	1 849	1 535	3 384
河津—临猗西	436	302	738	442	438	880
蒲掌—东镇	1 390	2 969	4 359	1 559	3 645	5 204
北恒—王显	635	421	1 056	649	557	1 206
新平堡—大同县	409	260	669	423	434	857
大同县—浑源西	1 364	579	1 943	1 467	872	2 339
浑源北—焦山主线	277	1 490	1 767	353	836	1 189
汤头—五台山北	288	562	850	276	395	671
长治东—虹梯关	692	491	1 183	1 002	1 963	2 965
定襄西—高蒲	1 865	582	2 447	2 272	704	2 976
五台山北—代县	199	76	275	527	73	600
岢岚—临县北	121	446	567	107	355	462
平定—左权	521	1 599	2 120	353	495	848
朔州东—平鲁	270	94	364	159	34	193

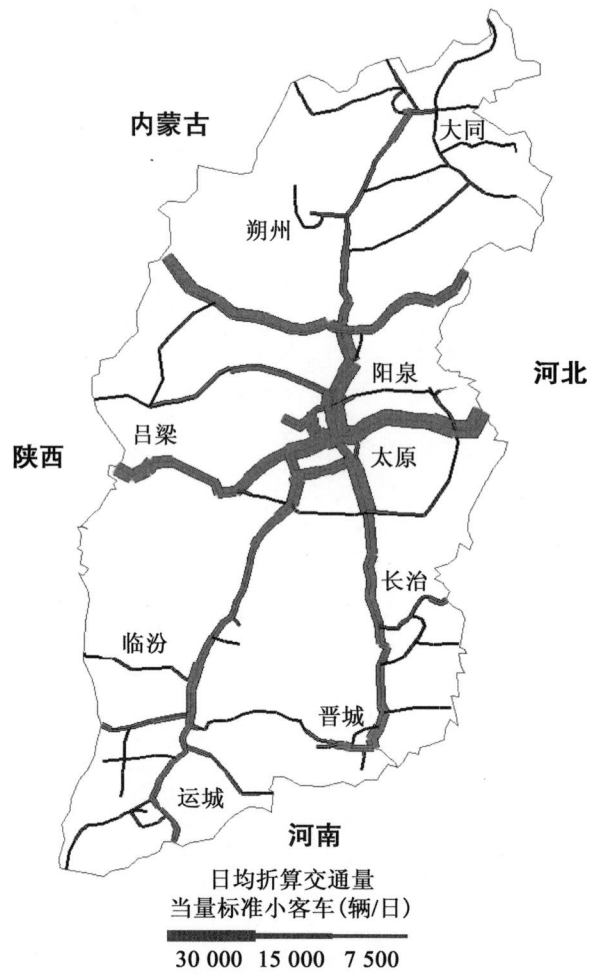

日均折算交通量
当量标准小客车(辆/日)

30 000　15 000　7 500

图 4.10　2014 年山西省高速公路日均交通量

4.4　辽宁省高速公路运输密度

4.4.1　客运密度分布如表 4.11 和图 4.11 所示。

2014 年辽宁省高速公路客运密度　　　　　　表 4.11

路段起止点	客运密度 （人公里/公里）	路段起止点	客运密度 （人公里/公里）
万家—葫芦岛	20 712	葫芦岛—万家	19 895
葫芦岛—锦州	25 116	锦州—葫芦岛	26 031
锦州—沈阳西	27 638	沈阳西—锦州	27 999
沈阳—毛家店	15 936	毛家店—沈阳	18 040
锦州—朝阳	9 234	朝阳—锦州	9 055
朝阳—黑水	3 438	黑水—朝阳	3 331
锦州东—阜新	9 208	阜新—锦州东	8 905
沈阳—鞍山	39 561	鞍山—沈阳	40 629
鞍山—营口	29 602	营口—鞍山	30 317
营口—鲅鱼圈	36 686	鲅鱼圈—营口	37 190
鲅鱼圈—炮台	22 060	炮台—鲅鱼圈	22 488
炮台—长兴岛	9 505	长兴岛—炮台	9 865
炮台—大连	42 812	大连—炮台	41 621
大连—旅顺新港	7 022	旅顺新港—大连	6 946
大连—庄河	14 521	庄河—大连	15 693
庄河—丹东	5 737	丹东—庄河	5 976
丹东—本溪	9 558	本溪—丹东	10 167
本溪—沈阳	31 287	沈阳—本溪	32 274
三十里堡—大窑湾	20 235	大窑湾—三十里堡	20 689
光辉—西安	15 593	西安—光辉	15 741
西安—西柳	5 912	西柳—西安	6 113
西安—营口	9 060	营口—西安	9 113
沈阳—草市	12 527	草市—沈阳	11 688
毛家店—三十家子	5 068	三十家子—毛家店	4 986
三面船—北台	4 677	北台—三面船	5 019
彰武—红旗台	12 369	红旗台—彰武	12 562
康平北—沈北新区	5 601	沈北新区—康平北	6 551
沈阳西环逆时针	25 296	沈阳西环顺时针	25 948
沈阳东环逆时针	13 714	沈阳东环顺时针	13 596
西柳—大孤山	4 890	大孤山—西柳	5 286
彰武—阿尔乡	3 914	阿尔乡—彰武	3 383

续上表

路段起止点	客运密度 （人公里/公里）	路段起止点	客运密度 （人公里/公里）
金岛—皮口	24 497	皮口—金岛	22 866
旺清门主线—南杂木	4 864	南杂木—旺清门主线	4 756
永陵——桓仁	1 943	桓仁—永陵	1 988
拐磨子—丹东	2 743	丹东—拐磨子	2 621
盖州——庄河西	2 816	庄河西—盖州	3 004
金沟子—安民主线	1 889	安民主线—金沟子	2 319
阜新—甜水	4 385	甜水—阜新	4 620
茨榆坨—灯塔	3 471	灯塔—茨榆坨	4 235
兴城—建昌	2 688	建昌—兴城	1 581
西安—辽东湾	397	辽东湾—西安	116

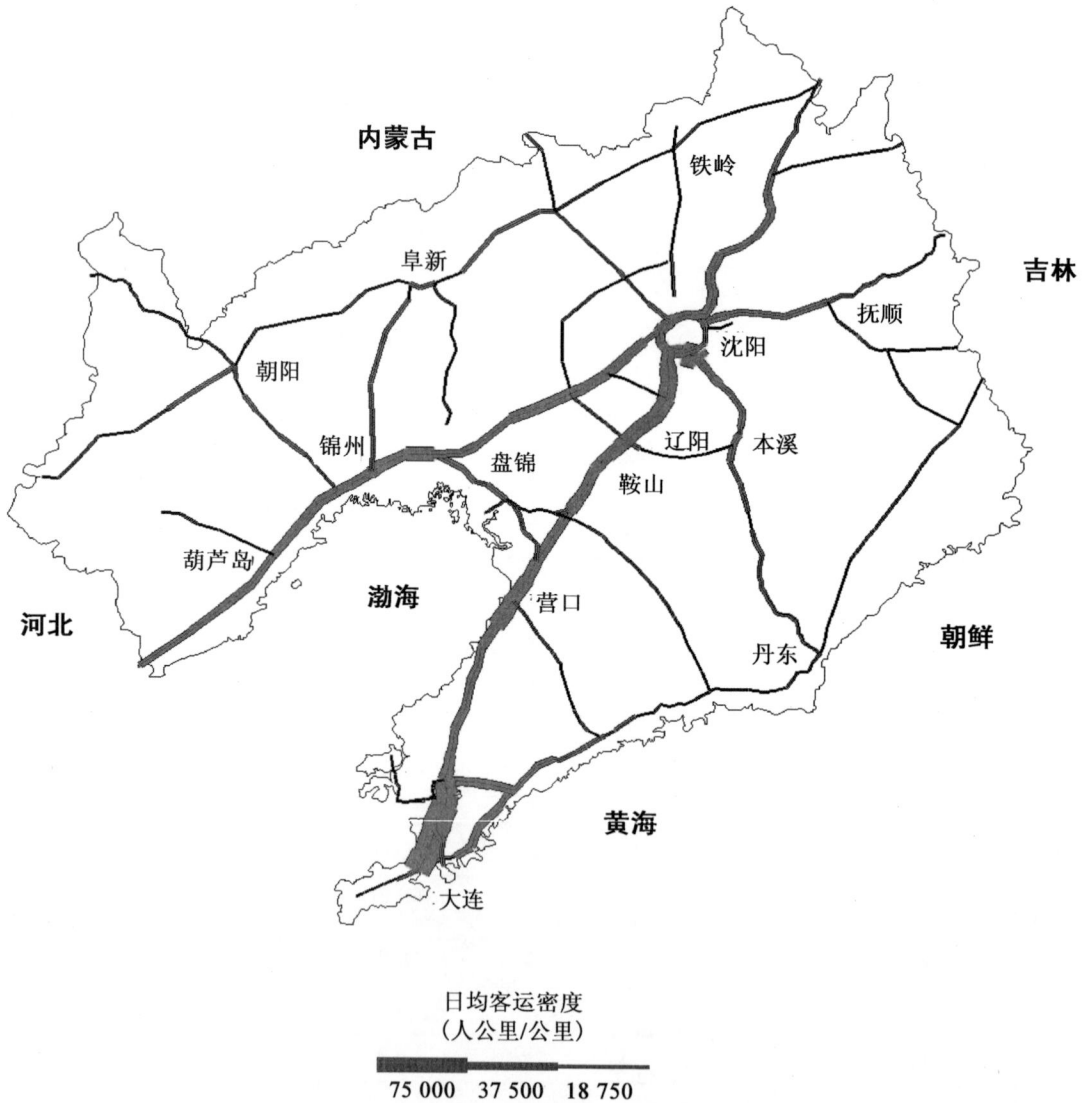

图4.11　2014年辽宁省高速公路日均客运密度

4.4.2 货运密度分布如表 4.12 和图 4.12 所示。

2014 年辽宁省高速公路货运密度

表 4.12

路段起止点	货运密度 （吨公里/公里）	路段起止点	货运密度 （吨公里/公里）
万家—葫芦岛	205 921	葫芦岛—万家	203 611
葫芦岛—锦州	214 847	锦州—葫芦岛	216 194
锦州—沈阳西	157 056	沈阳西—锦州	145 045
沈阳—毛家店	102 393	毛家店—沈阳	101 137
锦州—朝阳	17 724	朝阳—锦州	26 851
朝阳—黑水	7 355	黑水—朝阳	17 561
锦州东—阜新	28 262	阜新—锦州东	40 163
沈阳—鞍山	63 076	鞍山—沈阳	57 519
鞍山—营口	77 357	营口—鞍山	70 227
营口—鲅鱼圈	97 964	鲅鱼圈—营口	80 271
鲅鱼圈—炮台	57 292	炮台—鲅鱼圈	45 066
炮台—长兴岛	9 997	长兴岛—炮台	8 436
炮台—大连	48 855	大连—炮台	36 856
大连—旅顺新港	12 544	旅顺新港—大连	8 887
大连—庄河	10 012	庄河—大连	11 407
庄河—丹东	4 567	丹东—庄河	4 367
丹东—本溪	7 576	本溪—丹东	10 111
本溪—沈阳	6 514	沈阳—本溪	8 906
三十里堡—大窑湾	28 310	大窑湾—三十里堡	30 474
光辉—西安	53 263	西安—光辉	49 793
西安—西柳	16 842	西柳—西安	21 081
西安—营口	32 094	营口—西安	26 797
沈阳—草市	24 969	草市—沈阳	31 119
毛家店—三十家子	14 659	三十家子—毛家店	15 268
三面船—北台	10 039	北台—三面船	11 514
彰武—红旗台	18 674	红旗台—彰武	19 583
康平北—沈北新区	6 121	沈北新区—康平北	7 004
沈阳西环逆时针	101 377	沈阳西环顺时针	103 620
沈阳东环逆时针	24 832	沈阳东环顺时针	24 745
西柳—大孤山	7 969	大孤山—西柳	7 042
彰武—阿尔乡	10 990	阿尔乡—彰武	15 947
金岛—皮口	19 777	皮口—金岛	16 479

续上表

路段起止点	货运密度 （吨公里/公里）	路段起止点	货运密度 （吨公里/公里）
旺清门主线—南杂木	3 961	南杂木—旺清门主线	3 546
永陵—桓仁	918	桓仁—永陵	963
拐磨子—丹东	2 470	丹东—拐磨子	1 975
盖州—庄河西	3 382	庄河西—盖州	2 741
金沟子—安民主线	2 378	安民主线—金沟子	2 126
阜新—甜水	5 742	甜水—阜新	7 301
茨榆坨—灯塔	5 013	灯塔—茨榆坨	5 638
兴城—建昌	951	建昌—兴城	400
西安—辽东湾	1 336	辽东湾—西安	486

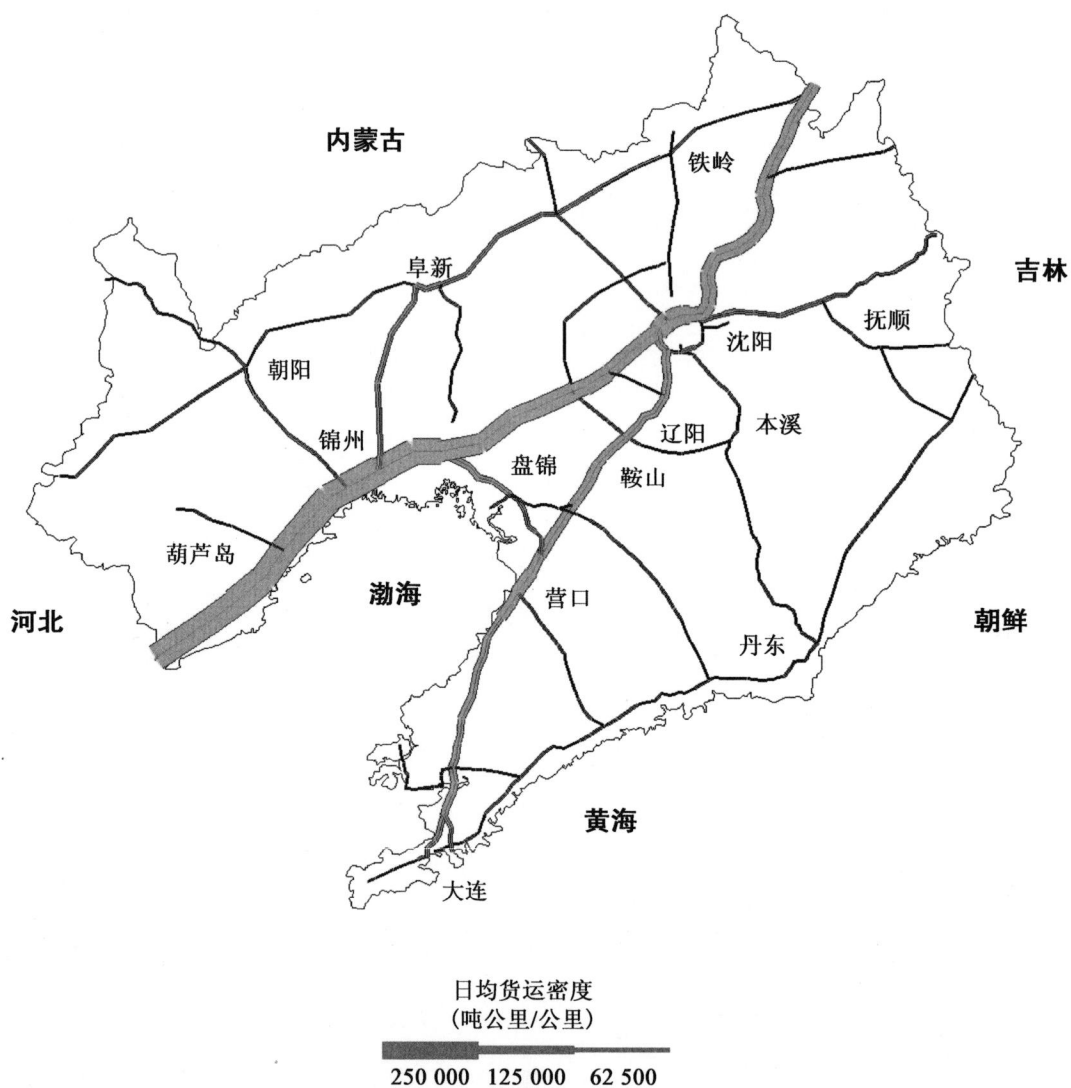

日均货运密度
（吨公里/公里）

250 000　125 000　62 500

图 4.12　2014 年辽宁省高速公路日均货运密度

4.4.3 交通量分布如表 4.13 和图 4.13 所示。

2014 年辽宁省高速公路交通量

表 4.13

路段起止点	正 向		小计	反 向		小计
	客车折算交通量(辆/日)	货车折算交通量(辆/日)		客车折算交通量(辆/日)	货车折算交通量(辆/日)	
万家—葫芦岛	5 264	30 789	36 053	5 037	29 623	34 660
葫芦岛—锦州	6 445	32 691	39 136	6 659	32 144	38 803
锦州—沈阳西	7 366	24 472	31 838	7 500	22 219	29 719
沈阳—毛家店	4 370	15 726	20 096	5 023	15 011	20 034
锦州—朝阳	2 434	3 718	6 152	2 334	3 989	6 323
朝阳—黑水	924	1 844	2 768	895	2 379	3 274
锦州东—阜新	2 849	5 003	7 852	2 755	6 013	8 768
沈阳—鞍山	11 623	11 343	22 966	11 877	11 821	23 698
鞍山—营口	8 235	12 768	21 003	8 349	14 696	23 045
营口—鲅鱼圈	9 815	15 624	25 439	9 925	17 968	27 893
鲅鱼圈—炮台	5 768	9 550	15 318	5 873	10 355	16 228
炮台—长兴岛	2 681	2 271	4 952	2 777	2 343	5 120
炮台—大连	18 359	11 636	29 995	17 866	12 250	30 116
大连—旅顺新港	2 289	2 990	5 279	2 265	2 815	5 080
大连—庄河	3 787	2 781	6 568	4 130	2 914	7 044
庄河—丹东	1 499	1 178	2 677	1 550	1 110	2 660
丹东—本溪	2 705	2 011	4 716	2 877	2 049	4 926
本溪—沈阳	9 702	1 929	11 631	10 074	2 151	12 225
三十里堡—大窑湾	5 788	7 250	13 038	6 071	8 774	14 845
光辉—西安	4 017	8 398	12 415	4 012	8 450	12 462
西安—西柳	1 588	3 008	4 596	1 607	3 560	5 167
西安—营口	2 249	4 967	7 216	2 253	4 822	7 075
沈阳—草市	3 268	4 442	7 710	3 045	4 962	8 007
毛家店—三十家子	1 519	2 454	3 973	1 473	2 473	3 946
三面船—北台	1 334	1 978	3 312	1 433	2 124	3 557
彰武—红旗台	3 654	3 839	7 493	3 720	4 170	7 890
康平北—沈北新区	1 667	1 274	2 941	1 872	1 540	3 412
沈阳西环逆时针	7 587	19 307	26 894	7 800	20 703	28 503
沈阳东环逆时针	4 369	5 924	10 293	4 347	5 850	10 197
西柳—大孤山	1 289	1 563	2 852	1 396	1 591	2 987
彰武—阿尔乡	1 150	2 072	3 222	967	2 474	3 441
金岛—皮口	7 309	5 404	12 713	6 699	4 872	11 571

续上表

路段起止点	正 向			反 向		
	客车折算交通量 （辆/日）	货车折算交通量 （辆/日）	小计	客车折算交通量 （辆/日）	货车折算交通量 （辆/日）	小计
旺清门主线—南杂木	1 227	752	1 979	1 164	712	1 876
永陵—桓仁	547	219	766	531	249	780
拐磨子—丹东	745	521	1 266	708	536	1 244
盖州—庄河西	788	809	1 597	800	756	1 556
金沟子—安民主线	533	489	1 022	639	449	1 088
阜新—甜水	1 433	1 330	2 763	1 510	1 452	2 962
茨榆坨—灯塔	1 037	979	2 016	1 280	1 131	2 411
兴城—建昌	817	313	1 130	502	160	662
西安—辽东湾	126	303	429	38	110	148

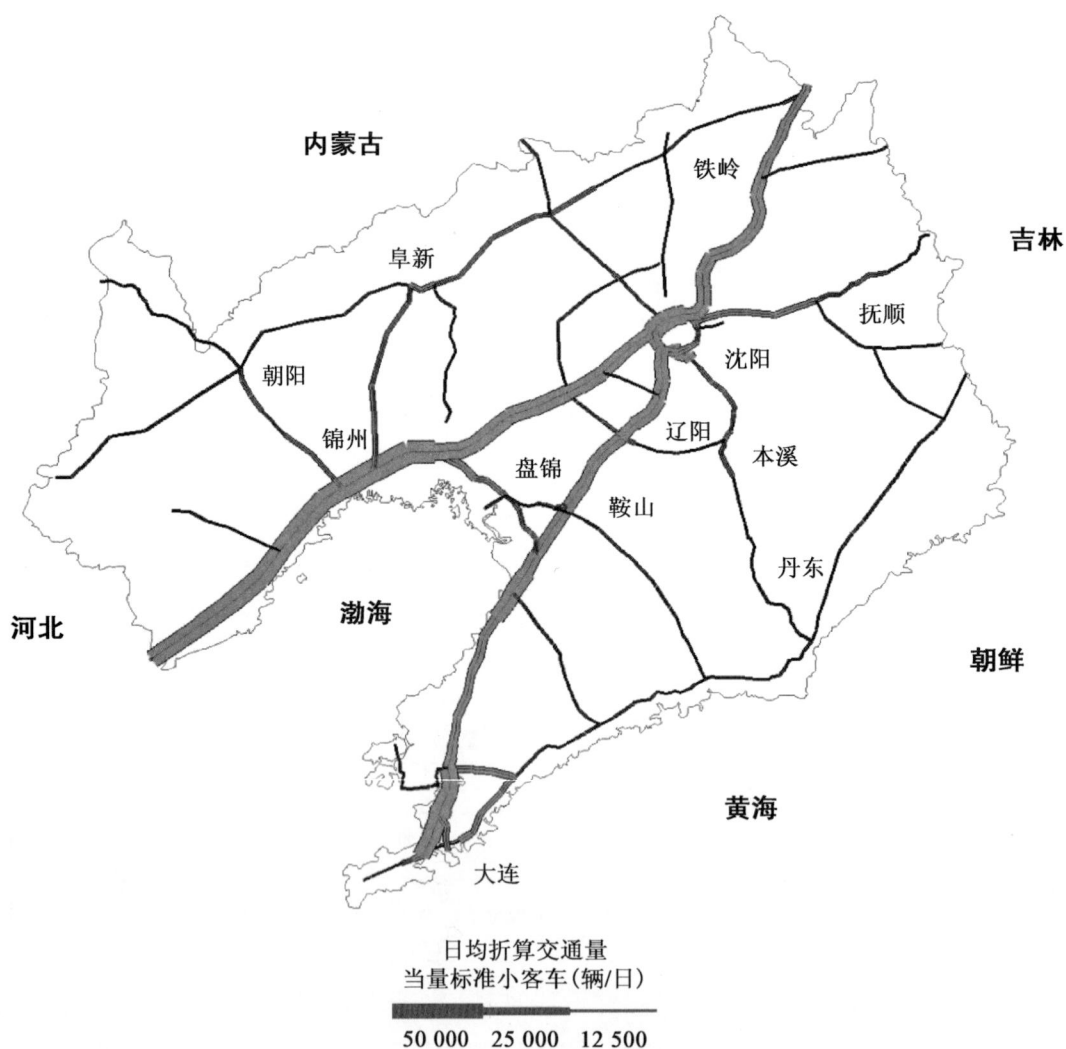

图4.13 2014年辽宁省高速公路日均交通量

4.5　上海市高速公路运输密度

4.5.1　客运密度分布如表 4.14 和图 4.14 所示。

2014 年上海市高速公路客运密度　　　　　表 4.14

路段起止点	客运密度（人公里/公里）	路段起止点	客运密度（人公里/公里）
绕城月浦—沪嘉浏互通	12 369	沪嘉浏互通—绕城月浦	12 809
沪嘉浏互通—北环嘉浏立交	76 679	北环嘉浏立交—沪嘉浏互通	78 740
北环嘉浏立交—G2 安亭	22 921	G2 安亭—北环嘉浏立交	23 616
G2 安亭—G60 大港	24 521	G60 大港—G2 安亭	24 319
G60 大港—绕城亭枫	22 548	绕城亭枫—G60 大港	22 428
绕城亭枫—嘉金南环立交	7 625	嘉金南环立交—绕城亭枫	7 542
嘉金南环立交—界河	12 159	界河—嘉金南环立交	11 688
界河—G40 沪苏	34 951	G40 沪苏—界河	34 853
G15 朱桥—北环嘉浏立交	105 625	北环嘉浏立交—G15 朱桥	109 449
北环嘉浏立交—G60 新桥	62 917	G60 新桥—北环嘉浏立交	65 473
G60 新桥—嘉金南环立交	38 844	嘉金南环立交—G60 新桥	36 531
嘉金南环立交—G15 亭卫	17 335	G15 亭卫—嘉金南环立交	19 326
G2 安亭—G2 江桥	134 630	G2 江桥—G2 安亭	139 486
G50 沪浙—G50 嘉松	50 006	G50 嘉松—G50 沪浙	50 727
G50 嘉松—G50 徐泾	102 810	G50 徐泾—G50 嘉松	115 965
G60 枫泾—G60 大港	84 237	G60 大港—G60 枫泾	80 387
G60 大港—G60 新桥	121 867	G60 新桥—G60 大港	116 928
G60 新桥—G60 莘庄	174 181	G60 莘庄—G60 新桥	171 316
S32 沪浙—S32 祝桥	21 244	S32 祝桥—S32 沪浙	21 658
S36 枫泾—绕城亭枫	6 639	绕城亭枫—S36 枫泾	6 753
G15 沪浙—S4 大叶	25 957	S4 大叶—G15 沪浙	25 698
S4 大叶—S4 颛桥	87 197	S4 颛桥—S4 大叶	86 513
S2 临港—S2 大叶	24 323	S2 大叶—S2 临港	24 596
S2 大叶—S2 康桥	45 316	S2 康桥—S2 大叶	45 813
S19 沈海南环立交—S19 新卫	9 954	S19 新卫—S19 沈海南环立交	9 897

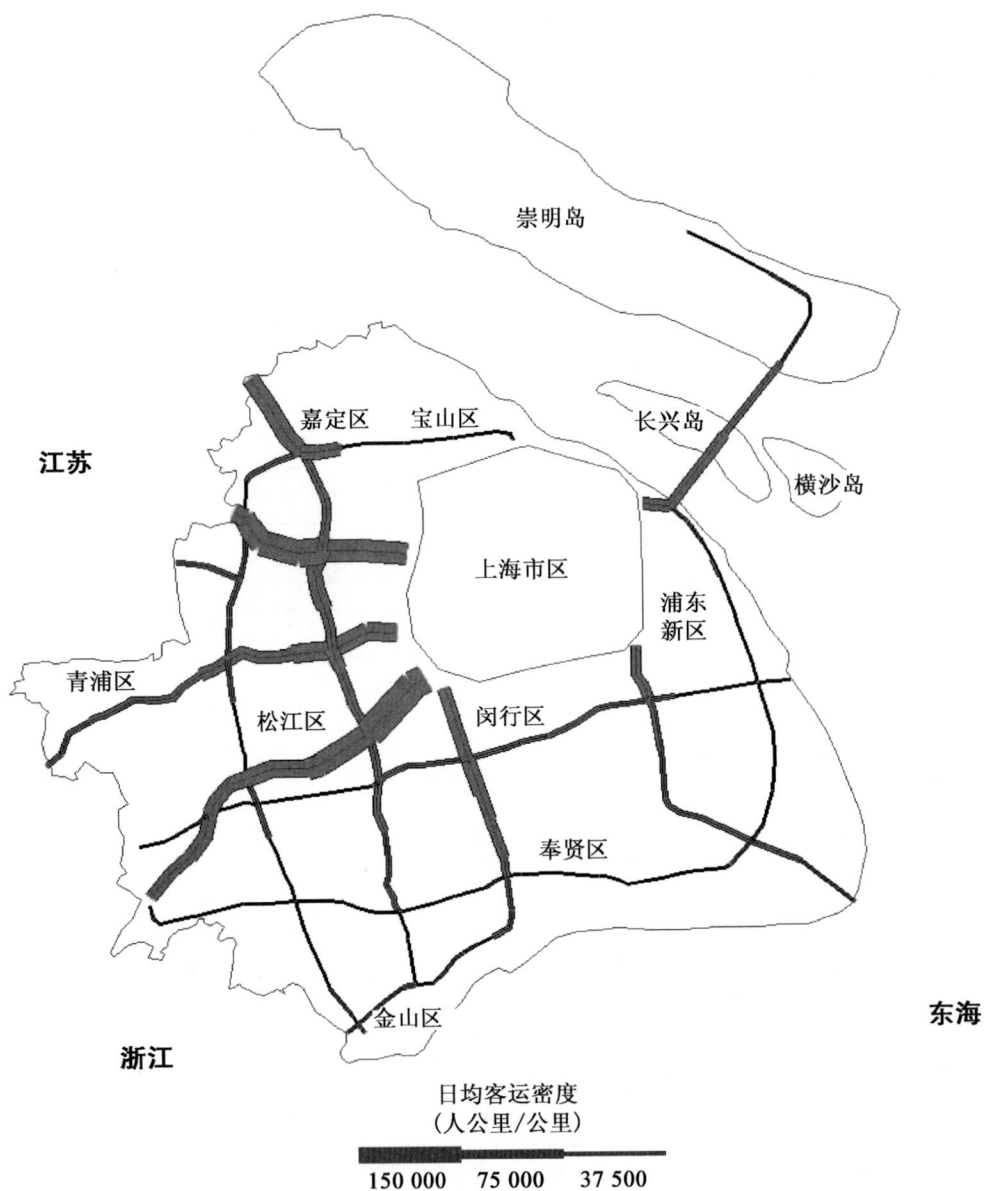

图 4.14　2014 年上海市高速公路日均客运密度

4.5.2　货运密度分布如表 4.15 和图 4.15 所示。

2014 年上海市高速公路货运密度 　　　　　　　　　　　　表 4.15

路段起止点	货运密度 （吨公里/公里）	路段起止点	货运密度 （吨公里/公里）
绕城月浦—沪嘉浏互通	95 247	沪嘉浏互通—绕城月浦	101 664
沪嘉浏互通—北环嘉浏立交	137 341	北环嘉浏立交—沪嘉浏互通	136 276
北环嘉浏立交—G2 安亭	87 971	G2 安亭—北环嘉浏立交	88 213
G2 安亭—G60 大港	62 327	G60 大港—G2 安亭	52 186
G60 大港—绕城亭枫	34 411	绕城亭枫—G60 大港	25 388
绕城亭枫—嘉金南环立交	32 651	嘉金南环立交—绕城亭枫	21 360
嘉金南环立交—界河	79 698	界河—嘉金南环立交	52 449
界河—G40 沪苏	42 667	G40 沪苏—界河	33 853
G15 朱桥—北环嘉浏立交	96 223	北环嘉浏立交—G15 朱桥	96 774
北环嘉浏立交—G60 新桥	98 383	G60 新桥—北环嘉浏立交	86 220
G60 新桥—嘉金南环立交	46 027	嘉金南环立交—G60 新桥	38 423
嘉金南环立交—G15 亭卫	20 032	G15 亭卫—嘉金南环立交	23 022
G2 安亭—G2 江桥	57 743	G2 江桥—G2 安亭	61 281
G50 沪浙—G50 嘉松	18 630	G50 嘉松—G50 沪浙	19 460
G50 嘉松—G50 徐泾	29 714	G50 徐泾—G50 嘉松	36 015
G60 枫泾—G60 大港	68 274	G60 大港—G60 枫泾	66 097
G60 大港—G60 新桥	57 146	G60 新桥—G60 大港	50 957
G60 新桥—G60 莘庄	72 224	G60 莘庄—G60 新桥	70 179
S32 沪浙—S32 祝桥	27 789	S32 祝桥—S32 沪浙	28 357
S36 枫泾—绕城亭枫	10 772	绕城亭枫—S36 枫泾	9 919
G15 沪浙—S4 大叶	45 313	S4 大叶—G15 沪浙	45 247
S4 大叶—S4 颛桥	49 107	S4 颛桥—S4 大叶	56 631
S2 临港—S2 大叶	69 071	S2 大叶—S2 临港	70 607
S2 大叶—S2 康桥	25 845	S2 康桥—S2 大叶	25 106
S19 沈海南环立交—S19 新卫	7 354	S19 新卫—S19 沈海南环立交	7 405

崇明岛

江苏

嘉定区　宝山区

长兴岛

横沙岛

上海市区

浦东新区

青浦区

松江区　　闵行区

奉贤区

东海

金山区

浙江

日均货运密度
（吨公里/公里）

150 000　75 000　37 500

图 4.15　2014 年上海市高速公路日均货运密度

4.6　江苏省高速公路运输密度

4.6.1　客运密度分布如表 4.16 和图 4.16 所示。

2014 年江苏省高速公路客运密度　　　　　　　　　表 4.16

路段起止点	客运密度 （人公里/公里）	路段起止点	客运密度 （人公里/公里）
苏鲁省界—淮安	36 698	淮安—苏鲁省界	26 204
淮安—江都	111 283	江都—淮安	70 601
江都—江阴	129 749	江阴—江都	83 717
江阴枢纽—无锡	48 549	无锡—江阴枢纽	109 552
广陵—南通北	47 011	南通北—广陵	48 974
南通—苏州北	112 274	苏州北—南通	113 869
小海—启东	32 799	启东—小海	31 284
启东—崇启大桥	18 271	崇启大桥—启东	16 022
沈海苏鲁—灌云	16 469	灌云—沈海苏鲁	18 273
灌云—盐城东	32 511	盐城东—灌云	28 202
盐城东—南通北	81 507	南通北—盐城东	67 122
盐城—楚州	22 340	楚州—盐城	24 486
淮安西绕城（顺时针）	35 349	淮安西绕城（逆时针）	43 621
淮阴—灌云北	30 235	灌云北—淮阴	33 100
灌云北—连云港	47 897	连云港—灌云北	50 763
连云港—临连苏鲁省界	18 962	临连苏鲁省界—连云港	18 648
淮安南—六合南	62 478	六合南—淮安南	53 679
六和南—刘村	436	刘村—六和南	402
黄花塘—宿迁	25 691	宿迁—黄花塘	33 374
宿迁—新沂	4 011	新沂—宿迁	4 035
淮安西—徐州	36 853	徐州—淮安西	45 548
徐州东—京福苏鲁	25 042	京福苏鲁—徐州东	26 249
徐州东—苏皖省界	26 236	苏皖省界—徐州东	30 158
徐州东—渔湾主线	11 700	渔湾主线—徐州东	11 450
海安—江都	25 948	江都—海安	22 748
江都—镇江	53 635	镇江—江都	52 093
南京—无锡	128 858	无锡—南京	136 257
无锡—苏州北	206 908	苏州北—无锡	229 913
苏州北—花桥主线	144 193	花桥主线—苏州北	156 150
苏州绕城顺时针	44 663	苏州绕城逆时针	43 626
石牌—岳王	19 544	岳王—石牌	21 558
角直—千灯	30 031	千灯—角直	33 060
苏州北—盛泽主线	131 746	盛泽主线—苏州北	123 834
苏浙省界—苏沪主线	46 356	苏沪主线—苏浙省界	48 643
南京—新昌	58 603	新昌—南京	70 104
新昌—长深苏浙	67 861	长深苏浙—新昌	77 594
丹徒—新昌	12 784	新昌—丹徒	14 784

续上表

路段起止点	客运密度 （人公里/公里）	路段起止点	客运密度 （人公里/公里）
西坞—无锡	38 033	无锡—西坞	37 797
骆家边—戚墅堰	37 302	戚墅堰—骆家边	46 770
戚墅堰—常熟	58 581	常熟—戚墅堰	69 287
常熟—太仓	57 406	太仓—常熟	81 231
南京三桥—麒麟	28 257	麒麟—南京三桥	46 568
麒麟—横梁	48 521	横梁—麒麟	53 667
横梁—马鞍	18 671	马鞍—横梁	36 279
南泉—锦丰	12 568	锦丰—南泉	13 736
武进—泰州大桥	85 882	泰州大桥—武进	81 692
石牌—董滨	61 018	董滨—石牌	50 515
彭城—丰县	7 742	丰县—彭城	8 291
六合—江都	24 607	江都—六合	24 209
骆家边—溧马高速苏皖省界	34 091	溧马高速苏皖省界—骆家边	30 589
南京南—和凤主线	23 220	和凤主线—南京南	22 310
璜泾—港城	1 831	港城—璜泾	2 153

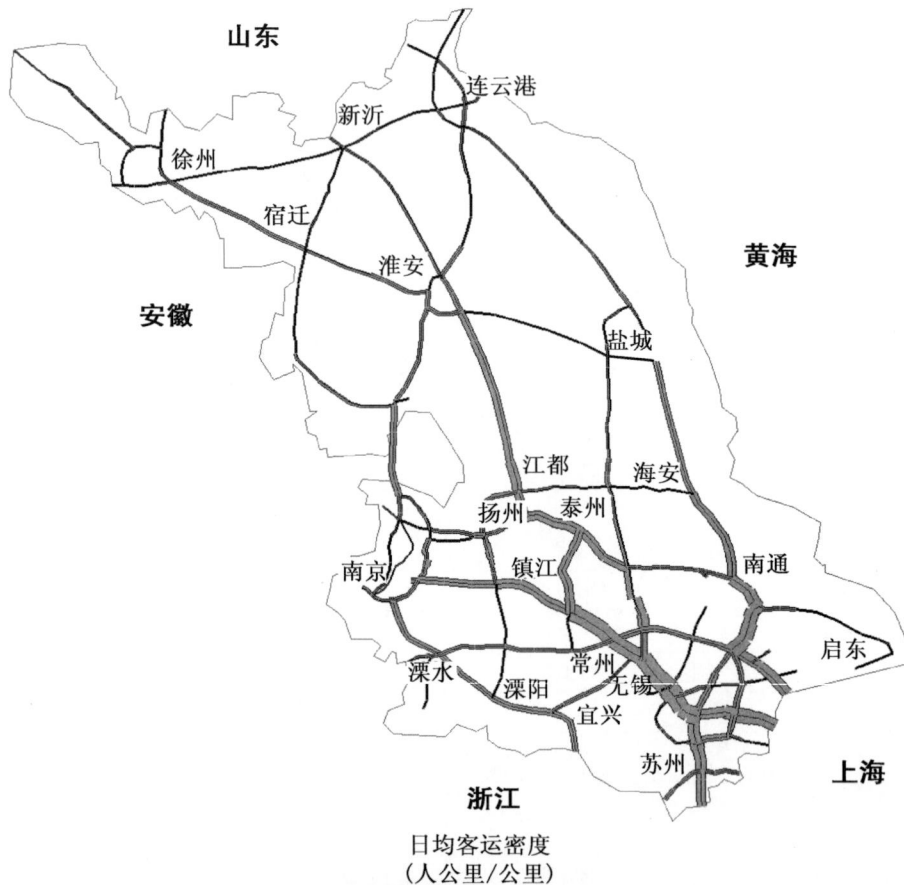

日均客运密度
（人公里/公里）

250 000　125 000　62 500

注：未含南京周边部分高速公路。

图 4.16　2014 年江苏省高速公路日均客运密度

4.6.2 货运密度分布如表 4.17 和图 4.17 所示。

2014 年江苏省高速公路货运密度

表 4.17

路段起止点	货运密度 (吨公里/公里)	路段起止点	货运密度 (吨公里/公里)
苏鲁省界—淮安	247 509	淮安—苏鲁省界	110 481
淮安—江都	222 021	江都—淮安	88 538
江都—江阴	120 102	江阴—江都	55 946
江阴枢纽—无锡	21 480	无锡—江阴枢纽	61 922
广陵—南通北	20 937	南通北—广陵	15 502
南通—苏州北	95 310	苏州北—南通	67 688
小海—启东	4 854	启东—小海	5 314
启东—崇启大桥	2 793	崇启大桥—启东	2 682
沈海苏鲁—灌云	50 590	灌云—沈海苏鲁	31 270
灌云—盐城东	120 309	盐城东—灌云	65 842
盐城东—南通北	139 515	南通北—盐城东	73 049
盐城—楚州	26 398	楚州—盐城	48 651
淮安西绕城(顺时针)	41 934	淮安西绕城(逆时针)	60 551
淮阴—灌云北	37 152	灌云北—淮阴	59 042
灌云北—连云港	98 905	连云港—灌云北	178 181
连云港—临连苏鲁省界	74 277	临连苏鲁省界—连云港	132 554
淮安南—六合南	94 247	六合南—淮安南	62 323
六和南—刘村	1 480	刘村—六和南	942
黄花塘—宿迁	26 134	宿迁—黄花塘	57 350
宿迁—新沂	7 756	新沂—宿迁	13 749
淮安西—徐州	28 674	徐州—淮安西	61 435
徐州东—京福苏鲁	65 645	京福苏鲁—徐州东	123 505
徐州东—苏皖省界	98 484	苏皖省界—徐州东	68 340
徐州东—渔湾主线	15 844	渔湾主线—徐州东	17 178
海安—江都	12 251	江都—海安	10 810
江都—镇江	67 299	镇江—江都	58 727
南京—无锡	83 034	无锡—南京	106 533
无锡—苏州北	157 734	苏州北—无锡	173 306
苏州北—花桥主线	63 918	花桥主线—苏州北	78 143
苏州绕城顺时针	35 096	苏州绕城逆时针	40 379
石牌—岳王	13 442	岳王—石牌	14 791
甪直—千灯	9 335	千灯—甪直	11 003
苏州北—盛泽主线	153 404	盛泽主线—苏州北	155 725
苏浙省界—苏沪主线	16 534	苏沪主线—苏浙省界	17 697
南京—新昌	87 854	新昌—南京	85 056
新昌—长深苏浙	100 142	长深苏浙—新昌	143 536
丹徒—新昌	13 810	新昌—丹徒	60 777
西坞—无锡	11 154	无锡—西坞	10 209
骆家边—戚墅堰	30 861	戚墅堰—骆家边	36 411
戚墅堰—常熟	31 786	常熟—戚墅堰	38 961

续上表

路段起止点	货运密度 （吨公里/公里）	路段起止点	货运密度 （吨公里/公里）
常熟—太仓	31 940	太仓—常熟	49 961
南京三桥—麒麟	31 604	麒麟—南京三桥	61 011
麒麟—横梁	81 111	横梁—麒麟	110 667
横梁—马鞍	50 788	马鞍—横梁	95 589
南泉—锦丰	6 584	锦丰—南泉	12 812
武进—泰州大桥	71 528	泰州大桥—武进	72 523
石牌—董滨	85 564	董滨—石牌	75 220
彭城—济徐苏鲁省界	4 339	济徐苏鲁省界—彭城	7 646
六合—江都	10 571	江都—六合	15 228
骆家边—溧马高速苏皖省界	33 694	溧马高速苏皖省界—骆家边	28 095
南京南—和凤主线	181	和凤主线—南京南	783
璜泾—港城	2 470	港城—璜泾	3 931

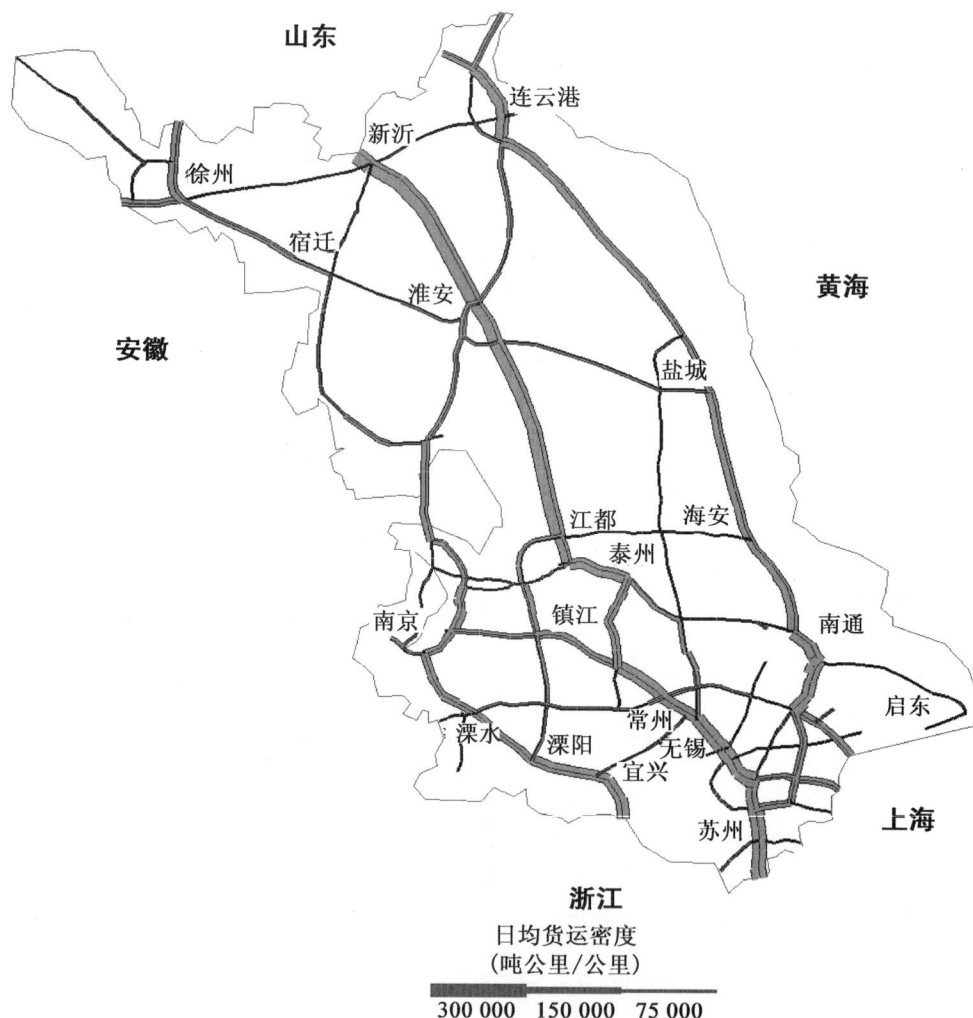

日均货运密度
（吨公里/公里）

300 000　150 000　75 000

注：未含南京周边部分高速公路。

图4.17　2014年江苏省高速公路日均货运密度

4.6.3 道路负荷分布如表 4.18 和图 4.18 所示。

2014 年江苏省高速公路轴载

表 4.18

路段起止点	轴载 (标准轴载当量轴次/日)	路段起止点	轴载 (标准轴载当量轴次/日)
苏鲁省界—淮安	40 964	淮安—苏鲁省界	16 330
淮安—江都	35 075	江都—淮安	13 492
江都—江阴	18 316	江阴—江都	8 831
江阴枢纽—无锡	4 518	无锡—江阴枢纽	9 750
广陵—南通北	3 582	南通北—广陵	2 646
南通—苏州北	16 348	苏州北—南通	10 740
小海—启东	786	启东—小海	859
启东—崇启大桥	474	崇启大桥—启东	509
沈海苏鲁—灌云	9 992	灌云—沈海苏鲁	5 582
灌云—盐城东	21 148	盐城东—灌云	9 759
盐城东—南通北	23 672	南通北—盐城东	10 478
盐城—楚州	4 014	楚州—盐城	8 159
淮安西绕城(顺时针)	6 643	淮安西绕城(顺时针)	10 813
淮阴—灌云北	5 936	灌云北—淮阴	10 141
灌云北—连云港	14 935	连云港—灌云北	30 957
连云港—临连苏鲁省界	11 246	临连苏鲁省界—连云港	23 489
淮安南—六合南	17 212	六合南—淮安南	9 516
六和南—刘村	259	刘村—六和南	153
黄花塘—宿迁	4 570	宿迁—黄花塘	11 344
宿迁—新沂	1 649	新沂—宿迁	3 097
淮安西—徐州	4 889	徐州—淮安西	11 601
徐州东—京福苏鲁	10 527	京福苏鲁—徐州东	24 179
徐州东—苏皖省界	22 782	苏皖省界—徐州东	12 279
徐州东—渔湾主线	3 061	渔湾主线—徐州东	4 007
海安—江都	2 038	江都—海安	1 987
江都—镇江	11 444	镇江—江都	4 988
南京—无锡	15 181	无锡—南京	16 463
无锡—苏州北	30 301	苏州北—无锡	28 630
苏州北—花桥主线	11 673	花桥主线—苏州北	14 199
苏州绕城顺时针	6 391	苏州绕城逆时针	6 992
石牌—岳王	1 995	岳王—石牌	2 545
甪直—千灯	1 533	千灯—甪直	2 300
苏州北—盛泽主线	32 326	盛泽主线—苏州北	27 509
苏浙省界—苏沪主线	4 541	苏沪主线—苏浙省界	4 755
南京—新昌	17 707	新昌—南京	13 879
新昌—长深苏浙	20 134	长深苏浙—新昌	16 778
丹徒—新昌	2 626	新昌—丹徒	1 858
西坞—无锡	2 253	无锡—西坞	2 006
骆家边—戚墅堰	5 838	戚墅堰—骆家边	6 322

续上表

路段起止点	轴载 （标准轴载当量轴次/日）	路段起止点	轴载 （标准轴载当量轴次/日）
戚墅堰—常熟	5 582	常熟—戚墅堰	6 516
常熟—太仓	8 096	太仓—常熟	12 351
南京三桥—麒麟	5 529	麒麟—南京三桥	11 768
麒麟—横梁	12 190	横梁—麒麟	20 839
横梁—马鞍	7 530	马鞍—横梁	17 680
南泉—锦丰	1 332	锦丰—南泉	2 417
武进—泰州大桥	10 778	泰州大桥—武进	11 692
石牌—董滨	13 981	董滨—石牌	12 866
彭城—济徐苏鲁省界	810	济徐苏鲁省界—彭城	1 503
六合—江都	1 811	江都—六合	2 739
骆家边—溧马高速苏皖省界	6 207	溧马高速苏皖省界—骆家边	5 077
南京南—和凤主线	170	和凤主线—南京南	118
璜泾—港城	395	港城—璜泾	677

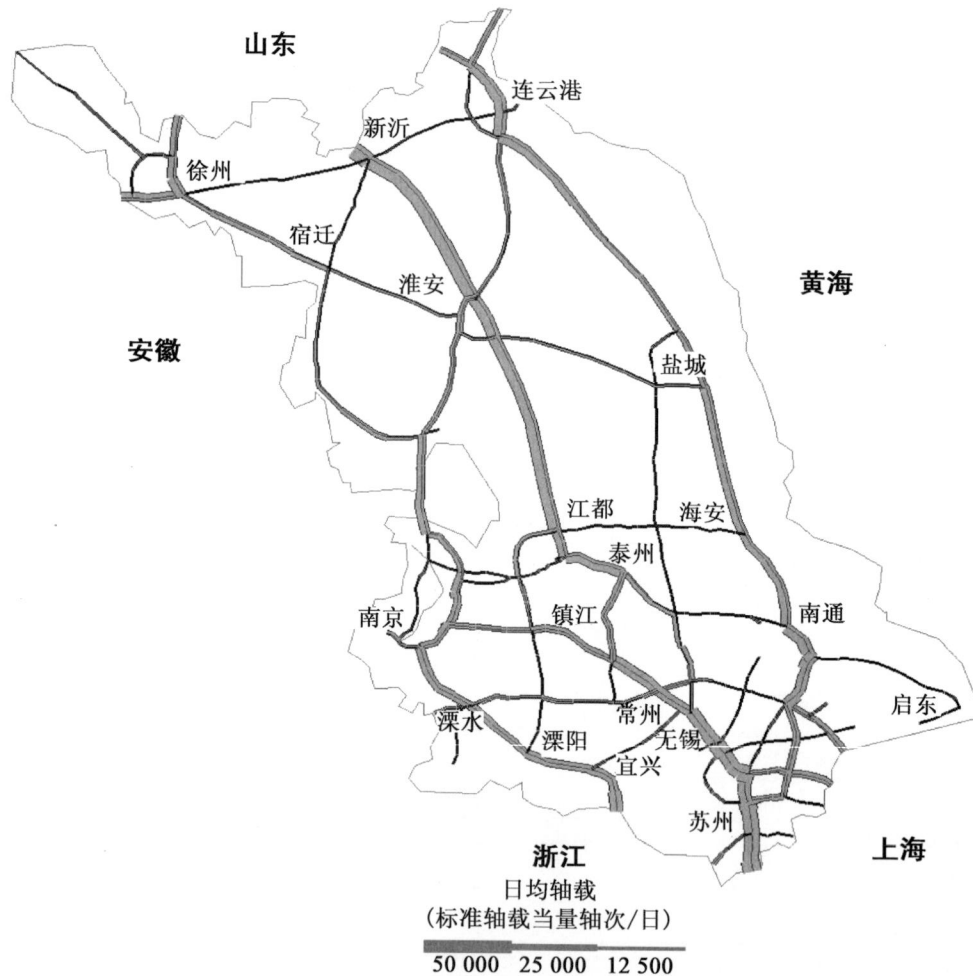

图 4.18　2014 年江苏省高速公路日均轴载

4.6.4　交通量分布如表 4.19 和图 4.19 所示。

表 4.19

2014 年江苏省高速公路交通量

路段起止点	正　向			反　向		
	客车折算交通量（辆/日）	货车折算交通量（辆/日）	小计	客车折算交通量（辆/日）	货车折算交通量（辆/日）	小计
苏鲁省界—淮安	7 324	36 337	43 661	5 290	21 273	26 563
淮安—江都	18 762	36 221	54 983	11 979	18 609	30 588
江都—江阴	24 187	24 442	48 629	16 299	13 709	30 008
江阴枢纽—无锡	12 242	6 213	18 455	24 291	18 271	42 562
广陵—南通北	9 971	5 637	15 608	10 581	5 707	16 288
南通—苏州北	24 900	21 205	46 105	25 425	18 896	44 321
小海—启东	8 391	1 684	10 075	8 432	2 196	10 628
启东—崇启大桥	4 356	930	5 286	4 107	1 067	5 174
沈海苏鲁—灌云	3 292	8 610	11 902	3 296	7 533	10 829
灌云—盐城东	7 219	19 858	27 077	6 066	14 399	20 465
盐城东—南通北	18 145	24 630	42 775	14 020	15 947	29 967
盐城—楚州	4 783	6 091	10 874	5 408	8 163	13 571
淮安西绕城（顺时针）	6 358	8 643	15 001	7 701	10 385	18 086
淮阴—灌云北	6 125	9 053	15 178	6 816	11 104	17 920
灌云北—连云港	10 584	22 906	33 490	11 580	30 186	41 766
连云港—临连苏鲁省界	4 160	16 063	20 223	4 338	21 264	25 602
淮安南—六合南	12 288	15 081	27 369	11 064	11 885	22 949
六和南—刘村	110	322	432	108	258	366
黄花塘—宿迁	4 659	5 673	10 332	5 591	8 975	14 566
宿迁—新沂	1 034	2 170	3 204	1 028	2 280	3 308
淮安西—徐州	6 663	7 026	13 689	8 165	10 592	18 757
徐州东—京福苏鲁	5 589	14 975	20 564	5 930	18 767	24 697
徐州东—苏皖省界	6 225	15 204	21 429	6 662	14 631	21 293
徐州东—渔湾主线	3 067	3 536	6 603	3 068	3 816	6 884
海安—江都	6 714	3 447	10 161	5 723	3 046	8 769
江都—镇江	12 885	11 445	24 330	12 441	7 945	20 386
南京—无锡	28 533	20 572	49 105	28 868	25 718	54 586
无锡—苏州北	47 026	41 709	88 735	51 562	52 686	104 248
苏州北—花桥主线	35 767	22 387	58 154	37 920	27 800	65 720
苏州绕城顺时针	11 771	10 212	21 983	11 700	12 158	23 858
石牌—岳王	5 403	5 041	10 444	5 857	4 980	10 837
甪直—千灯	8 801	4 651	13 452	9 659	4 928	14 587
苏州北—盛泽主线	28 265	33 166	61 431	27 854	41 312	69 166
苏浙省界—苏沪主线	9 870	4 567	14 437	10 362	5 124	15 486
南京—新昌	11 217	13 538	24 755	12 429	17 001	29 430
新昌—长深苏浙	11 959	15 157	27 116	13 277	20 658	33 935
丹徒—新昌	3 279	2 443	5 722	3 911	3 859	7 770

续上表

路段起止点	正 向			反 向		
	客车折算交通量（辆/日）	货车折算交通量（辆/日）	小计	客车折算交通量（辆/日）	货车折算交通量（辆/日）	小计
西坞—无锡	9 505	4 630	1 4135	9 519	3 976	13 495
骆家边—戚墅堰	8 150	7 418	15 568	9 456	8 112	17 568
戚墅堰—常熟	13 919	10 093	24 012	15 481	12 269	27 750
常熟—太仓	20 497	14 235	34 732	30 703	24 703	55 406
南京三桥—麒麟	5 885	9 259	15 144	8 481	13 832	22 313
麒麟—横梁	9 285	17 848	27 133	8 974	19 179	28 153
横梁—马鞍	2 979	9 213	12 192	5 372	14 614	19 986
南泉—锦丰	4 441	3 318	7 759	4 756	3 223	7 979
武进—泰州大桥	18 381	18 332	36 713	16 700	16 075	32 775
石牌—董滨	14 938	22 128	37 066	11 549	15 649	27 198
彭城—丰县	2 189	1 495	3 684	2 300	1 617	3 917
六合—江都	5 368	2 624	7 992	5 234	3 281	8 515
骆家边—溧马高速苏皖省界	4 874	6 609	11 483	4 446	5 537	9 983
南京南—和凤主线	6 082	70	6 152	5 870	321	6 191
璜泾—港城	544	1 105	1 649	662	1 325	1 987

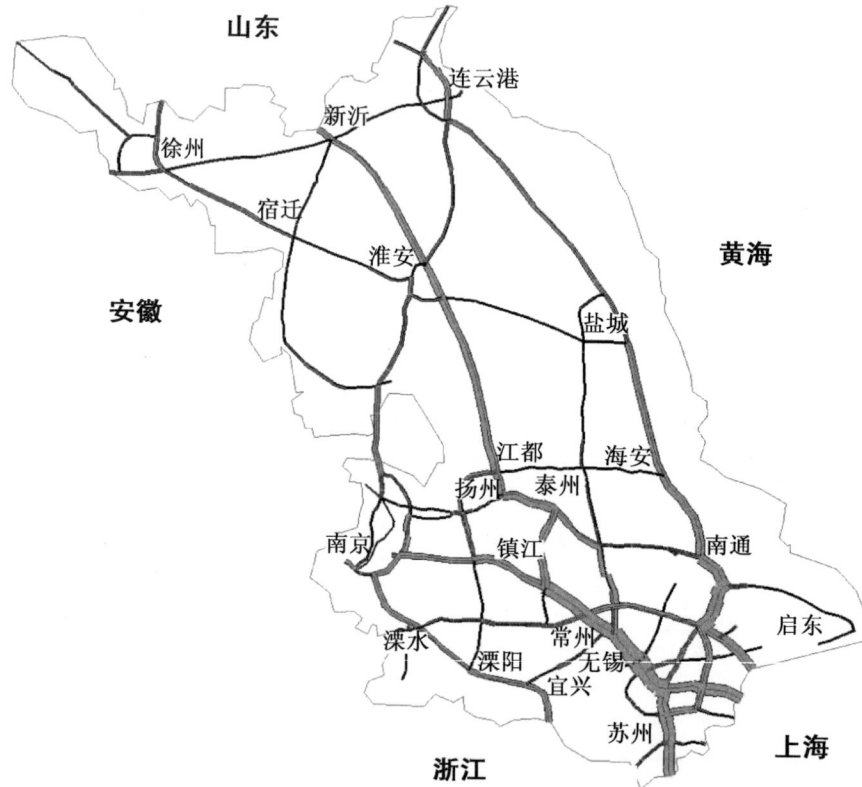

日均折算交通量
当量标准小客车(辆/日)

100 000   50 000   25 000

注：未含南京周边部分高速公路。

图4.19 2014年江苏省高速公路日均交通量

4.7　浙江省高速公路运输密度

4.7.1　客运密度分布如表 4.20 和图 4.20 所示。

2014 年浙江省高速公路客运密度

表 4.20

路段起止点	客运密度 (人公里/公里)	路段起止点	客运密度 (人公里/公里)
李家巷枢纽—浙皖主线	30 462	浙皖主线—李家巷枢纽	29 511
浙苏主线—李家巷枢纽	25 198	李家巷枢纽—浙苏主线	26 325
李家巷枢纽—父子岭(浙苏分界)	53 480	父子岭(浙苏分界)—李家巷枢纽	52 839
南庄兜(杭州)—李家巷枢纽	59 698	李家巷枢纽—南庄兜(杭州)	60 706
杭州绕城(逆时针)	62 295	杭州绕城(顺时针)	60 801
嘉兴枢纽—沈士枢纽	102 639	沈士枢纽—嘉兴枢纽	103 889
大云(浙沪边界)—嘉兴枢纽	79 262	嘉兴枢纽—大云(浙沪边界)	79 099
昱岭关(安徽边界)—杭州西	24 145	杭州西—昱岭关(安徽边界)	24 422
尖山—嘉兴枢纽	4 749	嘉兴枢纽—尖山	5 198
嘉兴枢纽—王江泾(浙苏边界)	62 113	王江泾(浙苏边界)—嘉兴枢纽	60 887
湖州北—王江泾(浙苏边界)	21 635	王江泾(浙苏边界)—湖州北	22 142
西塘桥(跨海大桥北)—嘉兴枢纽	55 582	嘉兴枢纽—西塘桥(跨海大桥北)	54 114
西塘桥(跨海大桥北)—浙沪主线	16 656	浙沪主线—西塘桥(跨海大桥北)	17 666
西塘桥(跨海大桥北)—余姚	48 523	余姚—西塘桥(跨海大桥北)	49 311
沽渚枢纽—红垦(杭州)	111 578	红垦(杭州)—沽渚枢纽	111 422
余姚—沽渚枢纽	54 545	沽渚枢纽—余姚	55 403
余姚—宁波北	85 484	宁波北—余姚	86 474
北仑—宁波东	24 766	宁波东—北仑	24 209
宁波绕城(逆时针)	27 196	宁波绕城(顺时针)	27 174
嵊州枢纽—宁波西	14 618	宁波西—嵊州枢纽	14 787
义乌东—嵊州枢纽	19 941	嵊州枢纽—义乌东	19 919
嵊州枢纽—沽渚枢纽	43 546	沽渚枢纽—嵊州枢纽	44 042
吴岙—嵊州枢纽	26 682	嵊州枢纽—吴岙	27 270
宁海—姜山(宁波)	38 937	姜山(宁波)—宁海	38 972
吴岙—宁海	25 117	宁海—吴岙	25 312
台州—吴岙	42 498	吴岙—台州	42 628
缙云—台州	15 862	台州—缙云	16 373
温州—台州	34 476	台州—温州	34 539
平阳—温州南	70 933	温州南—平阳	71 231
分水关—平阳	27 614	平阳—分水关	27 787
金华东—温州	23 500	温州—金华东	23 733
金华东—张家畈枢纽(杭州)	58 186	张家畈枢纽(杭州)—金华东	57 883
杭金衢龙游交界—金华	34 810	金华—杭金衢龙游交界	35 005
浙赣界—杭金衢龙游交界	44 793	杭金衢龙游交界—浙赣界	46 677
丽水—杭金衢龙游交界	17 574	杭金衢龙游交界—丽水	17 366

续上表

路段起止点	客运密度 （人公里/公里）	路段起止点	客运密度 （人公里/公里）
浙闽界—龙泉	3 696	龙泉—浙闽界	3 375
龙泉—丽水	13 161	丽水—龙泉	13 001
建德市—杭州南	43 898	杭州南—建德市	48 149
杭金衢龙游交界—建德市	21 912	建德市—杭金衢龙游交界	23 990
建德市—千岛湖	12 349	千岛湖—建德市	11 932
浙皖界—衢州	5 914	衢州—浙皖界	6 442
衢州南—浙闽主线	3 877	浙闽主线—衢州南	3 695
诸暨北—温州	26 580	温州—诸暨北	27 115
练市—杭州（崇贤）	29 811	杭州（崇贤）—练市	28 536
温州绕城（逆时针）	24 986	温州绕城（顺时针）	24 741
舟山—蛟川	29 587	蛟川—舟山	29 839
勾庄—长兴	22 528	长兴—勾庄	21 958
诸暨浣东—上虞道墟	12 349	上虞道墟—诸暨浣东	12 316
云龙—象山	22 983	象山—云龙	22 839
灵峰—穿山港区	5 977	穿山港区—灵峰	5 922
沈士枢纽—西塘桥	9 020	西塘桥—沈士枢纽	9 194
党湾—六工	2 789	六工—党湾	2 759
沽渚枢纽—滨海新城北	1 908	滨海新城北—沽渚枢纽	3 780

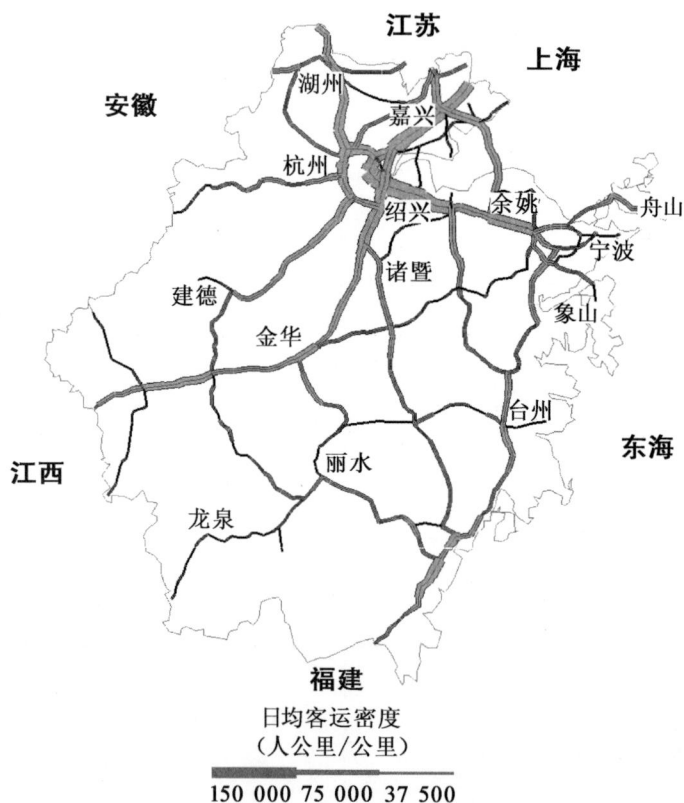

图4.20 2014年浙江省高速公路日均客运密度

4.7.2　货运密度分布如表 4.21 和图 4.21 所示。

2014 年浙江省高速公路货运密度

表 4.21

路段起止点	货运密度 (吨公里/公里)	路段起止点	货运密度 (吨公里/公里)
李家巷枢纽—浙皖主线	20 876	浙皖主线—李家巷枢纽	22 277
浙苏主线—李家巷枢纽	16 211	李家巷枢纽—浙苏主线	15 175
李家巷枢纽—父子岭(浙苏分界)	107 557	父子岭(浙苏分界)—李家巷枢纽	147 249
南庄兜(杭州)—李家巷枢纽	153 325	李家巷枢纽—南庄兜(杭州)	106 768
杭州绕城(逆时针)	105 552	杭州绕城(顺时针)	117 035
嘉兴枢纽—沈士枢纽	139 895	沈士枢纽—嘉兴枢纽	104 227
大云(浙沪边界)—嘉兴枢纽	75 618	嘉兴枢纽—大云(浙沪边界)	68 791
昱岭关(安徽边界)—杭州西	10 876	杭州西—昱岭关(安徽边界)	11 347
尖山—嘉兴枢纽	9 850	嘉兴枢纽—尖山	9 142
嘉兴枢纽—王江泾(浙苏边界)	81 472	王江泾(浙苏边界)—嘉兴枢纽	118 808
湖州北—王江泾(浙苏边界)	23 909	王江泾(浙苏边界)—湖州北	21 669
西塘桥(跨海大桥北)—嘉兴枢纽	73 700	嘉兴枢纽—西塘桥(跨海大桥北)	75 251
西塘桥(跨海大桥北)—浙沪主线	17 415	浙沪主线—西塘桥(跨海大桥北)	31 249
西塘桥(跨海大桥北)—余姚	78 752	余姚—西塘桥(跨海大桥北)	59 170
沽渚枢纽—红垦(杭州)	88 293	红垦(杭州)—沽渚枢纽	125 365
余姚—沽渚枢纽	70 766	沽渚枢纽—余姚	59 834
余姚—宁波北	89 541	宁波北—余姚	85 496
北仑—宁波东	11 669	宁波东—北仑	6 464
宁波绕城(逆时针)	46 848	宁波绕城(顺时针)	35 085
嵊州枢纽—宁波西	17 566	宁波西—嵊州枢纽	22 892
义乌东—嵊州枢纽	21 315	嵊州枢纽—义乌东	24 201
嵊州枢纽—沽渚枢纽	31 769	沽渚枢纽—嵊州枢纽	53 095
吴岙—嵊州枢纽	25 181	嵊州枢纽—吴岙	41 415
宁海—姜山(宁波)	32 842	姜山(宁波)—宁海	53 975
吴岙—宁海	31 401	宁海—吴岙	54 754
台州—吴岙	54 019	吴岙—台州	81 760
缙云—台州	23 072	台州—缙云	21 262
温州—台州	41 078	台州—温州	56 163
平阳—温州南	77 015	温州南—平阳	91 524
分水关—平阳	67 790	平阳—分水关	76 816
金华东—温州	27 728	温州—金华东	21 401
金华东—张家畈枢纽(杭州)	50 957	张家畈枢纽(杭州)—金华东	76 149
杭金衢龙游交界—金华	70 206	金华—杭金衢龙游交界	53 726
浙赣界—杭金衢龙游交界	138 561	杭金衢龙游交界—浙赣界	130 108
丽水—杭金衢龙游交界	17 367	杭金衢龙游交界—丽水	26 082
浙闽界—龙泉	2 993	龙泉—浙闽界	2 190
龙泉—丽水	13 376	丽水—龙泉	12 673
建德市—杭州南	97 166	杭州南—建德市	104 565

续上表

路段起止点	货运密度 (吨公里/公里)	路段起止点	货运密度 (吨公里/公里)
杭金衢龙游交界—建德市	88 296	建德市—杭金衢龙游交界	96 805
建德市—千岛湖	3 210	千岛湖—建德市	2 190
浙皖界—衢州	10 127	衢州—浙皖界	11 860
衢州南—浙闽主线	12 163	浙闽主线—衢州南	11 580
诸暨北—温州	64 212	温州—诸暨北	50 155
练市—杭州(崇贤)	56 865	杭州(崇贤)—练市	46 255
温州绕城(逆时针)	33 175	温州绕城(顺时针)	38 279
舟山—蛟川	6 755	蛟川—舟山	8 008
勾庄—长兴	16 071	长兴—勾庄	22 010
诸暨浣东—上虞道墟	8 519	上虞道墟—诸暨浣东	9 316
云龙—象山	8 046	象山—云龙	5 628
灵峰—穿山港区	6 488	穿山港区—灵峰	14 371
沈士枢纽—西塘桥	6 145	西塘桥—沈士枢纽	7 977
党湾—六工	4 115	六工—党湾	8 019
沾渚枢纽—滨海新城北	15 449	滨海新城北—沾渚枢纽	6 107

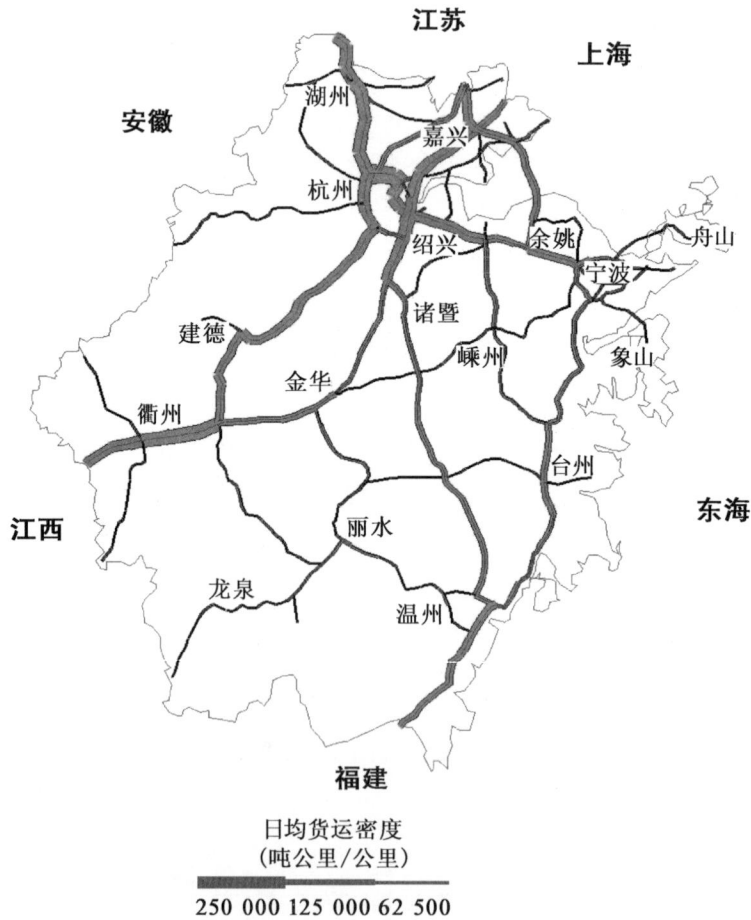

日均货运密度
(吨公里/公里)

250 000 125 000 62 500

图4.21 2014年浙江省高速公路日均货运密度

4.7.3　交通量分布如表 4.22 和图 4.22 所示。

2014 年浙江省高速公路交通量　　　　　　表 4.22

路段起止点	正　　向			反　　向		
	客车折算交通量（辆/日）	货车折算交通量（辆/日）	小　计	客车折算交通量（辆/日）	货车折算交通量（辆/日）	小　计
李家巷枢纽—浙皖主线	6 448	4 563	11 011	6 139	4 472	10 611
浙苏主线—李家巷枢纽	5 710	3 681	9 391	5 969	3 897	9 866
李家巷枢纽—父子岭（浙苏分界）	9 166	21 750	30 916	9 027	22 376	31 403
南庄兜（杭州）—李家巷枢纽	11 287	23 479	34 766	11 502	22 435	33 937
杭州绕城（逆时针）	15 363	24 407	39 770	15 015	24 606	39 621
嘉兴枢纽—沈士枢纽	24 977	27 813	52 790	25 066	29 276	54 342
大云（浙沪边界）—嘉兴枢纽	19 470	17 123	36 593	19 087	18 313	37 400
昱岭关（安徽边界）—杭州西	5 249	2 533	7 782	5 370	2 557	7 927
尖山—嘉兴枢纽	1 379	1 522	2 901	1 533	1 850	3 383
嘉兴枢纽—王江泾（浙苏边界）	14 465	24 068	38 533	14 072	23 746	37 818
湖州北—王江泾（浙苏边界）	5 380	5 306	10 686	5 496	5 354	10 850
西塘桥（跨海大桥北）—嘉兴枢纽	13 362	17 369	30 731	12 982	16 342	29 324
西塘桥（跨海大桥北）—浙沪主线	5 007	5 527	10 534	5 234	5 888	11 122
西塘桥（跨海大桥北）—余姚	11 737	14 587	26 324	11 979	15 181	27 160
沽渚枢纽—红垦（杭州）	25 611	23 324	48 935	25 419	22 807	48 226
余姚—沽渚枢纽	12 939	13 436	26 375	13 156	13 774	26 930
余姚—宁波北	20 579	19 861	40 440	20 939	19 882	40 821
北仑—宁波东	7 368	2 589	9 957	7 160	2 745	9 905
宁波绕城（逆时针）	7 068	10 148	17 216	7 099	9 776	16 875
嵊州枢纽—宁波西	3 240	3 909	7 149	3 303	3 804	7 107
义乌东—嵊州枢纽	4 578	4 765	9 343	4 562	4 685	9 247
嵊州枢纽—沽渚枢纽	9 178	8 543	17 721	9 267	8 732	17 999
吴岙—嵊州枢纽	5 049	5 986	11 035	5 158	6 439	11 597
宁海—姜山（宁波）	10 029	9 939	19 968	10 060	9 920	19 980
吴岙—宁海	6 167	9 210	15 377	6 216	9 102	15 318
台州—吴岙	9 225	14 153	23 378	9 149	13 640	22 789
缙云—台州	3 297	3 702	6 999	3 365	4 077	7 442
温州—台州	7 969	10 977	18 946	7 941	10 749	18 690
平阳—温州南	17 524	18 581	36 105	17 604	18 001	35 605
分水关—平阳	6 280	13 606	19 886	6 432	13 472	19 904
金华东—温州	4 801	4 490	9 291	4 919	4 530	9 449
金华东—张家畈枢纽（杭州）	13 803	13 623	27 426	13 834	14 017	27 851
杭金衢龙游交界—金华	6 847	11 223	18 070	6 984	10 082	17 066
浙赣界—杭金衢龙游交界	7 799	21 916	29 715	8 272	21 013	29 285
丽水—杭金衢龙游交界	2 988	3 380	6 368	2 946	3 491	6 437
龙泉—浙闽界	1 001	716	1 717	888	603	1 491
龙泉—丽水	3 115	2 396	5 511	3 016	2 360	5 376

续上表

路段起止点	正　向			反　向		
	客车折算交通量 （辆/日）	货车折算交通量 （辆/日）	小　计	客车折算交通量 （辆/日）	货车折算交通量 （辆/日）	小　计
建德市—杭州南	10 168	16 799	26 967	10 761	16 716	27 477
杭金衢龙游交界—建德市	4 849	14 435	19 284	5 274	14 485	19 759
建德市—千岛湖	2 943	1 035	3 978	2 892	987	3 879
浙皖界—衢州	1 481	1 711	3 192	1 641	2 263	3 904
衢州南—浙闽主线	998	1 938	2 936	941	1 978	2 919
诸暨北—温州	5 943	10 390	16 333	5 952	10 075	16 027
练市—杭州（崇贤）	7 330	10 650	17 980	7 271	10 783	18 054
温州绕城（逆时针）	6 001	7 503	13 504	5 965	7 839	13 804
舟山—蛟川	6 147	2 388	8 535	6 195	2 378	8 573
勾庄—长兴	4 679	3 960	8 639	4 522	3 972	8 494
诸暨浣东—上虞道墟	3 099	2 009	5 108	3 103	1 865	4 968
云龙—象山	6 094	2 516	8 610	6 043	2 451	8 494
灵峰—穿山港区	1 587	2 643	4 230	1 550	2 838	4 388
沈士枢纽—西塘桥	2 534	2 279	4 813	2 593	2 023	4 616
党湾—六工	790	1 251	2 041	761	1 110	1 871

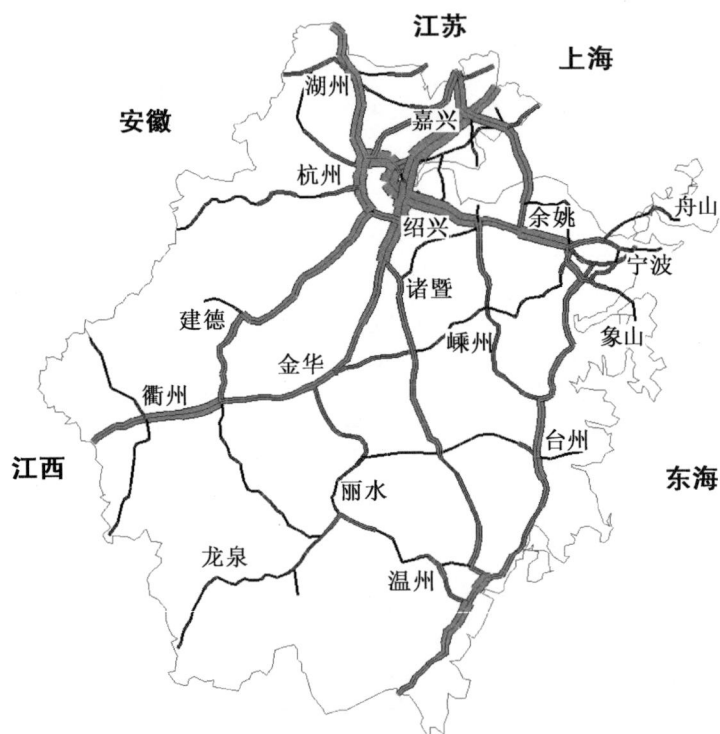

日均折算交通量
当量标准小客车(辆/日)

75 000 37 500 18 750

图4.22　2014年浙江省高速公路日均交通量

4.8 安徽省高速公路运输密度

4.8.1 客运密度分布如表 4.23 和图 4.23 所示。

2014 年安徽省高速公路客运密度　　　　　　表 4.23

路段起止点	客运密度 （人公里/公里）	路段起止点	客运密度 （人公里/公里）
皖豫—皖苏	18 282	皖苏—皖豫	18 691
朱圩子—宿州	16 129	宿州—朱圩子	18 595
宿州—蚌埠	21 780	蚌埠—宿州	22 448
蚌埠—合肥	17 306	合肥—蚌埠	17 013
合肥—芜湖	46 909	芜湖—合肥	46 032
芜湖—苏皖	38 150	苏皖—芜湖	38 082
界首—蚌埠	24 828	蚌埠—界首	24 636
蚌埠—曹庄	46 232	曹庄—蚌埠	46 798
黄庄—阜阳	10 605	阜阳—黄庄	10 159
阜阳—淮南	23 989	淮南—阜阳	22 456
淮南—合肥	51 246	合肥—淮南	53 616
合肥—庐江	56 892	庐江—合肥	56 212
庐江—铜陵	17 890	铜陵—庐江	16 467
铜陵—黄山	14 388	黄山—铜陵	13 480
黄山—徽州	7 814	徽州—黄山	7 372
庐江—怀宁	27 797	怀宁—庐江	27 139
怀宁—宿松	17 869	宿松—怀宁	18 409
怀宁—安庆	19 322	安庆—怀宁	18 793
叶集—六安	29 099	六安—叶集	31 141
六安—合肥	47 655	合肥—六安	49 765
合肥—吴庄	47 648	吴庄—合肥	45 616
大顾店—长岭关	9 322	长岭关—大顾店	8 176
潜山互通—六安西	3 288	六安西—潜山互通	4 197
马鞍山—芜湖	37 754	芜湖—马鞍山	37 342
芜湖—铜陵	29 628	铜陵—芜湖	28 561
铜陵—安庆	19 428	安庆—铜陵	18 821
安庆—皖赣花园	6 086	皖赣花园—安庆	5 716
宿州—泗县	2 604	泗县—宿州	2 950
合肥绕城（顺时针）	44 840	合肥绕城（逆时针）	45 868
亳鹿主线—亳永主线	3 647	亳永主线—亳鹿主线	4 249
宿州—淮永主线	5 645	淮永主线—宿州	5 651
芜湖—水阳	2 361	水阳—芜湖	2 313
阜阳南—皖豫临泉	3 724	皖豫临泉—阜阳南	3 046
屯溪西—皖赣新安	2 649	皖赣新安—屯溪西	2 091
巢湖互通—皖苏博望	22 408	皖苏博望—巢湖互通	23 431
宣城互通—接宁绩	2 934	宣城互通—接宁绩	2 775

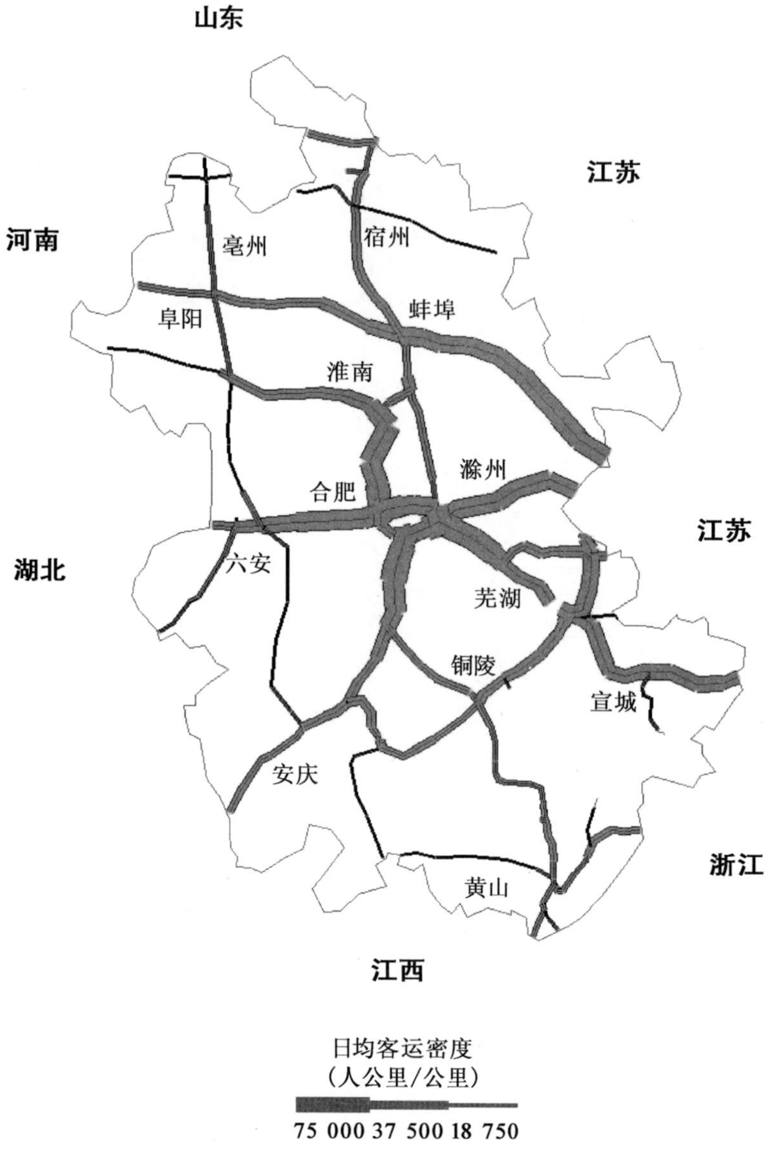

图 4.23 2014 年安徽省高速公路日均客运密度

4.8.2 货运密度分布如表 **4.24** 和图 **4.24** 所示。

2014 年安徽省高速公路货运密度　　　　表 4.24

路段起止点	货运密度 (吨公里/公里)	路段起止点	货运密度 (吨公里/公里)
皖豫—皖苏	27 294	皖苏—皖豫	43 255
朱圩子—宿州	66 284	宿州—朱圩子	45 689
宿州—蚌埠	62 733	蚌埠—宿州	41 948
蚌埠—合肥	56 331	合肥—蚌埠	36 162
合肥—芜湖	57 218	芜湖—合肥	54 723
芜湖—苏皖	38 243	苏皖—芜湖	33 148
界首—蚌埠	51 705	蚌埠—界首	43 199
蚌埠—曹庄	79 231	曹庄—蚌埠	59 951
黄庄—阜阳	24 482	阜阳—黄庄	23 711
阜阳—淮南	22 845	淮南—阜阳	24 430
淮南—合肥	38 251	合肥—淮南	30 140
合肥—庐江	79 204	庐江—合肥	65 526
庐江—铜陵	12 623	铜陵—庐江	10 260
铜陵—黄山	11 326	黄山—铜陵	9 314
黄山—徽州	13 731	徽州—黄山	10 771
庐江—怀宁	63 497	怀宁—庐江	53 795
怀宁—宿松	52 266	宿松—怀宁	41 761
怀宁—安庆	29 788	安庆—怀宁	30 627
叶集—六安	69 871	六安—叶集	66 533
六安—合肥	88 914	合肥—六安	81 041
合肥—吴庄	44 461	吴庄—合肥	54 425
大顾店—长岭关	52 709	长岭关—大顾店	39 990
潜山互通—六安西	5 675	六安西—潜山互通	7 702
马鞍山—芜湖	37 248	芜湖—马鞍山	34 175
芜湖—铜陵	32 180	铜陵—芜湖	31 533
铜陵—安庆	22 711	安庆—铜陵	23 193
安庆—皖赣花园	26 513	皖赣花园—安庆	31 063
宿州—泗县	1 567	泗县—宿州	1 178
合肥绕城(顺时针)	63 508	合肥绕城(逆时针)	60 375
亳鹿主线—亳永主线	3 544	亳永主线—亳鹿主线	5 783
宿州—淮永主线	5 106	淮永主线—宿州	5 928
芜湖—水阳	1 400	水阳—芜湖	1 190
阜阳南—皖豫临泉	3 637	皖豫临泉—阜阳南	2 980
屯溪西—皖赣新安	765	皖赣新安—屯溪西	978
巢湖互通—皖苏博望	24 116	皖苏博望—巢湖互通	28 308
宣城互通—接宁绩	1 174	接宁绩—宣城互通	1 156

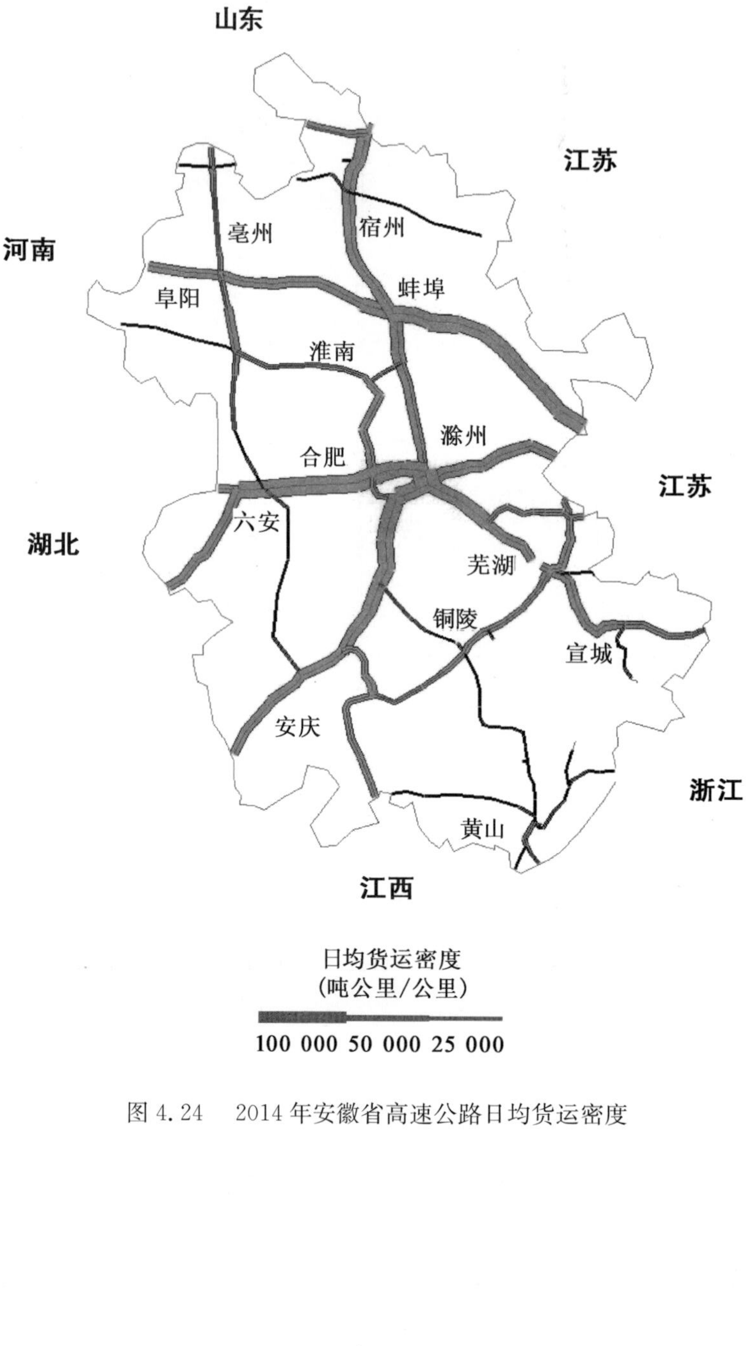

图 4.24　2014 年安徽省高速公路日均货运密度

4.8.3　交通量分布如表 4.25 和图 4.25 所示。

2014 年安徽省高速公路交通量

表 4.25

路段起止点	正向		小　计	反向		小　计
	客车折算交通量 (辆/日)	货车折算交通量 (辆/日)		客车折算交通量 (辆/日)	货车折算交通量 (辆/日)	
皖豫—皖苏	3 742	4 681	8 423	3 924	4 896	8 820
朱圩子—宿州	4 049	7 871	11 920	4 771	7 435	12 206
宿州—蚌埠	4 698	7 498	12 196	4 902	6 213	11 115
蚌埠—合肥	3 724	6 587	10 311	3 616	5 350	8 966
合肥—芜湖	9 148	8 391	17 539	8 899	8 573	17 472
芜湖—苏皖	7 444	5 546	12 990	7 366	5 990	13 356
界首—蚌埠	4 002	6 359	10 361	4 038	6 001	10 039
蚌埠—曹庄	7 083	9 784	16 867	7 380	8 833	16 213
黄庄—阜阳	2 280	3 161	5 441	2 265	3 702	5 967
阜阳—淮南	4 894	3 884	8 778	4 608	3 874	8 482
淮南—合肥	11 368	5 603	16 971	12 098	5 947	18 045
合肥—庐江	12 750	10 258	23 008	12 462	9 771	22 233
庐江—铜陵	4 015	1 962	5 977	3 740	1 805	5 545
铜陵—黄山	3 093	1 694	4 787	2 896	1 621	4 517
黄山—徽州	1 812	1 916	3 728	1 684	1 578	3 262
庐江—怀宁	5 651	7 545	13 196	5 497	7 222	12 719
怀宁—宿松	3 418	6 302	9 720	3 479	5 622	9 101
怀宁—安庆	4 047	3 805	7 852	3 998	4 339	8 337
叶集—六安	4 896	8 563	13 459	5 369	9 383	14 752
六安—合肥	8 752	10 983	19 735	9 491	12 289	21 780
合肥—吴庄	8 563	8 058	16 621	8 387	7 999	16 386
大顾店—长岭关	2 161	6 701	8 862	1 858	5 335	7 193
潜山互通—六安西	837	963	1 800	1 062	1 062	2 124
马鞍山—芜湖	8 636	6 180	14 816	8 563	6 412	14 975
芜湖—铜陵	6 395	4 922	11 317	6 125	5 046	11 171
铜陵—安庆	4 046	3 125	7 171	3 881	3 516	7 397
安庆—皖赣花园	1 496	3 097	4 593	1 372	4 095	5 467
宿州—泗县	794	296	1 090	876	273	1 149
合肥绕城(顺时针)	9 429	9 087	18 516	9 761	9 469	19 230
亳鹿主线—亳永主线	723	743	1 466	942	890	1 832
宿州—淮永主线	1 134	883	2 017	1 152	944	2 096
芜湖—水阳	699	338	1 037	681	344	1 025
阜阳南—皖豫临泉	651	619	1 270	510	575	1 085
屯溪西—皖赣新安	674	186	860	525	187	712
巢湖互通—皖苏博望	3 579	3 668	7 247	3 732	4 060	7 792
宣城互通—接宁绩	778	262	1 040	743	297	1 040

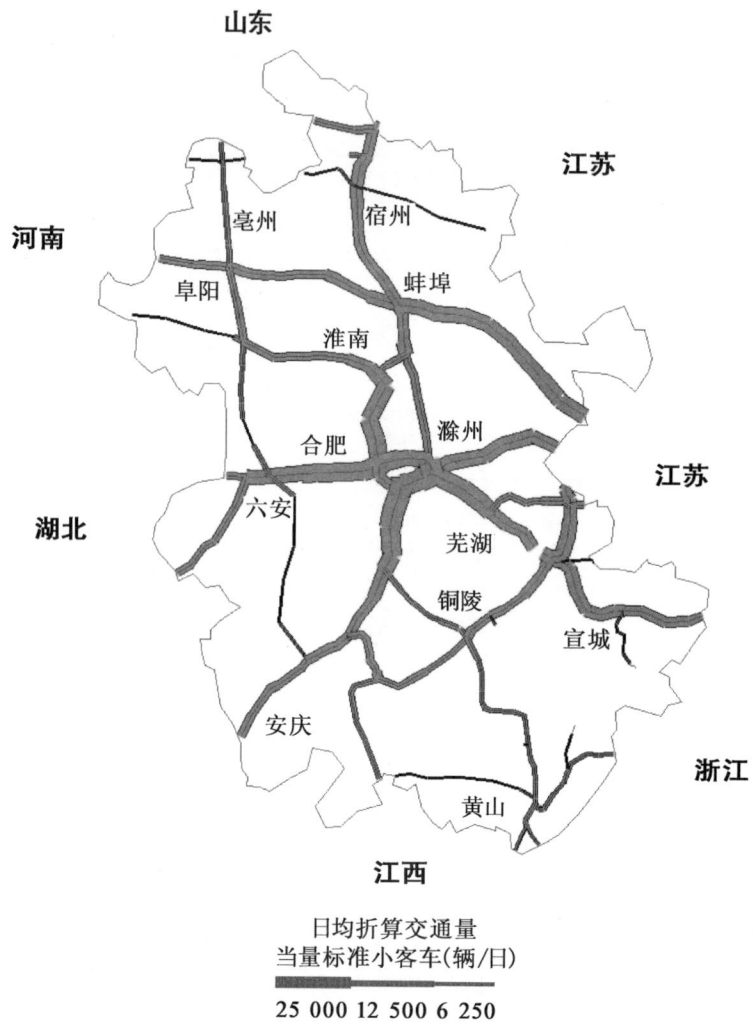

图 4.25　2014 年安徽省高速公路日均交通量

4.9　福建省高速公路运输密度

4.9.1　客运密度分布如表 4.26 和图 4.26 所示。

2014 年福建省高速公路客运密度　　　　　　　　　表 4.26

路段起止点	客运密度 （人公里/公里）	路段起止点	客运密度 （人公里/公里）
闽浙—福鼎	12 495	福鼎—闽浙	10 768
福鼎—霞浦	16 046	霞浦—福鼎	15 304
霞浦—宁德	21 367	宁德—霞浦	20 823
宁德—连江	29 835	连江—宁德	29 452
连江—闽侯	12 763	闽侯—连江	9 172
连江—福州	24 756	福州—连江	24 978
营前—福州机场	10 550	福州机场—营前	19 598
福州—莆田	56 201	莆田—福州	54 832
平潭—渔溪	8 183	渔溪—平潭	8 161
莆田—泉州	46 040	泉州—莆田	45 051
湄洲岛—仙游大济	7 365	仙游大济—湄洲岛	7 386
惠东—南安	7 336	南安—惠东	7 232
泉州—厦门	75 572	厦门—泉州	76 834
晋江龙湖—内坑	7 874	内坑—晋江龙湖	7 645
厦门—漳州	36 711	漳州—厦门	35 750
漳州—云霄	21 275	云霄—漳州	19 178
云霄—诏安	19 131	诏安—云霄	17 503
诏安—闽粤	18 353	闽粤—诏安	16 739
漳州—龙岩	26 609	龙岩—漳州	25 712
龙岩—新泉	21 429	新泉—龙岩	21 162
溪南—龙岩	2 899	龙岩—溪南	2 618
龙岩—永定下洋	8 476	永定下洋—龙岩	8 185
下道湖—古石	7 111	古石—下道湖	7 032
新泉—夏成闽赣	11 278	夏成闽赣—新泉	10 034
泉州—永春	45 285	永春—泉州	44 637
亭川—安溪龙门	10 703	安溪龙门—亭川	10 040
永春—永安	14 315	永安—永春	13 715
德化—蓬壶	5 885	蓬壶—德化	6 641
永安—泉南闽赣	6 004	泉南闽赣—永安	5 582
福州—青州	21 124	青州—福州	20 905
夏茂—闽赣省际	10 872	闽赣省际—夏茂	10 962
湾坞—屏南	5 926	屏南—湾坞	7 340
松溪旧县—建瓯东峰	1 484	建瓯东峰—松溪旧县	1 418
杨源—将口	3 873	将口—杨源	3 763
兴田—宁上闽赣	2 519	宁上闽赣—兴田	2 275

续上表

路段起止点	客运密度 （人公里/公里）	路段起止点	客运密度 （人公里/公里）
兴田—和平	3 512	和平—兴田	3 462
浦建闽浙—浦城	362	浦城—浦建闽浙	390
京台闽浙—浦城	2 584	浦城—京台闽浙	2 060
浦城—南平	6 740	南平—浦城	6 714
南平—三明	13 798	三明—南平	12 767
三明—永安	13 250	永安—三明	13 563
永安—新泉	4 907	新泉—永安	4 767
新泉—长深闽粤	4 579	长深闽粤—新泉	4 203
永春湖洋—安溪福田	1 309	安溪福田—永春湖洋	1 161
长泰枋洋—漳州西	1 517	漳州西—长泰枋洋	1 420
漳州西—沈海复线闽粤	2 310	沈海复线闽粤—漳州西	2 090
福州南—永泰梧桐	6 162	永泰梧桐—福州南	5 942

注：去年客密度不包括 ETC。

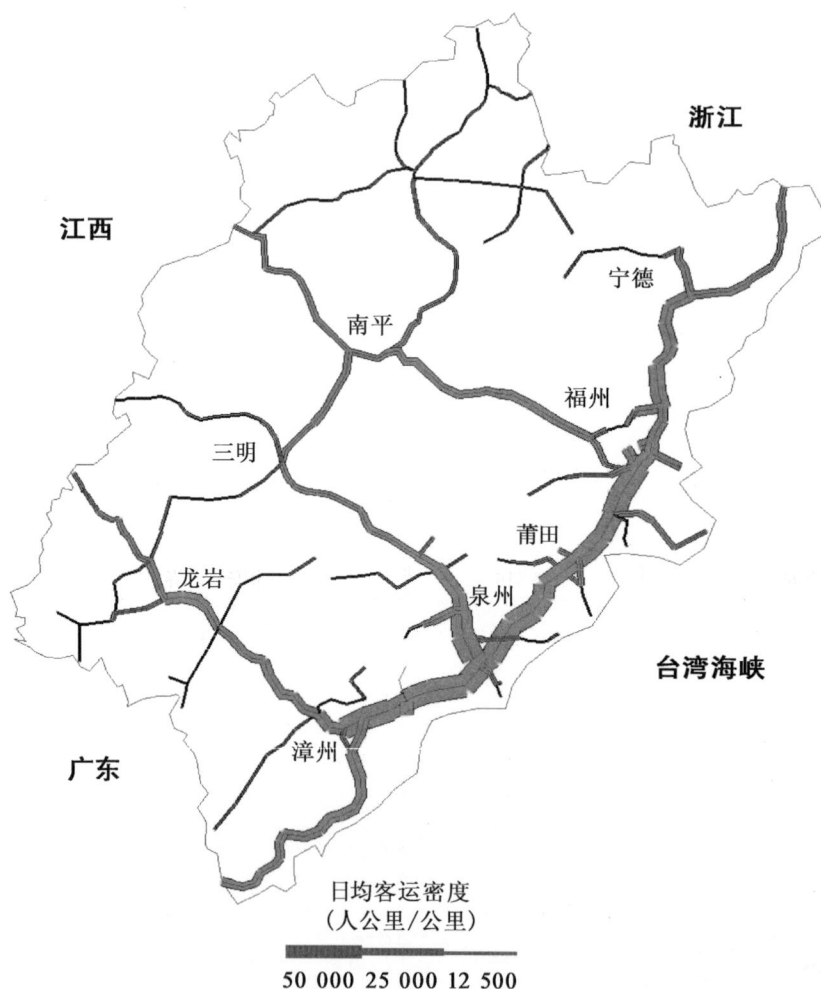

图 4.26 2014 年福建省高速公路日均客运密度

4.9.2 货运密度分布如表4.27和图4.27所示。

2014年福建省高速公路货运密度 表 4.27

路段起止点	货运密度 （吨公里/公里）	路段起止点	货运密度 （吨公里/公里）
闽浙—福鼎	65 183	福鼎—闽浙	62 920
福鼎—霞浦	61 771	霞浦—福鼎	65 446
霞浦—宁德	60 911	宁德—霞浦	71 629
宁德—连江	67 324	连江—宁德	76 093
连江—闽侯	9 499	闽侯—连江	9 540
连江—福州	31 269	福州—连江	31 861
营前—福州机场	6 528	福州机场—营前	6 737
福州—莆田	71 459	莆田—福州	73 325
平潭—渔溪	2 432	渔溪—平潭	4 396
莆田—泉州	73 012	泉州—莆田	87 412
湄洲岛—仙游大济	6 308	仙游大济—湄洲岛	4 222
惠东—南安	3 168	南安—惠东	3 750
泉州—厦门	77 698	厦门—泉州	89 119
晋江龙湖—内坑	4 644	内坑—晋江龙湖	5 110
厦门—漳州	43 950	漳州—厦门	55 272
漳州—云霄	32 515	云霄—漳州	30 037
云霄—诏安	37 484	诏安—云霄	33 857
诏安—闽粤	41 306	闽粤—诏安	35 562
漳州—龙岩	31 210	龙岩—漳州	45 257
龙岩—新泉	22 541	新泉—龙岩	18 420
溪南—龙岩	4 672	龙岩—溪南	1 954
龙岩—永定下洋	12 722	永定下洋—龙岩	12 879
下道湖—古石	3 353	古石—下道湖	2 497
新泉—夏成闽赣	16 426	夏成闽赣—新泉	13 401
泉州—永春	36 777	永春—泉州	47 252
亭川—安溪龙门	3 668	安溪龙门—亭川	4 426
永春—永安	23 416	永安—永春	34 334
德化—蓬壶	3 863	蓬壶—德化	5 019
永安—泉南闽赣	16 104	泉南闽赣—永安	13 752
福州—青州	22 529	青州—福州	29 163
夏茂—闽赣省际	13 040	闽赣省际—夏茂	18 445
湾坞—屏南	3 803	屏南—湾坞	2 931
松溪旧县—建瓯东峰	1 486	建瓯东峰—松溪旧县	1 876
杨源—将口	2 750	将口—杨源	2 867
兴田—宁上闽赣	2 234	宁上闽赣—兴田	2 604
兴田—和平	3 443	和平—兴田	4 406
浦建闽浙—浦城	299	浦城—浦建闽浙	366
京台闽浙—浦城	11 997	浦城—京台闽浙	8 690

续上表

路段起止点	货运密度 （吨公里/公里）	路段起止点	货运密度 （吨公里/公里）
浦城—南平	7 131	南平—浦城	7 410
南平—三明	12 747	三明—南平	16 911
三明—永安	11 599	永安—三明	10 925
永安—新泉	7 360	新泉—永安	5 693
新泉—长深闽粤	8 114	长深闽粤—新泉	5 812
永春湖洋—安溪福田	1 167	安溪福田—永春湖洋	1 851
长泰枋洋—漳州西	3 246	漳州西—长泰枋洋	1 160
漳州西—沈海复线闽粤	1 955	沈海复线闽粤—漳州西	2 122
福州南—永泰梧桐	1 335	永泰梧桐—福州南	832

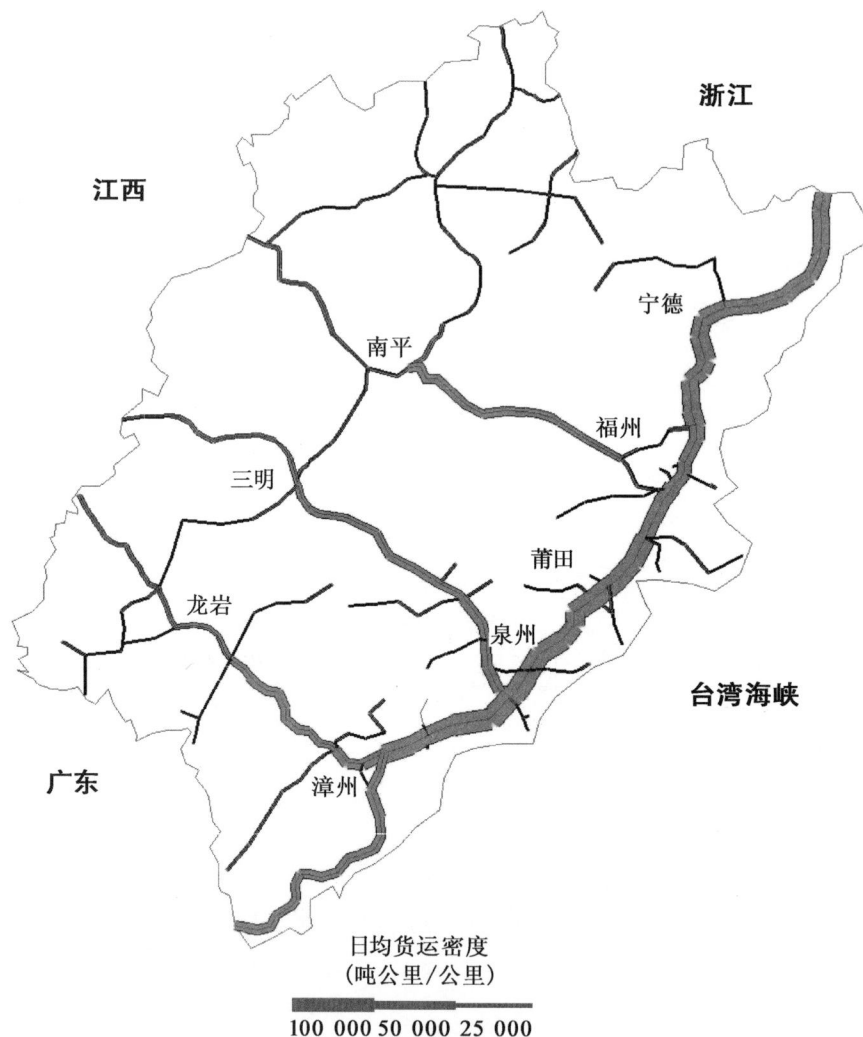

图 4.27　2014 年福建省高速公路日均货运密度

4.9.3 道路负荷分布如表 **4.28** 和图 **4.28** 所示。

2014 年福建省高速公路轴载

表 4.28

路段起止点	轴载 (标准轴载当量轴次/日)	路段起止点	轴载 (标准轴载当量轴次/日)
闽浙—福鼎	15 949	福鼎—闽浙	14 833
福鼎—霞浦	14 435	霞浦—福鼎	15 593
霞浦—宁德	14 050	宁德—霞浦	17 464
宁德—连江	15 606	连江—宁德	19 157
连江—闽侯	2 479	闽侯—连江	3 430
连江—福州	8 667	福州—连江	9 112
营前—福州机场	1 465	福州机场—营前	1 427
福州—莆田	17 283	莆田—福州	17 543
平潭—渔溪	531	渔溪—平潭	1 073
莆田—泉州	17 145	泉州—莆田	23 220
湄洲岛—仙游大济	2 612	仙游大济—湄洲岛	1 518
惠东—南安	611	南安—惠东	784
泉州—厦门	19 019	厦门—泉州	22 690
晋江龙湖—内坑	1 199	内坑—晋江龙湖	1 451
厦门—漳州	11 859	漳州—厦门	14 556
漳州—云霄	8 137	云霄—漳州	6 893
云霄—诏安	9 592	诏安—云霄	7 885
诏安—闽粤	11 264	闽粤—诏安	8 624
漳州—龙岩	9 893	龙岩—漳州	11 509
龙岩—新泉	5 269	新泉—龙岩	4 238
溪南—龙岩	1 409	龙岩—溪南	534
龙岩—永定下洋	130	永定下洋—龙岩	175
下道湖—古石	729	古石—下道湖	578
新泉—夏成闽赣	3 370	夏成闽赣—新泉	2 827
泉州—永春	9 030	永春—泉州	14 108
亭川—安溪龙门	964	安溪龙门—亭川	1 063
永春—永安	6 105	永安—永春	10 030
德化—蓬壶	867	蓬壶—德化	1 322
永安—泉南闽赣	3 962	泉南闽赣—永安	3 511
福州—青州	5 729	青州—福州	8 196
夏茂—闽赣省际	3 028	闽赣省际—夏茂	3 838
湾坞—屏南	1 091	屏南—湾坞	698
松溪旧县—建瓯东峰	382	建瓯东峰—松溪旧县	588
杨源—将口	721	将口—杨源	813
兴田—宁上闽赣	579	宁上闽赣—兴田	583
兴田—和平	742	和平—兴田	1 183
浦建闽浙—浦城	49	浦城—浦建闽浙	77
京台闽浙—浦城	2 887	浦城—京台闽浙	2 099

续上表

路段起止点	轴载 (标准轴载当量轴次/日)	路段起止点	轴载 (标准轴载当量轴次/日)
浦城—南平	1 643	南平—浦城	1 809
南平—三明	2 882	三明—南平	3 901
三明—永安	2 673	永安—三明	2 557
永安—新泉	2 132	新泉—永安	1 479
新泉—长深闽粤	2 306	长深闽粤—新泉	1 486
永春湖洋—安溪福田	1 373	安溪福田—永春湖洋	1 218
长泰枋洋—漳州西	1 591	漳州西—长泰枋洋	1 489
漳州西—沈海复线闽粤	2 424	沈海复线闽粤—漳州西	2 192
福州南—永泰梧桐	6 464	永泰梧桐—福州南	6 233

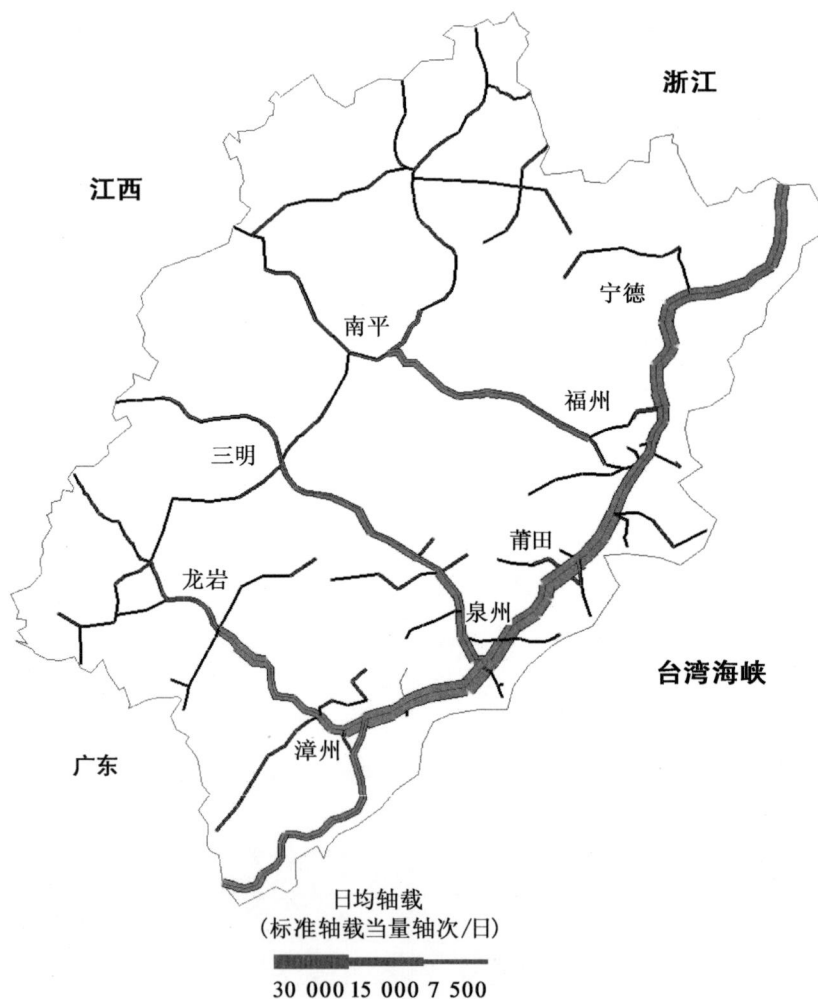

图4.28 2014年福建省高速公路日均轴载

4.9.4 交通量分布如表 4.29 和图 4.29 所示。

2014 年福建省高速公路交通量

表 4.29

路段起止点	正　向			反　向		
	客车折算交通量 （辆/日）	货车折算交通量 （辆/日）	小　计	客车折算交通量 （辆/日）	货车折算交通量 （辆/日）	小　计
闽浙—福鼎	2 663	10 718	13 381	2 026	10 257	12 283
福鼎—霞浦	3 525	10 674	14 199	3 186	10 806	13 992
霞浦—宁德	4 909	11 774	16 683	4 678	11 805	16 483
宁德—连江	6 964	13 237	20 201	6 763	13 261	20 024
连江—闽侯	3 440	2 225	5 665	2 549	1 988	4 537
连江—福州	7 323	6 775	14 098	7 420	7 071	14 491
营前—福州机场	3 794	2 255	6 049	6 579	2 184	8 763
福州—莆田	13 310	15 447	28 757	13 018	14 902	27 920
平潭—渔溪	2 325	1 114	3 439	2 329	1 207	3 536
莆田—泉州	11 035	16 941	27 976	10 996	16 968	27 964
湄洲岛—仙游大济	2 853	1 490	4 343	2 850	1 449	4 299
惠东—南安	2 760	1 399	4 159	2 743	1 310	4 053
泉州—厦门	19 422	20 121	39 543	19 541	20 274	39 815
晋江龙湖—内坑	2 704	1 690	4 394	2 687	1 615	4 302
厦门—漳州	8 085	11 161	19 246	7 892	11 567	19 459
漳州—云霄	4 150	6 588	10 738	3 552	6 365	9 917
云霄—诏安	3 205	6 884	10 089	2 756	6 785	9 541
诏安—闽粤	2 787	7 290	10 077	2 478	7 199	9 677
漳州—龙岩	6 406	9 405	15 811	6 126	9 250	15 376
龙岩—新泉	4 782	4 651	9 433	4 716	4 695	9 411
溪南—龙岩	1 099	1 050	2 149	992	943	1 935
龙岩—永定下洋	2 463	2 666	5 129	2 373	2 767	5 140
下道湖—古石	2 053	975	3 028	2 017	1 308	3 325
新泉—夏成闽赣	2 035	2 947	4 982	1 801	2 569	4 370
泉州—永春	12 880	10 365	23 245	12 585	10 671	23 256
亭川—安溪龙门	3 469	1 670	5 139	3 196	1 675	4 871
永春—永安	2 754	5 309	8 063	2 604	5 266	7 870
德化—蓬壶	1 905	1 211	3 116	2 012	1 167	3 179
永安—泉南闽赣	1 128	2 561	3 689	1 025	2 230	3 255
福州—青州	4 729	5 094	9 823	4 565	5 691	10 256
夏茂—闽赣省际	1 914	2 581	4 495	1 897	3 371	5 268
湾坞—屏南	1 629	911	2 540	1 955	1 070	3 025
松溪旧县—建瓯东峰	444	418	862	442	436	878
杨源—将口	1 012	764	1 776	988	738	1 726
兴田—宁上闽赣	797	507	1 304	728	512	1 240
兴田—和平	1 027	934	1 961	1 021	981	2 002
浦建闽浙—浦城	127	114	241	135	107	242

续上表

路段起止点	正 向			反 向		
	客车折算交通量（辆/日）	货车折算交通量（辆/日）	小 计	客车折算交通量（辆/日）	货车折算交通量（辆/日）	小 计
京台闽浙—浦城	723	1 969	2 692	567	1 515	2 082
浦城—南平	1 846	1 612	3 458	1 846	1 650	3 496
南平—三明	2 937	3 165	6 102	2 673	3 272	5 945
三明—永安	2 828	2 799	5 627	2 946	2 657	5 603
永安—新泉	1 313	1 489	2 802	1 274	1 434	2 708
新泉—长深闽粤	1 333	1 527	2 860	1 220	1 586	2 806
永春湖洋—安溪福田	492	396	888	442	427	869
长泰枋洋—漳州西	598	658	1 256	558	538	1 096
漳州西—沈海复线闽粤	793	536	1 329	705	587	1 292
福州南—永泰梧桐	1 960	492	2 452	1 851	522	2 373

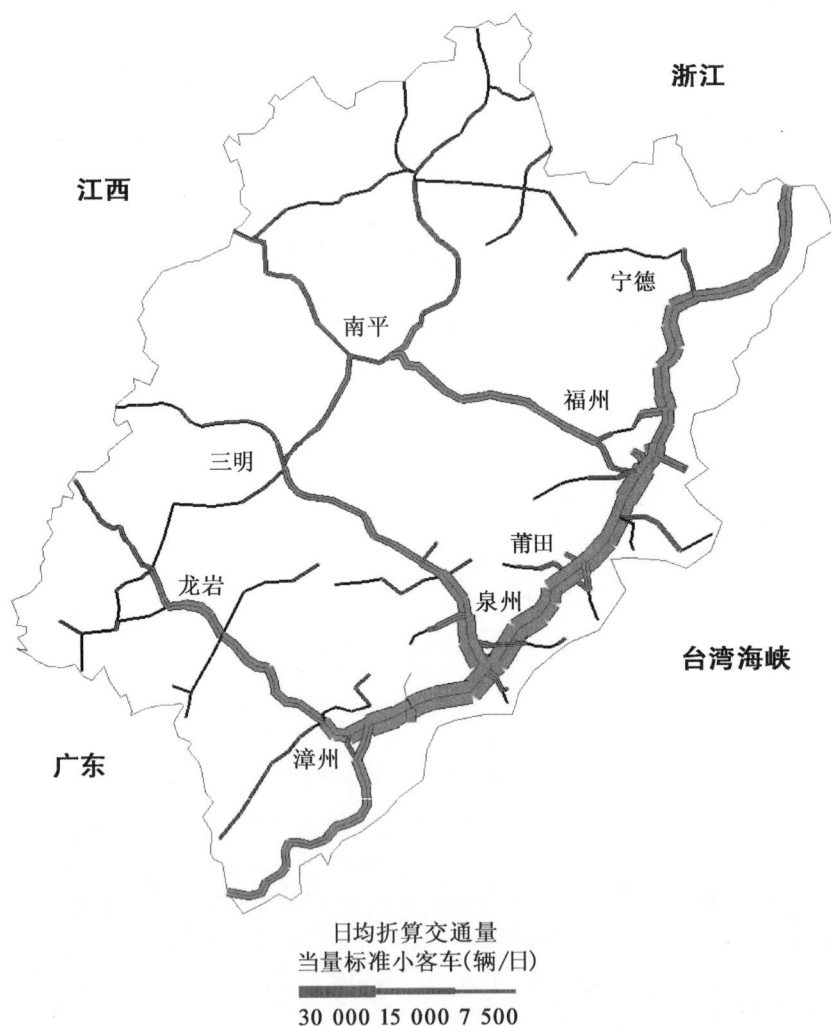

图4.29　2014年福建省高速公路日均交通量

4.10 江西省高速公路运输密度

4.10.1 客运密度分布如表 4.30 和图 4.30 所示。

2014 年江西省高速公路客运密度 表 4.30

路段起止点	客运密度 (人公里/公里)	路段起止点	客运密度 (人公里/公里)
九江—南昌	42 633	南昌—九江	42 796
南昌北—厚田	21 935	厚田—南昌北	20 115
厚田—昌傅	53 066	昌傅—厚田	53 080
昌傅—吉安	18 264	吉安—昌傅	18 689
吉安—赣鄂	11 166	赣鄂—吉安	11 128
吉安—泰和	32 396	泰和—吉安	32 845
泰和—赣闽界石城站	12 057	赣闽界石城站—泰和	13 031
泰和—井冈山	7 247	井冈山—泰和	7 206
泰和—南康	27 577	南康—泰和	27 856
南康—赣粤界	32 807	赣粤界—南康	32 402
南康—梅关	12 944	梅关—南康	13 443
赣浙界—上饶	45 943	上饶—赣浙界	42 959
上饶—鹰潭	43 524	鹰潭—上饶	41 518
鹰潭—赣皖	11 150	赣皖—鹰潭	11 381
鹰潭—温家圳	39 111	温家圳—鹰潭	38 394
鹰潭—金溪	9 490	金溪—鹰潭	9 348
金溪—南城	9 247	南城—金溪	8 833
南城—瑞金	13 123	瑞金—南城	13 358
温家圳—厚田	36 683	厚田—温家圳	35 903
机场互通—温家圳	25 692	温家圳—机场互通	25 345
南昌(长埫)—生米	34 341	生米—南昌(长埫)	29 364
生米—梅岭	48 585	梅岭—生米	48 536
乐化—南昌(长埫)	19 718	南昌(长埫)—乐化	20 208
九江—景德镇	29 450	景德镇—九江	29 033
景德镇—婺源	23 891	婺源—景德镇	23 655
婺源—塔岭	12 060	塔岭—婺源	12 422
婺源—白沙关	14 497	白沙关—婺源	14 466
温家圳—抚州	24 494	抚州—温家圳	24 307
抚州—南城	20 319	南城—抚州	19 722
南城—赣闽界	15 921	赣闽界—南城	15 481
昌傅—新余	35 015	新余—昌傅	34 785
新余—宜春	40 628	宜春—新余	39 670
宜春—萍乡	33 985	萍乡—宜春	34 239
萍乡—赣湘界	32 020	赣湘界—萍乡	31 454
湖口—彭泽	3 344	彭泽—湖口	3 105
赣州北—崇义	10 322	崇义—赣州北	9 373
崇义—赣湘界崇义西站	2 042	赣湘界崇义西站—崇义	1 567

续上表

路段起止点	客运密度 (人公里/公里)	路段起止点	客运密度 (人公里/公里)
赣州北—赣县	6 582	赣县—赣州北	7 318
赣县—南康东(顺时针)	16 824	南康东(顺时针)—赣县	16 792
赣县—会昌北	18 746	会昌北—赣县	18 616
会昌—赣粤界南桥站	5 248	赣粤界南桥站—会昌	4 252
德兴—南昌东	12 315	南昌东—德兴	12 081
南昌西—奉新	11 599	奉新—南昌西	9 242
奉新—天宝	5 473	天宝—奉新	4 932
天宝—赣湘界铜鼓西站	5 239	赣湘界铜鼓西站—天宝	4 359
上饶—赣闽界	10 239	赣闽界—上饶	10 006
九江县—赣鄂界	6 383	赣鄂界—九江县	5 508
军山枢纽—武宁	8 308	武宁—军山枢纽	7 416
瑞金西—赣闽界隘岭站	11 243	赣闽界隘岭站—瑞金西	12 461
泰和—赣湘界界化垄站	10 915	赣湘界界化垄站—泰和	10 705
临川南—乐安	3 366	乐安—临川南	3 320
乐安—吉安北	2 899	吉安北—乐安	2 693
龙南—安远	1 893	安远—龙南	745
星子—姑塘	1 607	姑塘—星子	943

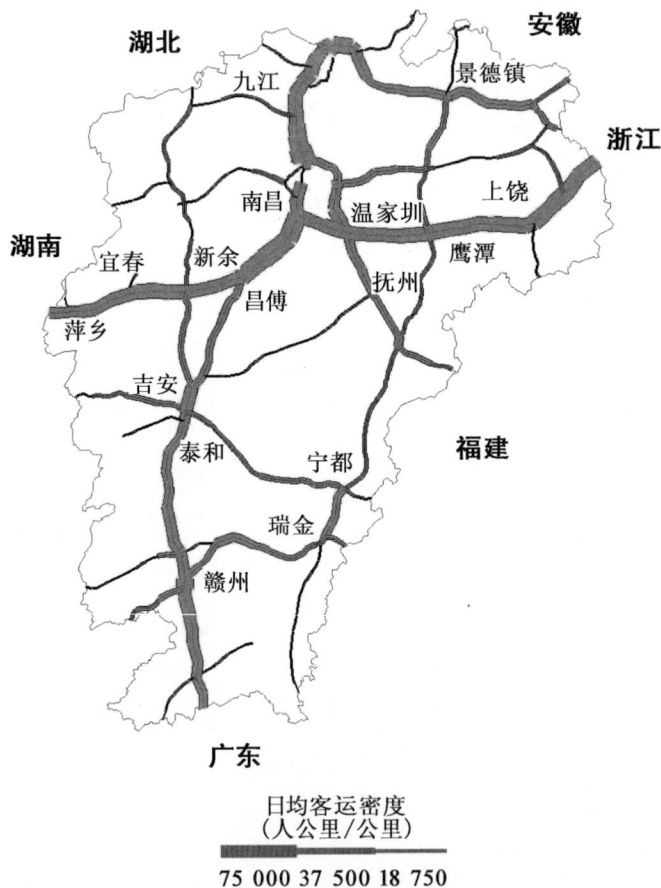

图 4.30 2014 年江西省高速公路日均客运密度

4.10.2 货运密度分布如表 4.31 和图 4.31 所示。

2014 年江西省高速公路货运密度

表 4.31

路段起止点	货运密度 (吨公里/公里)	路段起止点	货运密度 (吨公里/公里)
九江—南昌	75 606	南昌—九江	56 488
南昌北—厚田	36 759	厚田—南昌北	27 664
厚田—昌傅	108 116	昌傅—厚田	107 373
昌傅—吉安	65 690	吉安—昌傅	57 089
吉安—赣鄂	21 375	赣鄂—吉安	35 323
吉安—泰和	100 473	泰和—吉安	77 597
泰和—赣闽界石城站	17 173	赣闽界石城站—泰和	21 034
泰和—井冈山	3 922	井冈山—泰和	5 282
泰和—南康	106 246	南康—泰和	76 095
南康—赣粤界	63 173	赣粤界—南康	39 635
南康—梅关	67 115	梅关—南康	72 462
赣浙界—上饶	97 992	上饶—赣浙界	106 599
上饶—鹰潭	95 527	鹰潭—上饶	104 269
鹰潭—赣皖	31 841	赣皖—鹰潭	26 992
鹰潭—温家圳	82 068	温家圳—鹰潭	90 112
鹰潭—金溪	24 379	金溪—鹰潭	27 337
金溪—南城	19 410	南城—金溪	23 652
南城—瑞金	29 567	瑞金—南城	34 876
温家圳—厚田	82 214	厚田—温家圳	90 941
机场互通—温家圳	34 159	温家圳—机场互通	28 755
南昌(长堎)—生米	38 488	生米—南昌(长堎)	30 538
生米—梅岭	87 494	梅岭—生米	87 671
乐化—南昌(长堎)	36 605	南昌(长堎)—乐化	25 484
九江—景德镇	30 120	景德镇—九江	27 678
景德镇—婺源	22 232	婺源—景德镇	20 413
婺源—塔岭	7 950	塔岭—婺源	11 491
婺源—白沙关	14 524	白沙关—婺源	10 384
温家圳—抚州	29 865	抚州—温家圳	25 765
抚州—南城	30 928	南城—抚州	25 235
南城—赣闽界	23 422	赣闽界—南城	17 850
昌傅—新余	42 544	新余—昌傅	44 557
新余—宜春	50 348	宜春—新余	47 974
宜春—萍乡	55 442	萍乡—宜春	51 097
萍乡—赣湘界	55 889	赣湘界—萍乡	48 253
湖口—彭泽	4 202	彭泽—湖口	4 687
赣州北—崇义	3 737	崇义—赣州北	4 619
崇义—赣湘界崇义西站	2 344	赣湘界崇义西站—崇义	1 903
赣州北—赣县	6 568	赣县—赣州北	5 016

续上表

路段起止点	货运密度 （吨公里/公里）	路段起止点	货运密度 （吨公里/公里）
赣县—南康东(顺时针)	18 397	南康东(顺时针)—赣县	20 408
赣县—会昌北	11 531	会昌北—赣县	14 420
会昌—赣粤界南桥站	14 585	赣粤界南桥站—会昌	17 073
德兴—南昌东	4 465	南昌东—德兴	4 125
南昌西—奉新	3 135	奉新—南昌西	2 709
奉新—天宝	1 769	天宝—奉新	1 821
天宝—赣湘界铜鼓西站	5 981	赣湘界铜鼓西站—天宝	8 786
上饶—赣闽界	19 545	赣闽界—上饶	20 989
九江县—赣鄂界	17 566	赣鄂界—九江县	19 988
军山枢纽—武宁	3 333	武宁—军山枢纽	3 366
瑞金西—赣闽界隘岭站	13 200	赣闽界隘岭站—瑞金西	16 463
泰和—赣湘界化垄站	5 201	赣湘界化垄站—泰和	4 289
临川南—乐安	683	乐安—临川南	948
乐安—吉安北	3 808	吉安北—乐安	2 918
龙南—安远	537	安远—龙南	360
星子—姑塘	1 530	姑塘—星子	1 703

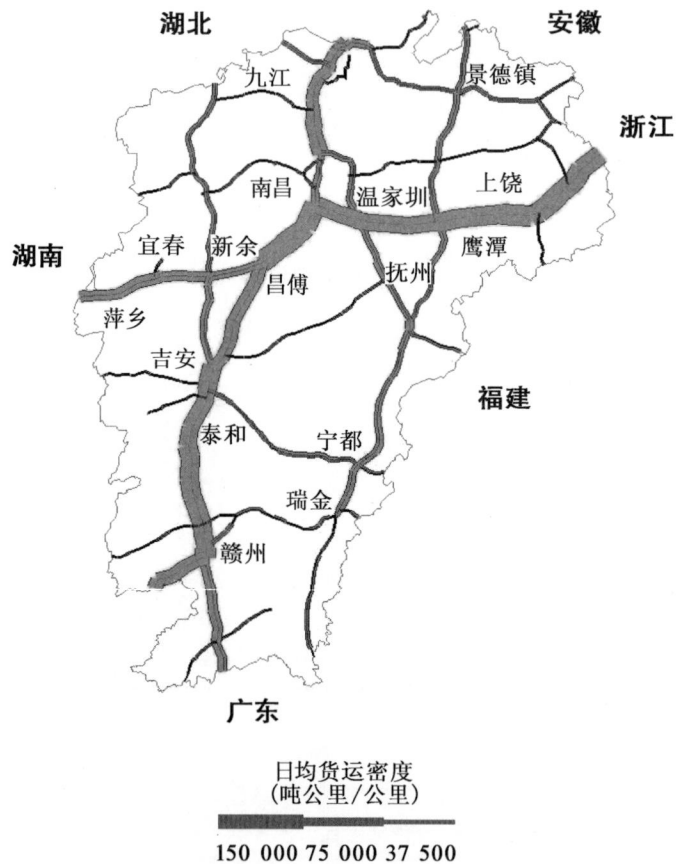

图4.31　2014年江西省高速公路日均货运密度

4.10.3 道路负荷分布如表 4.32 和图 4.32 所示。

2014 年江西省高速公路轴载 表 4.32

路段起止点	轴载 (标准轴载当量轴次/日)	路段起止点	轴载 (标准轴载当量轴次/日)
九江—南昌	24 012	南昌—九江	12 858
南昌北—厚田	15 334	厚田—南昌北	8 085
厚田—昌傅	40 400	昌傅—厚田	38 899
昌傅—吉安	27 622	吉安—昌傅	14 319
吉安—赣鄂	6 644	赣鄂—吉安	25 046
吉安—泰和	52 445	泰和—吉安	22 347
泰和—赣闽界石城站	4 431	赣闽界石城站—泰和	5 904
泰和—井冈山	1 185	井冈山—泰和	2 860
泰和—南康	56 270	南康—泰和	21 749
南康—赣粤界	39 010	赣粤界—南康	13 177
南康—梅关	15 791	梅关—南康	23 848
赣浙界—上饶	29 850	上饶—赣浙界	24 118
上饶—鹰潭	29 537	鹰潭—上饶	26 987
鹰潭—赣皖	8 387	赣皖—鹰潭	13 140
鹰潭—温家圳	24 032	温家圳—鹰潭	28 016
鹰潭—金溪	13 459	金溪—鹰潭	5 879
金溪—南城	12 460	南城—金溪	5 817
南城—瑞金	14 742	瑞金—南城	8 451
温家圳—厚田	27 743	厚田—温家圳	31 407
机场互通—温家圳	10 640	温家圳—机场互通	6 551
南昌(长堎)—生米	16 163	生米—南昌(长堎)	8 653
生米—梅岭	35 056	梅岭—生米	32 742
乐化—南昌(长堎)	12 842	南昌(长堎)—乐化	6 012
九江—景德镇	11 638	景德镇—九江	7 025
景德镇—婺源	12 296	婺源—景德镇	5 745
婺源—塔岭	6 429	塔岭—婺源	4 020
婺源—白沙关	6 302	白沙关—婺源	2 366
温家圳—抚州	8 647	抚州—温家圳	5 904
抚州—南城	9 318	南城—抚州	6 035
南城—赣闽界	7 025	赣闽界—南城	5 638
昌傅—新余	11 249	新余—昌傅	20 480
新余—宜春	14 211	宜春—新余	23 652
宜春—萍乡	16 114	萍乡—宜春	24 618
萍乡—赣湘界	17 939	赣湘界—萍乡	24 659
湖口—彭泽	936	彭泽—湖口	2 910
赣州北—崇义	1 579	崇义—赣州北	1 487
崇义—赣湘界崇义西站	1 045	赣湘界崇义西站—崇义	725
赣州北—赣县	1 587	赣县—赣州北	2 543
赣县—南康东(顺时针)	5 595	南康东(顺时针)—赣县	6 652
赣县—会昌北	4 351	会昌北—赣县	5 956

续上表

路段起止点	轴载 （标准轴载当量轴次/日）	路段起止点	轴载 （标准轴载当量轴次/日）
会昌—赣粤界南桥站	8 730	赣粤界南桥站—会昌	3 981
德兴—南昌东	1 401	南昌东—德兴	1 147
南昌西—奉新	1 339	奉新—南昌西	2 589
奉新—天宝	669	天宝—奉新	587
天宝—赣湘界铜鼓西站	2 270	赣湘界铜鼓西站—天宝	5 406
上饶—赣闽界	5 746	赣闽界—上饶	5 442
九江县—赣鄂界	3 603	赣鄂界—九江县	6 403
军山枢纽—武宁	1 302	武宁—军山枢纽	1 032
瑞金西—赣闽界隘岭站	2 955	赣闽界隘岭站—瑞金西	5 046
泰和—赣湘界界化垄站	1 106	赣湘界界化垄站—泰和	1 459
临川南—乐安	152	乐安—临川南	279
乐安—吉安北	1 849	吉安北—乐安	799
龙南—安远	218	安远—龙南	177
星子—姑塘	355	姑塘—星子	544

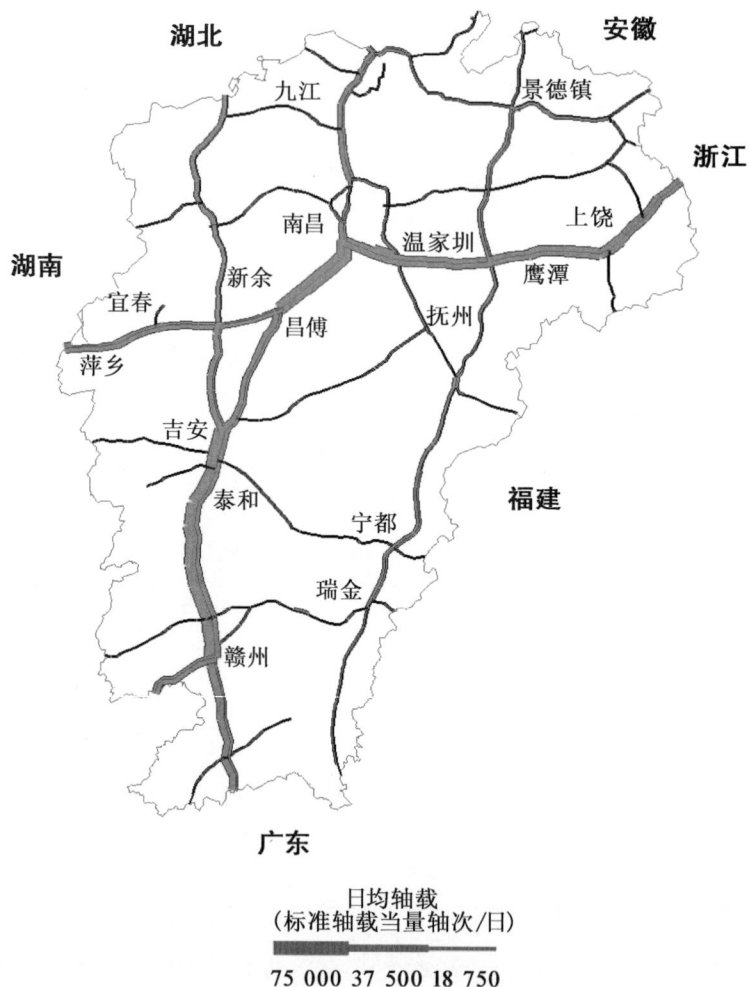

日均轴载
（标准轴载当量轴次/日）

75 000 37 500 18 750

图 4.32　2014 年江西省高速公路日均轴载

4.10.4 交通量分布如表 4.33 和图 4.33 所示。

表 4.33

2014 年江西省高速公路交通量

路段起止点	正 向			反 向		
	客车折算交通量（辆/日）	货车折算交通量（辆/日）	小 计	客车折算交通量（辆/日）	货车折算交通量（辆/日）	小 计
九江—南昌	7 883	12 653	20 536	7 932	10 886	18 818
南昌北—厚田	4 685	6 386	11 071	4 230	5 184	9 414
厚田—昌傅	8 274	18 408	26 682	8 258	16 800	25 058
昌傅—吉安	3 257	10 636	13 893	3 423	10 383	13 806
吉安—赣鄂	1 989	3 883	5 872	1 929	5 385	7 314
吉安—泰和	5 525	15 713	21 238	5 907	14 134	20 041
泰和—赣闽界石城站	1 331	2 815	4 146	1 512	3 366	4 878
泰和—井冈山	1 484	824	2 308	1 439	934	2 373
泰和—南康	4 482	16 300	20 782	4 855	13 842	18 697
南康—赣粤界	5 082	10 898	15 980	5 096	7 946	13 042
南康—梅关	1 985	9 443	11 428	2 161	10 854	13 015
赣浙界—上饶	6 146	16 814	22 960	5 603	13 175	18 778
上饶—鹰潭	6 001	16 090	22 091	5 558	13 275	18 833
鹰潭—赣皖	2 020	5 772	7 792	2 069	4 338	6 407
鹰潭—温家圳	5 462	14 126	19 588	5 311	12 781	18 092
鹰潭—金溪	1 459	3 873	5 332	1 399	4 196	5 595
金溪—南城	1 424	3 099	4 523	1 292	3 799	5 091
南城—瑞金	1 937	4 822	6 759	1 930	5 917	7 847
温家圳—厚田	4 992	14 238	19 230	4 907	13 461	18 368
机场互通—温家圳	4 561	5 891	10 452	4 527	5 410	9 937
南昌(长堎)—生米	7 470	7 087	14 557	6 200	5 855	12 055
生米—梅岭	8 330	15 394	23 724	8 280	13 950	22 230
乐化—南昌(长堎)	4 076	6 004	10 080	4 245	4 797	9 042
九江—景德镇	4 347	5 352	9 699	4 292	5 457	9 749
景德镇—婺源	3 235	3 685	6 920	3 214	3 871	7 085
婺源—塔岭	2 158	1 535	3 693	2 229	2 068	4 297
婺源—白沙关	1 536	2 291	3 827	1 519	2 063	3 582
温家圳—抚州	3 924	5 336	9 260	3 829	4 862	8 691
抚州—南城	3 028	5 357	8 385	2 952	4 631	7 583
南城—赣闽界	2 105	4 107	6 212	2 030	3 298	5 328
昌傅—新余	4 863	7 569	12 432	4 732	6 076	10 808
新余—宜春	5 823	8 812	14 635	5 510	7 327	12 837
宜春—萍乡	4 356	9 310	13 666	4 336	8 073	12 409
萍乡—赣湘界	4 049	9 182	13 231	3 905	7 336	11 241
湖口—彭泽	802	984	1 786	741	942	1 683
赣州北—崇义	2 210	1 134	3 344	2 035	1 264	3 299
崇义—赣湘界崇义西站	414	488	902	323	427	750
赣州北—赣县	1 346	1 402	2 748	1 523	1 108	2 631
赣县—南康东(顺时针)	2 887	3 347	6 234	2 837	3 933	6 770

续上表

路段起止点	正 向			反 向		
	客车折算交通量（辆/日）	货车折算交通量（辆/日）	小 计	客车折算交通量（辆/日）	货车折算交通量（辆/日）	小 计
赣县—会昌北	3 576	2 813	6 389	3 535	2 670	6 205
会昌—赣粤界南桥站	707	2 248	2 955	495	2 704	3 199
德兴—南昌东	2 218	1 001	3 219	2 179	998	3 177
南昌西—奉新	2 869	950	3 819	2 308	714	3 022
奉新—天宝	1 229	519	1 748	1 147	502	1 649
天宝—赣湘界铜鼓西站	1 032	1 205	2 237	876	1 569	2 445
上饶—赣闽界	1 645	3 355	5 000	1 592	2 846	4 438
九江县—赣鄂界	1 281	2 973	4 254	1 065	3 010	4 075
军山枢纽—武宁	1 701	718	2 419	1 439	739	2 178
瑞金西—赣闽界隘岭站	1 489	2 577	4 066	1 640	2 852	4 492
泰和—赣湘界界化垄站	1 361	936	2 297	1 334	860	2 194
临川南—乐安	753	194	947	749	246	995
乐安—吉安北	621	682	1 303	595	637	1 232
龙南—安远	440	199	639	171	112	283
星子—姑塘	364	341	705	184	286	470

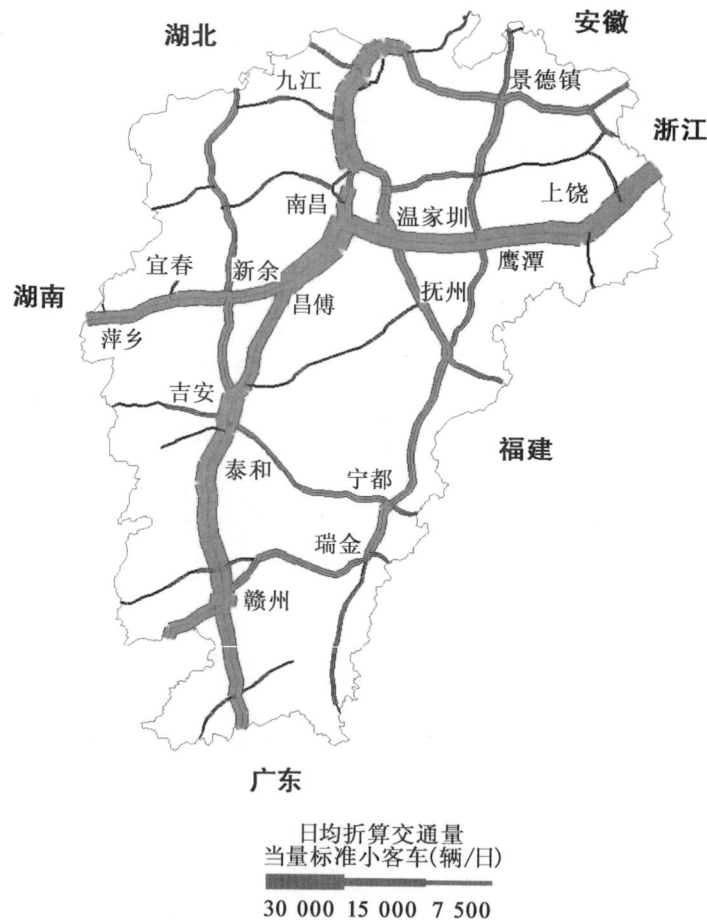

图4.33　2014年江西省高速公路日均交通量

4.11 山东省高速公路运输密度

4.11.1 客运密度分布如表 4.34 和图 4.34 所示。

2014 年山东省高速公路客运密度　　　　　　表 4.34

路段起止点	客运密度 (人公里/公里)	路段起止点	客运密度 (人公里/公里)
京福鲁冀—齐河	27 810	齐河—京福鲁冀	27 931
齐河—济南	71 008	济南—齐河	71 788
济南—泰安	50 986	泰安—济南	50 247
泰安—曲阜	31 978	曲阜—泰安	31 215
曲阜—京福鲁苏	18 493	京福鲁苏—曲阜	17 946
鲁北—博山	26 269	博山—鲁北	25 912
博山—莱芜	32 308	莱芜—博山	32 166
莱芜—泰安	18 513	泰安—莱芜	18 977
海港—青州	16 517	青州—海港	16 659
坊子—明村	8 363	明村—坊子	8 483
明村—周格庄	8 580	周格庄—明村	8 106
八角—明村	18 222	明村—八角	17 570
八角—莱山	22 155	莱山—八角	21 546
福山—栖霞	27 995	栖霞—福山	28 049
栖霞—胶州	16 911	胶州—栖霞	17 323
胶州—同三鲁苏	30 195	同三鲁苏—胶州	30 263
齐河—冠县	22 702	冠县—齐河	21 555
济南—潍坊	40 912	潍坊—济南	40 330
潍坊—胶州	22 945	胶州—潍坊	22 809
胶州—青岛	27 396	青岛—胶州	26 832
菏泽—曲阜	25 242	曲阜—菏泽	23 808
曲阜—日照	21 068	日照—曲阜	20 903
泰安—京沪鲁苏	23 428	京沪鲁苏—泰安	23 221
齐河—青银鲁冀	11 789	青银鲁冀—齐河	11 484
济南机场—济南	44 539	济南—济南机场	45 706
济南—郓城	28 743	郓城—济南	28 724
济南—胶南	21 116	胶南—济南	20 176
柳花泊—海伯河	23 582	海伯河—柳花泊	21 960
齐河—章丘	36 537	章丘—齐河	36 151
菏泽—济广鲁豫	8 519	济广鲁豫—菏泽	8 871
东明主—菏泽	15 150	菏泽—东明主	3 811
滨州港—前郭	12 172	前郭—滨州港	12 174
寿光—新河	25 207	新河—寿光	25 574
平度—青岛高新	35 265	青岛高新—平度	37 782
即墨—威海	16 461	威海—即墨	16 573
菏关鲁豫—菏泽	2 077	菏泽—菏关鲁豫	13 894
黄岛—海湾大桥	25 128	海湾大桥—黄岛	24 544
滨州港—德州	9 130	德州—滨州港	8 810
青州—沂水北	17 811	沂水北—青州	17 712
沂水北—莒县	9 878	莒县—沂水北	9 847
莒县—长深鲁苏	5 900	长深鲁苏—莒县	5 566
枣庄新城—苍山	6 581	苍山—枣庄新城	6 896

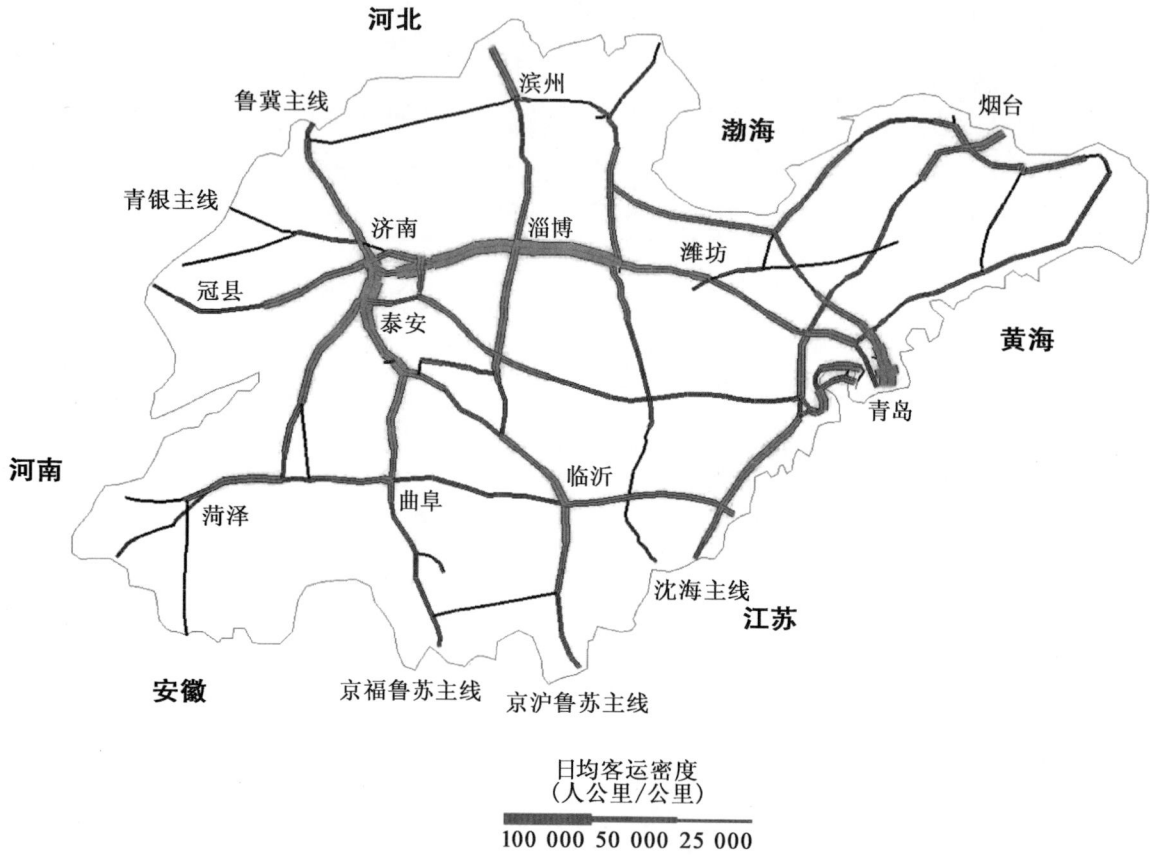

图 4.34　2014 年山东省高速公路日均客运密度

4.11.2 货运密度分布如表 4.35 和图 4.35 所示。

表 4.35

2014 年山东省高速公路货运密度

路段起止点	货运密度 (吨公里/公里)	路段起止点	货运密度 (吨公里/公里)
京福鲁冀—齐河	128 924	齐河—京福鲁冀	102 329
齐河—济南	285 381	济南—齐河	222 813
济南—泰安	183 902	泰安—济南	147 302
泰安—曲阜	82 621	曲阜—泰安	63 162
曲阜—京福鲁苏	80 837	京福鲁苏—曲阜	55 713
鲁北—博山	163 377	博山—鲁北	159 366
博山—莱芜	133 478	莱芜—博山	112 000
莱芜—泰安	32 597	泰安—莱芜	28 543
海港—青州	39 770	青州—海港	40 457
坊子—明村	14 693	明村—坊子	11 059
明村—周格庄	13 784	周格庄—明村	10 638
八角—明村	21 804	明村—八角	24 941
八角—莱山	22 125	莱山—八角	18 060
福山—栖霞	25 651	栖霞—福山	28 237
栖霞—胶州	39 716	胶州—栖霞	36 289
胶州—同三鲁苏	69 843	同三鲁苏—胶州	62 786
齐河—冠县	58 065	冠县—齐河	39 955
济南—潍坊	95 705	潍坊—济南	91 703
潍坊—胶州	42 239	胶州—潍坊	35 372
胶州—青岛	38 341	青岛—胶州	26 914
菏泽—曲阜	75 419	曲阜—菏泽	91 945
曲阜—日照	48 031	日照—曲阜	62 820
泰安—京沪鲁苏	153 739	京沪鲁苏—泰安	122 394
齐河—青银鲁冀	92 831	青银鲁冀—齐河	132 429
济南机场—济南	21 549	济南—济南机场	21 307
济南—郓城	77 470	郓城—济南	51 475
济南—胶南	44 848	胶南—济南	48 340
柳花泊—海伯河	17 632	海伯河—柳花泊	18 137
齐河—章丘	144 131	章丘—齐河	155 166
菏泽—济广鲁豫	39 919	济广鲁豫—菏泽	32 414
东明主—菏泽	11 690	菏泽—东明主	11 675
滨州港—前郭	43 636	前郭—滨州港	50 331
寿光—新河	57 708	新河—寿光	56 737
平度—青岛高新	19 795	青岛高新—平度	13 786
即墨—威海	18 670	威海—即墨	13 767
菏关鲁豫—菏泽	62 974	菏泽—菏关鲁豫	92 993
黄岛—海湾大桥	11 196	海湾大桥—黄岛	11 211
滨州港—德州	23 418	德州—滨州港	13 869
青州—沂水北	87 616	沂水北—青州	71 524
沂水北—莒县	70 147	莒县—沂水北	55 338
莒县—长深鲁苏	61 360	长深鲁苏—莒县	47 352
枣庄新城—苍山	14 524	苍山—枣庄新城	19 144

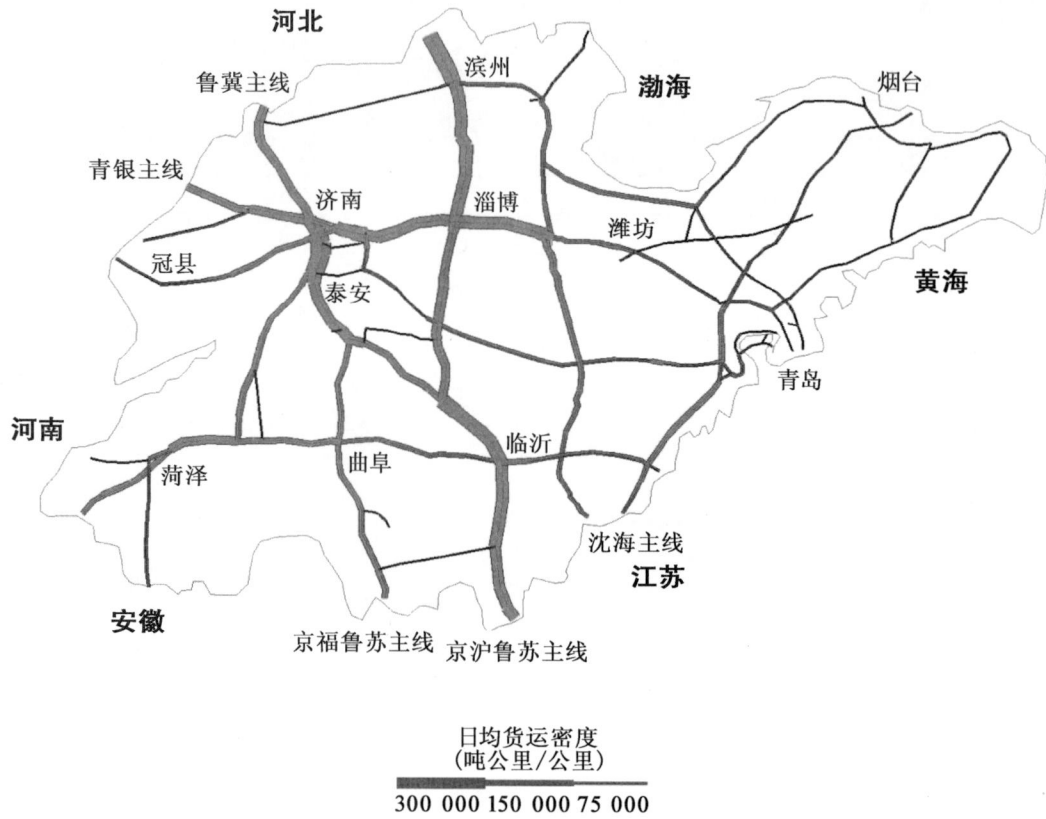

图 4.35　2014 年山东省高速公路日均货运密度

4.11.3 道路负荷分布如表 4.36 和图 4.36 所示。

2014 年山东省高速公路轴载 表 4.36

路段起止点	轴载 (标准轴载当量轴次/日)	路段起止点	轴载 (标准轴载当量轴次/日)
京福鲁冀—齐河	23 316	齐河—京福鲁冀	18 321
齐河—济南	52 173	济南—齐河	41 647
济南—泰安	33 663	泰安—济南	26 630
泰安—曲阜	13 716	曲阜—泰安	11 148
曲阜—京福鲁苏	13 221	京福鲁苏—曲阜	9 754
鲁北—博山	32 066	博山—鲁北	29 219
博山—莱芜	25 695	莱芜—博山	20 065
莱芜—泰安	5 987	泰安—莱芜	5 214
海港—青州	7 378	青州—海港	8 134
坊子—明村	2 514	明村—坊子	1 971
明村—周格庄	2 364	周格庄—明村	1 892
八角—明村	4 085	明村—八角	4 561
八角—莱山	3 993	莱山—八角	3 556
福山—栖霞	4 795	栖霞—福山	4 973
栖霞—胶州	7 145	胶州—栖霞	6 330
胶州—同三鲁苏	12 631	同三鲁苏—胶州	10 970
齐河—冠县	12 035	冠县—齐河	7 499
济南—潍坊	17 343	潍坊—济南	16 493
潍坊—胶州	7 511	胶州—潍坊	6 333
胶州—青岛	6 664	青岛—胶州	4 744
菏泽—曲阜	14 442	曲阜—菏泽	17 152
曲阜—日照	8 834	日照—曲阜	11 885
泰安—京沪鲁苏	30 156	京沪鲁苏—泰安	21 921
齐河—青银鲁冀	16 629	青银鲁冀—齐河	25 386
济南机场—济南	3 984	济南—济南机场	4 635
济南—郓城	14 136	郓城—济南	9 206
济南—胶南	8 361	胶南—济南	9 076
柳花泊—海伯河	3 256	海伯河—柳花泊	3 543
齐河—章丘	27 675	章丘—齐河	28 915
菏泽—济广鲁豫	7 508	济广鲁豫—菏泽	6 170
东明主—菏泽	2 131	菏泽—东明主	2 192
滨州港—前郭	7 613	前郭—滨州港	8 281
寿光—新河	10 595	新河—寿光	10 514
平度—青岛高新	3 547	青岛高新—平度	2 414
即墨—威海	3 235	威海—即墨	2 409
菏关鲁豫—菏泽	11 662	菏泽—菏关鲁豫	16 610
黄岛—海湾大桥	1 865	海湾大桥—黄岛	1 981
滨州港—德州	5 749	德州—滨州港	2 956
青州—沂水北	15 643	沂水北—青州	12 418
沂水北—莒县	12 265	莒县—沂水北	9 597
莒县—长深鲁苏	10 869	长深鲁苏—莒县	8 206
枣庄新城—苍山	2 638	苍山—枣庄新城	3 057

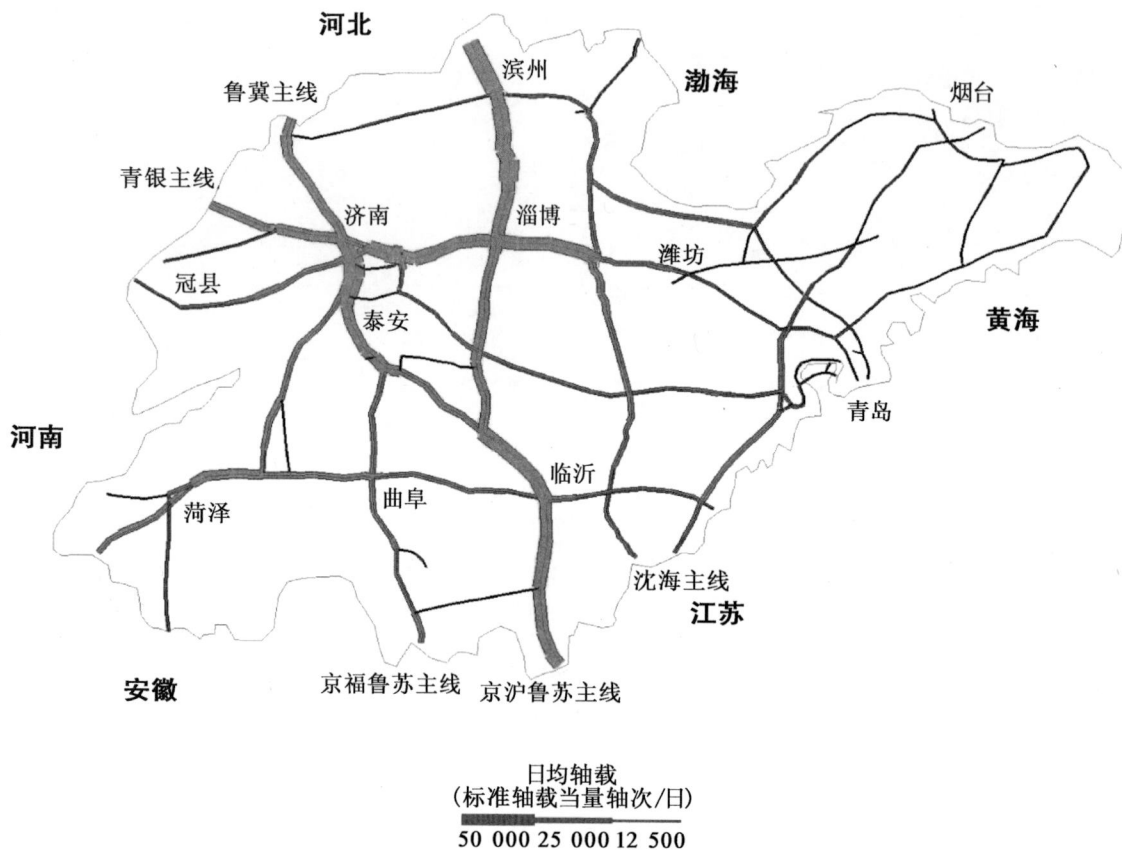

图 4.36　2014 年山东省高速公路日均轴载

4.11.4 交通量分布如表 4.37 和图 4.37 所示。

2014 年山东省高速公路交通量

表 4.37

路段起止点	正 向			反 向		
	客车折算交通量（辆/日）	货车折算交通量（辆/日）	小 计	客车折算交通量（辆/日）	货车折算交通量（辆/日）	小 计
京福鲁冀—齐河	6 491	19 676	26 167	6 516	17 730	24 246
齐河—济南	16 807	42 224	59 031	17 036	37 502	54 538
济南—泰安	11 628	27 177	38 805	11 266	24 844	36 110
泰安—曲阜	7 289	13 163	20 452	7 134	11 720	18 854
曲阜—京福鲁苏	4 323	12 549	16 872	4 162	10 717	14 879
鲁北—博山	6 750	25 496	32 246	6 645	26 789	33 434
博山—莱芜	7 623	21 632	29 255	7 521	20 996	28 517
莱芜—泰安	4 270	6 113	10 383	4 403	6 056	10 459
海港—青州	4 257	7 662	11 919	4 296	8 087	12 383
坊子—明村	2 043	3 373	5 416	2 068	3 043	5 111
明村—周格庄	1 884	2 949	4 833	1 793	2 792	4 585
八角—明村	4 066	4 879	8 945	3 932	5 038	8 970
八角—莱山	5 658	4 983	10 641	5 501	5 123	10 624
福山—栖霞	6 476	5 697	12 173	6 394	6 002	12 396
栖霞—胶州	3 764	7 739	11 503	3 858	7 584	11 442
胶州—同三鲁苏	6 076	12 422	18 498	6 095	12 450	18 545
齐河—冠县	5 531	9 800	15 331	5 108	7 359	12 467
济南—潍坊	9 634	17 681	27 315	9 458	17 670	27 128
潍坊—胶州	5 749	8 225	13 974	5 592	8 273	13 865
胶州—青岛	6 431	7 610	14 041	6 310	6 999	13 309
菏泽—曲阜	5 596	12 823	18 419	5 300	14 047	19 347
曲阜—日照	4 468	8 548	13 016	4 451	9 777	14 228
泰安—京沪鲁苏	5 423	21 793	27 216	5 291	21 326	26 617
齐河—青银鲁冀	2 991	15 179	18 170	2 938	17 407	20 345
济南机场—济南	11 059	5 975	17 034	11 256	6 553	17 809
济南—郓城	6 450	11 870	18 320	6 354	9 671	16 025
济南—胶南	4 960	7 644	12 604	4 835	8 046	12 881
柳花泊—海伯河	5 124	5 134	10 258	4 870	5 642	10 512
齐河—章丘	8 484	23 897	32 381	8 395	24 776	33 171
菏泽—济广鲁豫	1 740	5 848	7 588	1 825	5 892	7 717
东明主—菏泽	3 464	2 419	5 883	1 045	2 416	3 461
滨州港—前郭	3 022	8 133	11 155	3 007	8 686	11 693
寿光—新河	5 579	10 500	16 079	5 625	10 620	16 245

续上表

路段起止点	正 向		小 计	反 向		小 计
	客车折算交通量 （辆/日）	货车折算交通量 （辆/日）		客车折算交通量 （辆/日）	货车折算交通量 （辆/日）	
平度—青岛高新	9 820	4 394	14 214	10 448	4 401	14 849
即墨—威海	3 366	3 737	7 103	3 404	3 315	6 719
菏关鲁豫—菏泽	444	9 995	10 439	2 999	13 347	16 346
黄岛—海湾大桥	6 379	3 553	9 932	6 057	4 330	10 387
滨州港—德州	2 690	4 278	6 968	2 631	3 946	6 577
青州—沂水北	4 303	14 342	18 645	4 375	13 921	18 296
沂水北—莒县	2 431	11 100	13 531	2 466	10 496	12 962
莒县—长深鲁苏	1 447	9 437	10 884	1 379	8 600	9 979
枣庄新城—苍山	1 737	3 168	4 905	1 826	3 509	5 335

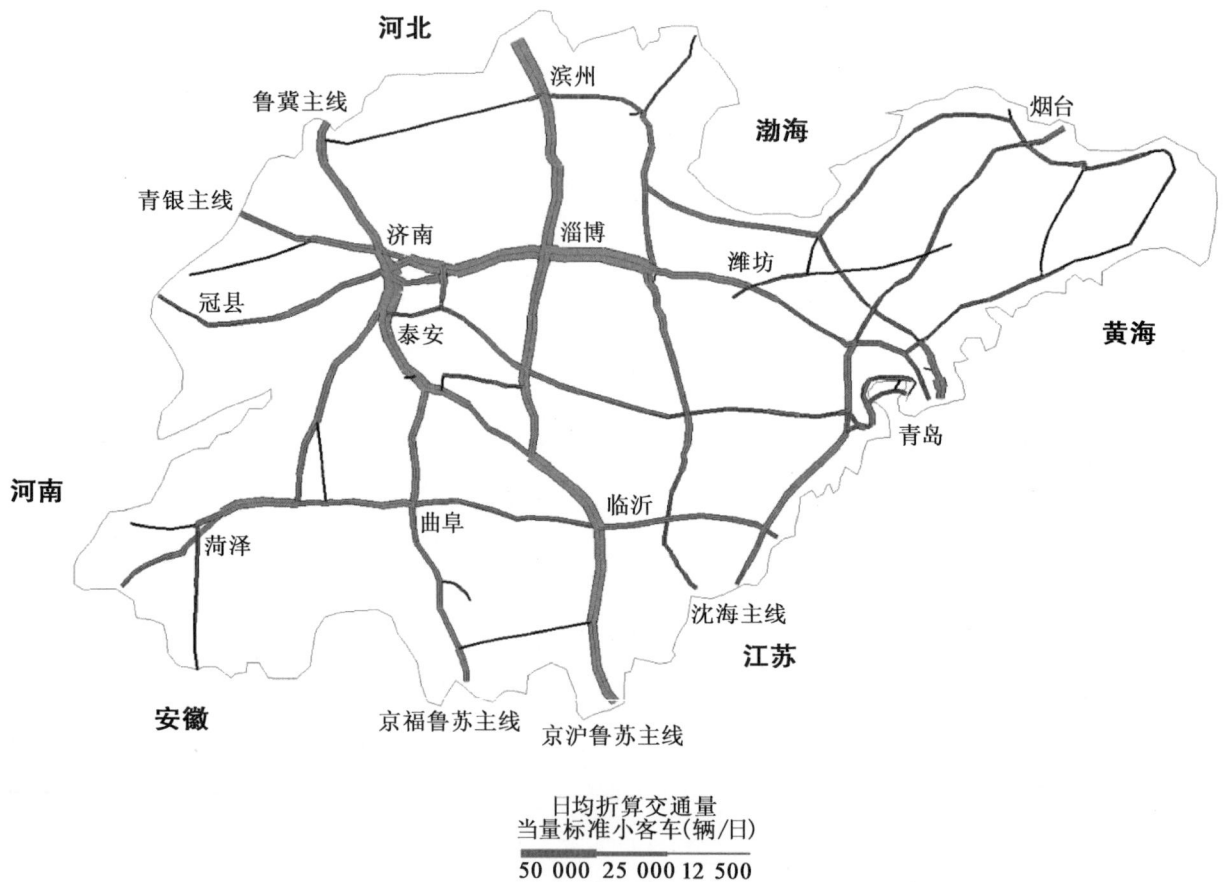

图 4.37 2014 年山东省高速公路日均交通量

4.12 河南省高速公路运输密度

4.12.1 客运密度分布如表 4.38 和图 4.38 所示。

2014 年河南省高速公路客运密度　　　　　表 4.38

路段起止点	客运密度 (人公里/公里)	路段起止点	客运密度 (人公里/公里)
京港澳豫冀界—鹤壁	17 781	鹤壁—京港澳豫冀界	18 293
鹤壁—新乡	42 411	新乡—鹤壁	42 890
新乡—郑州	57 704	郑州—新乡	58 502
郑州—许昌	79 122	许昌—郑州	77 282
许昌—漯河	54 471	漯河—许昌	53 092
漯河—驻马店	30 808	驻马店—漯河	29 105
驻马店—京港澳豫鄂界	15 040	京港澳豫鄂界—驻马店	14 816
大广豫冀省界—濮阳	28 311	濮阳—大广豫冀省界	26 859
濮阳—周口	22 660	周口—濮阳	21 736
周口—大广豫鄂界	10 005	大广豫鄂界—周口	9 217
二广豫晋省界—济源	4 300	济源—二广豫晋省界	3 546
济源—洛阳	21 117	洛阳—济源	20 394
洛阳—汝阳	21 273	汝阳—洛阳	21 017
汝阳—南阳	6 374	南阳—汝阳	6 092
南阳—二广豫鄂界	14 093	二广豫鄂界—南阳	13 414
连霍豫皖界—商丘	20 903	商丘—连霍豫皖界	21 228
商丘—开封	34 601	开封—商丘	33 496
开封—郑州	63 549	郑州—开封	62 090
郑州—洛阳	45 434	洛阳—郑州	44 167
洛阳—三门峡	23 427	三门峡—洛阳	22 658
三门峡—连霍豫陕界	15 419	连霍豫陕界—三门峡	14 349
宁洛豫皖界—漯河	25 641	漯河—宁洛豫皖界	26 871
漯河—平顶山	15 651	平顶山—漯河	17 800
平顶山—汝阳	14 935	汝阳—平顶山	15 118
沪陕豫皖界—南阳	15 616	南阳—沪陕豫皖界	14 479
南阳—沪陕豫陕界	13 168	沪陕豫陕界—南阳	11 940
日兰豫鲁界—兰考	16 291	兰考—日兰豫鲁界	15 814
兰考—许昌	15 296	许昌—兰考	15 135
许昌—南阳	31 753	南阳—许昌	30 279
大广安南互通—林州	10 704	林州—大广安南互通	10 670
濮阳—鹤壁	25 669	鹤壁—濮阳	25 564
长垣—新乡	8 726	新乡—长垣	9 376
新乡—济源	15 470	济源—新乡	16 122
济源—济邵豫晋	6 630	济邵豫晋—济源	6 262
原阳—焦作	36 177	焦作—原阳	33 918

续上表

路段起止点	客运密度 （人公里/公里）	路段起止点	客运密度 （人公里/公里）
焦作—晋新豫晋界	17 335	晋新豫晋界—焦作	14 028
焦作—温县	5 465	温县—焦作	4 967
济广豫鲁界—济广豫皖界	7 317	济广豫皖界—济广豫鲁界	7 118
商丘—周口	11 522	周口—商丘	11 123
许亳省界—鄢陵	8 932	鄢陵—许亳省界	9 444
十八里河—郑州西	46 003	郑州西—十八里河	44 534
郑州南—机场	80 816	机场—郑州南	83 683
郑州侯寨—禹州	44 054	禹州—郑州侯寨	43 528
禹州—尧山	11 961	尧山—禹州	11 876
郑州站—登封	44 928	登封—郑州站	38 907
登封—洛阳	17 061	洛阳—登封	17 088
登封—许昌	13 493	许昌—登封	13 302
叶县—泌阳	6 697	泌阳—叶县	6 708
泌阳—焦桐豫鄂界	5 917	焦桐豫鄂界—泌阳	5 398
泌阳—新蔡	7 203	新蔡—泌阳	7 562
安阳—南林豫晋界	9 284	南林豫晋界—安阳	8 418
濮阳—龙王庄	4 743	龙王庄—濮阳	5 237
永亳—永登豫皖界	4 287	永登豫皖界—永亳	4 583
新蔡—新阳豫皖界	2 031	新阳豫皖界—新蔡	2 203
小茴店—固始	4 351	固始—小茴店	4 290
永城—永登豫皖界	3 614	永登豫皖界—永城	3 607
洛龙—栾川	6 371	栾川—洛龙	6 553
周山—灵宝	3 724	灵宝—周山	3 793
灵宝—卢氏	1 945	卢氏—灵宝	2 023

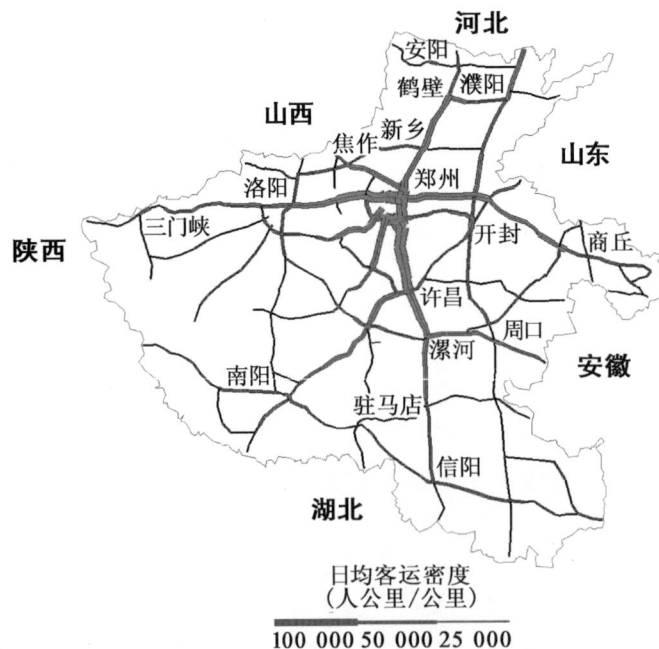

图4.38 2014年河南省高速公路日均客运密度

4.12.2　货运密度分布如表 4.39 和图 4.39 所示。

2014 年河南省高速公路货运密度　　　　　　　　　　　　表 4.39

路段起止点	货运密度 （吨公里/公里）	路段起止点	货运密度 （吨公里/公里）
京港澳豫冀界—鹤壁	28 014	鹤壁—京港澳豫冀界	21 387
鹤壁—新乡	59 038	新乡—鹤壁	46 170
新乡—郑州	116 039	郑州—新乡	67 361
郑州—许昌	81 442	许昌—郑州	71 464
许昌—漯河	116 099	漯河—许昌	89 209
漯河—驻马店	120 168	驻马店—漯河	108 583
驻马店—京港澳豫鄂界	111 100	京港澳豫鄂界—驻马店	103 930
大广豫冀省界—濮阳	86 644	濮阳—大广豫冀省界	73 562
濮阳—周口	49 965	周口—濮阳	39 806
周口—大广豫鄂界	37 003	大广豫鄂界—周口	30 588
二广豫晋省界—济源	7 812	济源—二广豫晋省界	5 976
济源—洛阳	67 941	洛阳—济源	40 383
洛阳—汝阳	51 864	汝阳—洛阳	33 823
汝阳—南阳	6 750	南阳—汝阳	4 909
南阳—二广豫鄂界	42 897	二广豫鄂界—南阳	33 780
连霍豫皖界—商丘	23 076	商丘—连霍豫皖界	18 948
商丘—开封	34 902	开封—商丘	40 453
开封—郑州	75 453	郑州—开封	67 677
郑州—洛阳	79 473	洛阳—郑州	71 325
洛阳—三门峡	112 942	三门峡—洛阳	99 471
三门峡—连霍豫陕界	112 677	连霍豫陕界—三门峡	108 298
宁洛豫皖界—漯河	37 350	漯河—宁洛豫皖界	51 190
漯河—平顶山	26 114	平顶山—漯河	44 214
平顶山—汝阳	33 183	汝阳—平顶山	54 206
沪陕豫皖界—南阳	14 247	南阳—沪陕豫皖界	16 739
南阳—沪陕豫陕界	16 556	沪陕豫陕界—南阳	20 157
日兰豫鲁界—兰考	85 770	兰考—日兰豫鲁界	58 082
兰考—许昌	69 183	许昌—兰考	60 426
许昌—南阳	58 529	南阳—许昌	55 540
大广安南互通—林州	3 612	林州—大广安南互通	5 013
濮阳—鹤壁	29 647	鹤壁—濮阳	22 257
长垣—新乡	8 101	新乡—长垣	10 927
新乡—济源	31 199	济源—新乡	28 339
济源—济邵豫晋	12 178	济邵豫晋—济源	23 537
原阳—焦作	23 423	焦作—原阳	58 455
焦作—晋新豫晋界	15 863	晋新豫晋界—焦作	27 149
焦作—温县	2 228	温县—焦作	1 539
济广豫鲁界—济广豫皖界	23 207	济广豫皖界—济广豫鲁界	15 353

续上表

路段起止点	货运密度 (吨公里/公里)	路段起止点	货运密度 (吨公里/公里)
商丘—周口	24 776	周口—商丘	26 818
许亳省界—鄢陵	6 687	鄢陵—许亳省界	10 274
十八里河—郑州西	21 300	郑州西—十八里河	29 302
郑州南—机场	4 778	机场—郑州南	4 868
郑州侯寨—禹州	12 227	禹州—郑州侯寨	13 630
禹州—尧山	2 122	尧山—禹州	3 433
郑州站—登封	13 733	登封—郑州站	17 094
登封—洛阳	12 023	洛阳—登封	16 326
登封—许昌	15 245	许昌—登封	11 046
叶县—泌阳	36 146	泌阳—叶县	27 467
泌阳—焦桐豫鄂界	38 489	焦桐豫鄂界—泌阳	28 804
泌阳—新蔡	15 042	新蔡—泌阳	4 232
安阳—南林豫晋界	2 134	南林豫晋界—安阳	2 874
濮阳—龙王庄	1 829	龙王庄—濮阳	1 474
永亳—永登豫皖界	2 521	永登豫皖界—永亳	6 152
新蔡—新阳豫皖界	9 523	新阳豫皖界—新蔡	3 385
小茴店—固始	1 685	固始—小茴店	1 752
永城—永登豫皖界	2 382	永登豫皖界—永城	1 820
洛龙—栾川	505	栾川—洛龙	309
周山—灵宝	913	灵宝—周山	780
灵宝—卢氏	542	卢氏—灵宝	399

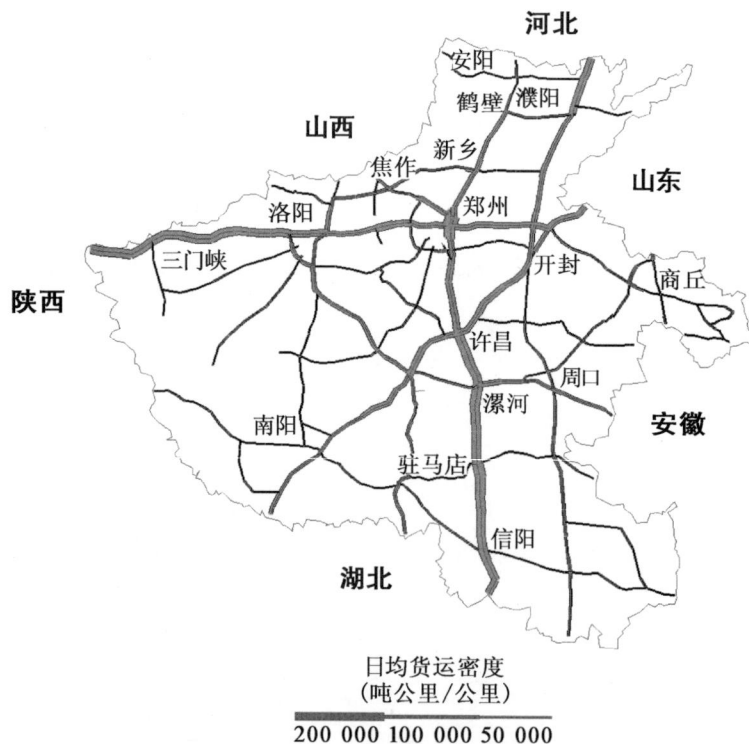

图4.39　2014年河南省高速公路日均货运密度

4.12.3　道路负荷分布如表 **4.40** 和图 **4.40** 所示。

2014 年河南省高速公路轴载　　　　　　　表 4.40

路段起止点	轴载 (标准轴载当量轴次/日)	路段起止点	轴载 (标准轴载当量轴次/日)
京港澳豫冀界—鹤壁	7 456	鹤壁—京港澳豫冀界	3 947
鹤壁—新乡	12 989	新乡—鹤壁	8 661
新乡—郑州	37 750	郑州—新乡	15 898
郑州—许昌	23 291	许昌—郑州	15 013
许昌—漯河	31 862	漯河—许昌	17 891
漯河—驻马店	30 500	驻马店—漯河	22 586
驻马店—京港澳豫鄂界	28 021	京港澳豫鄂界—驻马店	23 256
大广豫冀省界—濮阳	16 757	濮阳—大广豫冀省界	11 791
濮阳—周口	10 397	周口—濮阳	6 422
周口—大广豫鄂界	8 117	大广豫鄂界—周口	7 059
二广豫晋省界—济源	1 643	济源—二广豫晋省界	1 147
济源—洛阳	14 391	洛阳—济源	8 920
洛阳—汝阳	13 236	汝阳—洛阳	8 367
汝阳—南阳	1 679	南阳—汝阳	1 041
南阳—二广豫鄂界	9 970	二广豫鄂界—南阳	6 335
连霍豫皖界—商丘	5 867	商丘—连霍豫皖界	4 201
商丘—开封	6 022	开封—商丘	9 787
开封—郑州	14 165	郑州—开封	16 787
郑州—洛阳	13 951	洛阳—郑州	16 488
洛阳—三门峡	15 323	三门峡—洛阳	18 510
三门峡—连霍豫陕界	14 031	连霍豫陕界—三门峡	19 580
宁洛豫皖界—漯河	6 622	漯河—宁洛豫皖界	12 361
漯河—平顶山	4 536	平顶山—漯河	11 474
平顶山—汝阳	6 415	汝阳—平顶山	13 088
沪陕豫皖界—南阳	2 245	南阳—沪陕豫皖界	3 139
南阳—沪陕豫陕界	2 475	沪陕豫陕界—南阳	3 411
日兰豫鲁界—兰考	16 319	兰考—日兰豫鲁界	12 027
兰考—许昌	14 647	许昌—兰考	11 164
许昌—南阳	14 900	南阳—许昌	12 132
大广安南通—林州	796	林州—大广安南互通	1 529
濮阳—鹤壁	4 813	鹤壁—濮阳	4 096
长垣—新乡	1 388	新乡—长垣	2 908
新乡—济源	5 012	济源—新乡	5 824
济源—济邵豫晋	2 264	济邵豫晋—济源	5 093
原阳—焦作	5 028	焦作—原阳	19 713
焦作—晋新豫晋界	2 784	晋新豫晋界—焦作	6 584
焦作—温县	576	温县—焦作	369

续上表

路段起止点	轴载 (标准轴载当量轴次/日)	路段起止点	轴载 (标准轴载当量轴次/日)
济广豫鲁界—济广豫皖界	6 458	济广豫皖界—济广豫鲁界	3 347
商丘—周口	5 149	周口—商丘	5 202
许亳省界—鄢陵	1 336	鄢陵—许亳省界	2 802
十八里河—郑州西	5 513	郑州西—十八里河	8 036
郑州南—机场	1 188	机场—郑州南	966
郑州侯寨—禹州	3 467	禹州—郑州侯寨	3 935
禹州—尧山	578	尧山—禹州	987
郑州站—登封	4 241	登封—郑州站	7 322
登封—洛阳	3 051	洛阳—登封	4 782
登封—许昌	4 826	许昌—登封	2 988
叶县—泌阳	9 610	泌阳—叶县	5 774
泌阳—焦桐豫鄂界	9 656	焦桐豫鄂界—泌阳	5 721
泌阳—新蔡	5 215	新蔡—泌阳	1 109
安阳—南林豫晋界	479	南林豫晋界—安阳	450
濮阳—龙王庄	621	龙王庄—濮阳	275
永亳—永登豫皖界	613	永登豫皖界—永亳	597
新蔡—新阳豫皖界	3 034	新阳豫皖界—新蔡	826
小茴店—固始	582	固始—小茴店	496
永城—永登豫皖界	591	永登豫皖界—永城	281
洛龙—栾川	107	栾川—洛龙	80
周山—灵宝	251	灵宝—周山	205
灵宝—卢氏	173	卢氏—灵宝	69

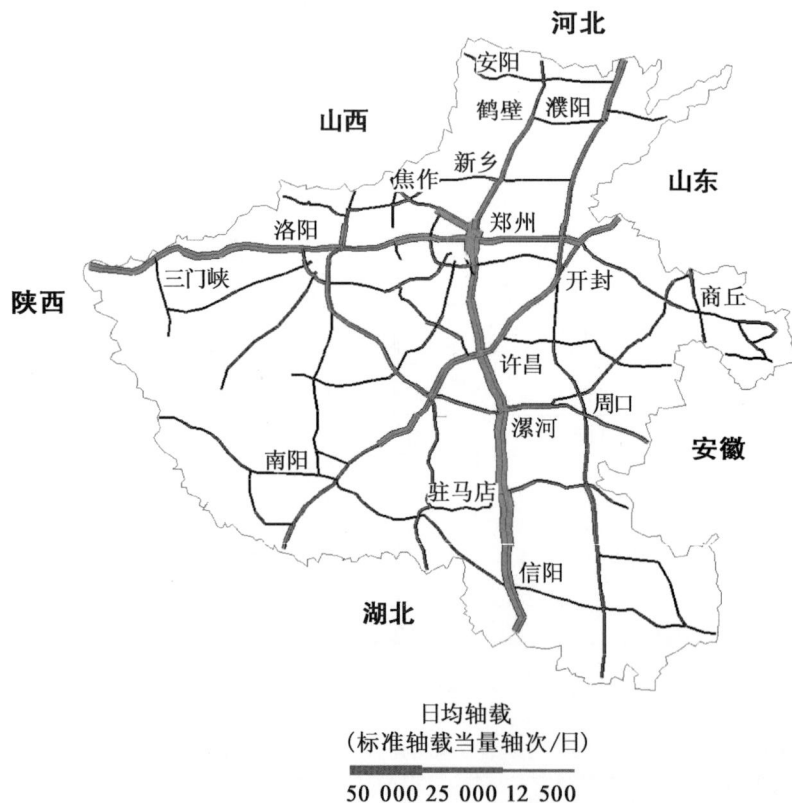

图4.40　2014年河南省高速公路日均轴载

4.12.4　交通量分布如表 4.41 和图 4.41 所示。

2014 年河南省高速公路交通量　　　　　　　　　　表 4.41

路段起止点	正　向		小　计	反　向		小　计
	客车折算交通量（辆/日）	货车折算交通量（辆/日）		客车折算交通量（辆/日）	货车折算交通量（辆/日）	
京港澳豫冀界—鹤壁	3 915	2 935	6 850	3 975	3 684	7 659
鹤壁—新乡	8 203	6 635	14 838	8 259	6 507	14 766
新乡—郑州	12 557	12 179	24 736	12 779	12 526	25 305
郑州—许昌	16 316	7 886	24 202	15 867	8 910	24 777
许昌—漯河	9 689	11 790	21 479	9 352	11 881	21 233
漯河—驻马店	4 573	12 430	17 003	4 283	12 711	16 994
驻马店—京港澳豫鄂界	2 187	12 768	14 955	2 150	12 658	14 808
大广豫冀省界—濮阳	4 811	11 618	16 429	4 358	10 848	15 206
濮阳—周口	3 562	5 857	9 419	3 315	5 508	8 823
周口—大广豫鄂界	1 495	4 632	6 127	1 332	3 422	4 754
二广豫晋省界—济源	696	699	1 395	666	807	1 473
济源—洛阳	3 705	7 454	11 159	3 445	5 316	8 761
洛阳—汝阳	3 754	5 369	9 123	3 711	5 173	8 884
汝阳—南阳	993	440	1 433	920	417	1 337
南阳—二广豫鄂界	2 294	4 688	6 982	2 152	4 390	6 542
连霍豫皖界—商丘	3 769	2 868	6 637	3 747	2 277	6 024
商丘—开封	6 311	4 545	10 856	6 023	3 910	9 933
开封—郑州	14 255	11 299	25 554	13 732	8 169	21 901
郑州—洛阳	9 398	12 539	21 937	9 118	8 900	18 018
洛阳—三门峡	4 119	16 637	20 756	4 011	12 686	16 697
三门峡—连霍豫陕界	2 889	17 013	19 902	2 630	14 101	16 731
宁洛豫皖界—漯河	4 202	5 624	9 826	4 469	5 779	10 248
漯河—平顶山	2 293	4 163	6 456	2 886	4 320	7 206
平顶山—汝阳	2 457	4 715	7 172	2 453	5 534	7 987
沪陕豫皖界—南阳	2 275	2 037	4 312	2 064	2 102	4 166
南阳—沪陕豫陕界	2 520	2 435	4 955	2 224	2 526	4 750
日兰豫鲁界—兰考	2 783	11 224	14 007	2 651	7 745	10 396
兰考—许昌	2 337	8 172	10 509	2 244	7 482	9 726
许昌—南阳	5 117	6 359	11 476	4 825	6 181	11 006
大广安南互通—林州	2 214	819	3 033	2 221	803	3 024
濮阳—鹤壁	5 187	4 334	9 521	5 127	3 186	8 313
长垣—新乡	1 788	1 028	2 816	1 973	1 057	3 030
新乡—济源	2 883	3 987	6 870	2 956	3 065	6 021
济源—济邵豫晋	1 017	1 872	2 889	968	2 484	3 452
原阳—焦作	7 365	6 939	14 304	6 815	5 947	12 762
焦作—晋新豫晋界	3 197	5 448	8 645	2 682	3 279	5 961
焦作—温县	1 497	363	1 860	1 360	578	1 938
济广豫鲁界—济广豫皖界	1 520	3 074	4 594	1 484	2 856	4 340
商丘—周口	1 956	2 668	4 624	1 886	3 063	4 949

续上表

路段起止点	正 向			反 向		
	客车折算交通量 （辆/日）	货车折算交通量 （辆/日）	小 计	客车折算交通量 （辆/日）	货车折算交通量 （辆/日）	小 计
许亳省界—鄢陵	1 418	975	2 393	1 447	743	2 190
十八里河—郑州西	11 293	4 417	15 710	10 879	4 012	14 891
郑州南—机场	20 122	535	20 657	21 022	612	21 634
郑州侯寨—禹州	8 509	1 764	10 273	8 407	1 931	10 338
禹州—尧山	2 537	344	2 881	2 419	291	2 710
郑州站—登封	9 998	3 241	13 239	8 173	2 738	10 911
登封—洛阳	3 120	1 493	4 613	3 079	1 563	4 642
登封—许昌	2 063	1 480	3 543	2 085	1 150	3 235
叶县—泌阳	1 112	3 640	4 752	1 103	3 200	4 303
泌阳—焦桐豫鄂界	1 023	4 032	5 055	936	3 518	4 454
泌阳—新蔡	1 344	1 149	2 493	1 393	1 340	2 733
安阳—南林豫晋界	2 088	1 087	3 175	1 928	390	2 318
濮阳—龙王庄	1 218	180	1 398	1 354	219	1 573
永亳—永登豫皖界	982	945	1 927	1 038	991	2 029
新蔡—新阳豫皖界	247	856	1 103	272	986	1 258
小茴店—固始	589	131	720	614	182	796
永城—永登豫皖界	527	276	803	503	349	852
洛龙—栾川	1 309	80	1 389	1341	65	1 406
周山—灵宝	773	93	866	775	72	847
灵宝—卢氏	479	42	521	493	55	548

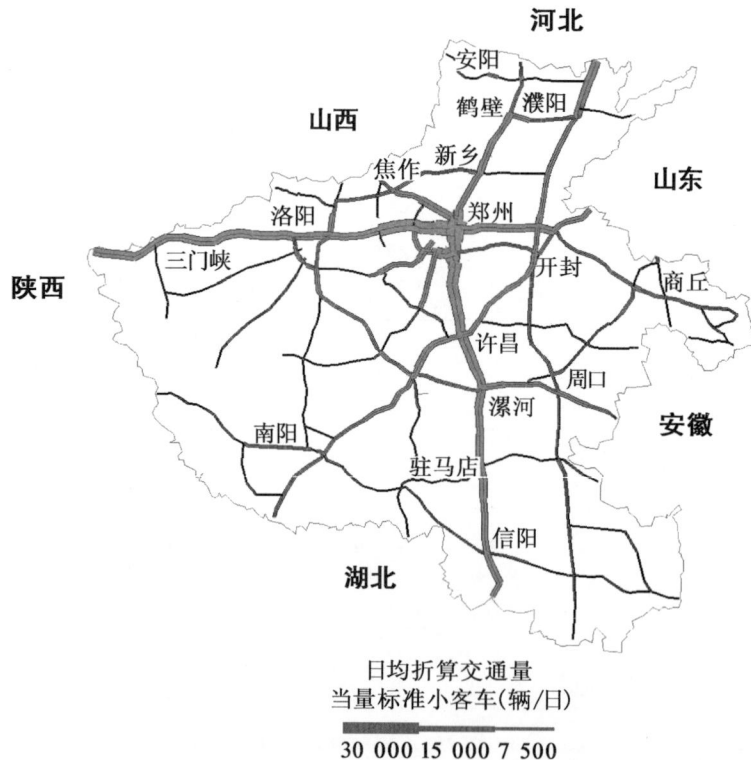

图 4.41　2014 年河南省高速公路日均交通量

4.13 湖北省高速公路运输密度

4.13.1 客运密度分布如表 **4.42** 和图 **4.42** 所示。

2014年湖北省高速公路客运密度 表 4.42

路段起止点	客运密度 (人公里/公里)	路段起止点	客运密度 (人公里/公里)
鄂西北—十堰东	6 032	十堰东—鄂西北	6 378
十堰东—襄阳北	17 365	襄阳北—十堰东	18 031
襄阳北—孝感	17 891	孝感—襄阳北	18 917
襄阳—荆门	12 338	荆门—襄阳	12 045
荆门—荆州	8 186	荆州—荆门	7 714
荆州—东岳庙	10 591	东岳庙—荆州	7 647
武汉北—京山	17 199	京山—武汉北	17 019
京山—荆门	9 610	荆门—京山	9 432
荆门—宜都	11 631	宜都—荆门	11 380
宜都—恩施	17 175	恩施—宜都	16 119
恩施—白羊塘	13 470	白羊塘—恩施	12 542
宜昌—枝江	23 990	枝江—宜昌	27 700
枝江—潜江	28 722	潜江—枝江	30 324
潜江—仙桃	36 926	仙桃—潜江	38 411
仙桃—武汉西	43 400	武汉西—仙桃	45 464
鄂豫—潜江	8 066	潜江—鄂豫	7 499
潜江—荆岳桥	14 883	荆岳桥—潜江	14 740
鄂北—武汉北	14 142	武汉北—鄂北	14 398
武汉北—鄂南	24 604	鄂南—武汉北	24 781
武汉—麻城	17 040	麻城—武汉	16 924
麻城—鄂东	7 352	鄂东—麻城	9 427
武汉—杨柳	7 080	杨柳—武汉	7 192
武东—黄石	57 090	黄石—武东	57 720
黄石—黄梅	33 975	黄梅—黄石	34 068
黄梅—鄂皖界	16 202	鄂皖界—黄梅	16 596
黄梅—鄂赣界	23 589	鄂赣界—黄梅	24 899
黄冈北—黄石	11 164	黄石—黄冈北	11 155
黄陂—府河	48 694	府河—黄陂	46 573
武汉绕城(顺时针)	19 670	武汉绕城(逆时针)	19 344
汉南—新滩	5 683	新滩—汉南	5 278
麻城—浠水	9 863	浠水—麻城	9 848
龚家岭—黄石西	11 578	黄石西—龚家岭	10 562
黄石西—鄂赣界	7 449	鄂赣界—黄石西	7 680
鄂东南—鄂湘	3 486	鄂湘—鄂东南	3 086
十堰西—鄂陕	5 586	鄂陕—十堰西	5 625

表 4.42

路段起止点	客运密度 （人公里/公里）	路段起止点	客运密度 （人公里/公里）
咸安—大冶	4 634	大冶—咸安	4 695
咸宁—通山	4 276	通山—咸宁	4 387
玉泉—远安北	350	远安北—玉泉	376
葛店—黄州	3 010	黄州—葛店	1 964
宜昌北—神农溪	3 139	神农溪—宜昌北	1 676

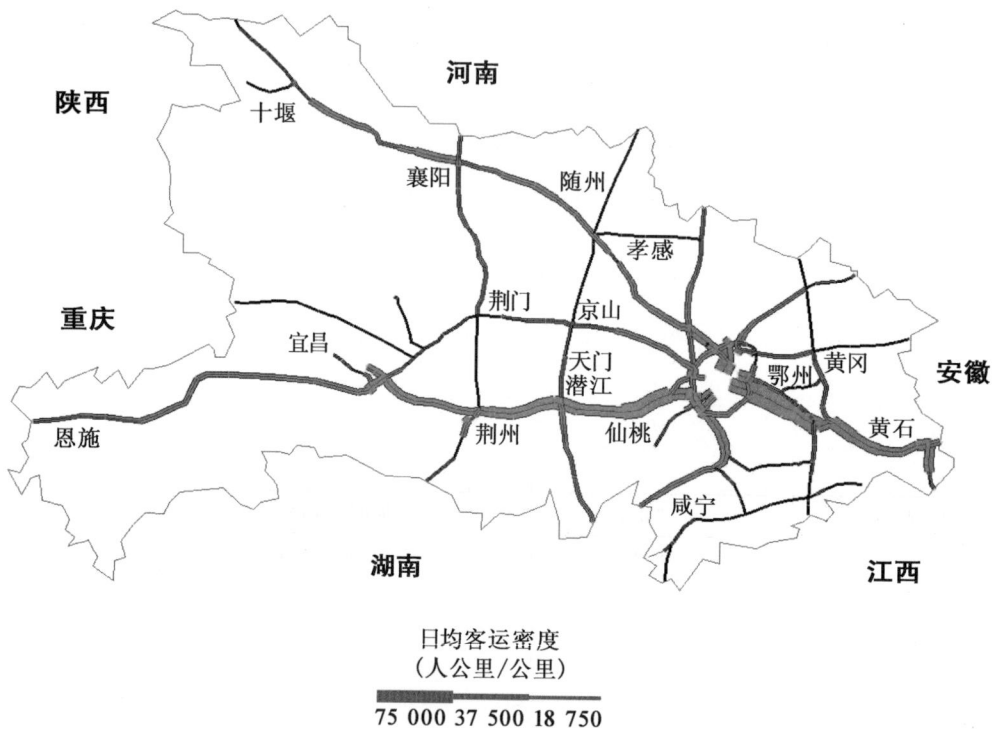

图 4.42　2014 年湖北省高速公路日均客运密度

4.13.2　货运密度分布如表 4.43 和图 4.43 所示。

表 4.43

2014 年湖北省高速公路货运密度

路段起止点	货运密度 (吨公里/公里)	路段起止点	货运密度 (吨公里/公里)
鄂西北—十堰东	30 863	十堰东—鄂西北	20 861
十堰东—襄阳北	35 790	襄阳北—十堰东	37 862
襄阳北—孝感	44 678	孝感—襄阳北	31 304
襄阳—荆门	45 544	荆门—襄阳	32 433
荆门—荆州	27 789	荆州—荆门	14 142
荆州—东岳庙	23 665	东岳庙—荆州	13 501
武汉北—京山	9 573	京山—武汉北	12 251
京山—荆门	6 836	荆门—京山	9 115
荆门—宜都	39 050	宜都—荆门	26 372
宜都—恩施	44 727	恩施—宜都	23 101
恩施—白羊塘	38 174	白羊塘—恩施	20 367
宜昌—枝江	20 214	枝江—宜昌	32 389
枝江—潜江	40 855	潜江—枝江	53 885
潜江—仙桃	39 081	仙桃—潜江	51 435
仙桃—武汉西	30 943	武汉西—仙桃	41 622
鄂豫—潜江	56 031	潜江—鄂豫	39 114
潜江—荆岳桥	71 245	荆岳桥—潜江	52 852
鄂北—武汉北	105 742	武汉北—鄂北	81 066
武汉北—鄂南	120 944	鄂南—武汉北	105 747
武汉—麻城	38 963	麻城—武汉	49 236
麻城—鄂东	37 568	鄂东—麻城	52 710
武汉—杨柳	9 087	杨柳—武汉	7 568
武东—黄石	44 779	黄石—武东	42 816
黄石—黄梅	50 108	黄梅—黄石	42 562
黄梅—鄂皖界	44 124	鄂皖界—黄梅	53 059
黄梅—鄂赣界	48 466	鄂赣界—黄梅	35 025
黄冈北—黄石	42 019	黄石—黄冈北	28 184
黄陂—府河	6 621	府河—黄陂	4 931
武汉绕城(顺时针)	58 792	武汉绕城(逆时针)	58 612
汉南—新滩	2 622	新滩—汉南	2 031
麻城—浠水	43 513	浠水—麻城	28 167
龚家岭—黄石西	12 551	黄石西—龚家岭	9 876
黄石西—鄂赣界	44 186	鄂赣界—黄石西	29 030
鄂东南—鄂湘	6 850	鄂湘—鄂东南	7 334
十堰西—鄂陕	7 562	鄂陕—十堰西	6 007
咸安—大冶	19 075	大冶—咸安	17 628
咸宁—通山	2 259	通山—咸宁	1 394
玉泉—远安北	169	远安北—玉泉	591

续上表

路段起止点	货运密度 （吨公里/公里）	路段起止点	货运密度 （吨公里/公里）
葛店—黄州	1 334	黄州—葛店	1 421
宜昌北—神农溪	1 129	神农溪—宜昌北	332

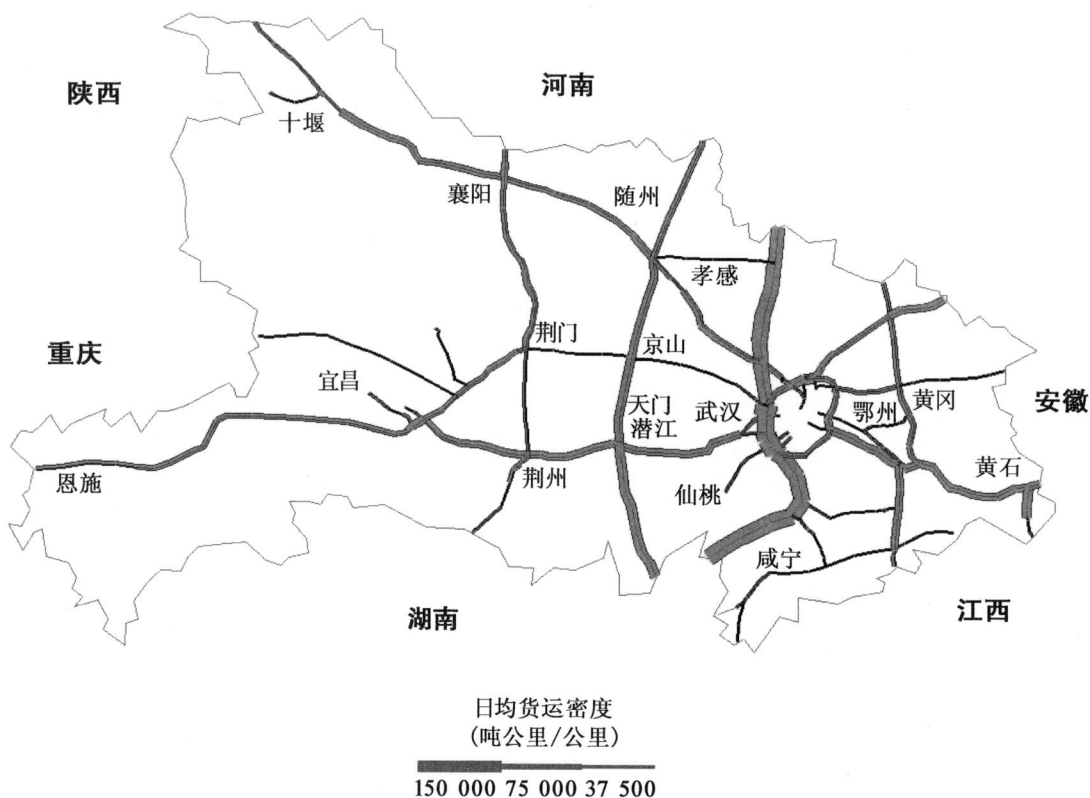

图 4.43   2014 年湖北省高速公路日均货运密度

4.13.3 道路负荷分布如表 **4.44** 和图 **4.44** 所示。

2014 年湖北省高速公路轴载

表 4.44

路段起止点	轴载 (标准轴载当量轴次/日)	路段起止点	轴载 (标准轴载当量轴次/日)
鄂西北—十堰东	5 567	十堰东—鄂西北	3 039
十堰东—襄阳北	6 949	襄阳北—十堰东	7 118
襄阳北—孝感	10 822	孝感—襄阳北	6 384
襄阳—荆门	11 226	荆门—襄阳	7 407
荆门—荆州	7 693	荆州—荆门	3 247
荆州—东岳庙	6 304	东岳庙—荆州	2 929
武汉北—京山	2 600	京山—武汉北	3 389
京山—荆门	1 796	荆门—京山	2 698
荆门—宜都	14 906	宜都—荆门	7 205
宜都—恩施	9 272	恩施—宜都	4 453
恩施—白羊塘	6 709	白羊塘—恩施	3 350
宜昌—枝江	4 414	枝江—宜昌	8 156
枝江—潜江	8 703	潜江—枝江	12 071
潜江—仙桃	7 700	仙桃—潜江	10 902
仙桃—武汉西	6 046	武汉西—仙桃	8 938
鄂豫—潜江	13 618	潜江—鄂豫	7 166
潜江—荆岳桥	14 966	荆岳桥—潜江	10 301
鄂北—武汉北	25 707	武汉北—鄂北	15 352
武汉北—鄂南	29 032	鄂南—武汉北	21 252
武汉—麻城	8 271	麻城—武汉	9 744
麻城—鄂东	7 199	鄂东—麻城	9 876
武汉—杨柳	2 324	杨柳—武汉	1 541
武东—黄石	11 672	黄石—武东	12 672
黄石—黄梅	11 283	黄梅—黄石	8 193
黄梅—鄂皖界	8 648	鄂皖界—黄梅	10 975
黄梅—鄂赣界	11 257	鄂赣界—黄梅	5 951
黄冈北—黄石	8 762	黄石—黄冈北	5 706
黄陂—府河	2 000	府河—黄陂	1 367
武汉绕城(顺时针)	13 391	武汉绕城(逆时针)	13 317
汉南—新滩	1 088	新滩—汉南	451
麻城—浠水	9 264	浠水—麻城	5 538
龚家岭—黄石西	3 320	黄石西—龚家岭	2 924
黄石西—鄂赣界	9 530	鄂赣界—黄石西	5 908
鄂东南—鄂湘	1 410	鄂湘—鄂东南	1 550
十堰西—鄂陕	1 377	鄂陕—十堰西	989

续上表

路段起止点	轴载 （标准轴载当量轴次/日）	路段起止点	轴载 （标准轴载当量轴次/日）
咸安—大冶	4 155	大冶—咸安	4 103
咸宁—通山	665	通山—咸宁	428
玉泉—远安北	55	远安北—玉泉	376
葛店—黄州	533	黄州—葛店	877
宜昌北—神农溪	553	神农溪—宜昌北	72

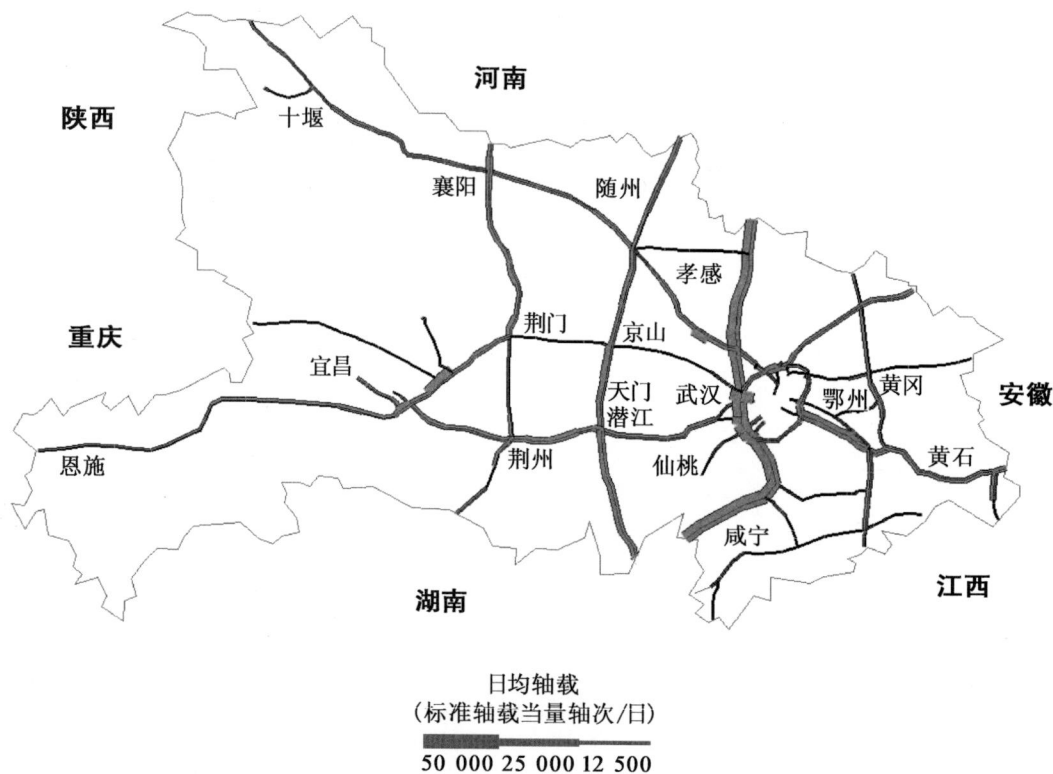

图 4.44　2014 年湖北省高速公路日均轴载

4.13.4　交通量分布如表 4.45 和图 4.45 所示。

2014 年湖北省高速公路交通量　　　　　　　　　　表 4.45

路段起止点	正　向			反　向		
	客车折算交通量（辆/日）	货车折算交通量（辆/日）	小　计	客车折算交通量（辆/日）	货车折算交通量（辆/日）	小　计
鄂西北—十堰东	1 397	4 842	6 239	1 402	4 727	6 129
十堰东—襄阳北	3 862	6 836	10 698	3 729	6 729	10 458
襄阳北—孝感	3 749	6 955	10 704	3 740	6 226	9 966
襄阳—荆门	2 490	6 555	9 045	2 384	6 582	8 966
荆门—荆州	1 826	4 148	5 974	1 734	3 847	5 581
荆州—东岳庙	2 041	3 937	5 978	1 578	3 615	5 193
武汉北—京山	4 088	2 772	6 860	3 957	2 638	6 595
京山—荆门	2 380	1 740	4 120	2 260	1 876	4 136
荆门—宜都	2 634	5 986	8 620	2 549	5 682	8 231
宜都—恩施	2 480	7 538	10 018	2 272	5 922	8 194
恩施—白羊塘	2 037	6 600	8 637	1 849	4 824	6 673
宜昌—枝江	5 369	5 101	10 470	6 115	6 586	12 701
枝江—潜江	4 798	8 384	13 182	5 179	10 046	15 225
潜江—仙桃	6 465	7 917	14 382	6 879	9 308	16 187
仙桃—武汉西	7 123	6 511	13 634	7 566	7 722	15 288
鄂豫—潜江	1 393	7 588	8 981	1 363	6 932	8 295
潜江—荆岳桥	2 333	9 926	12 259	2 433	9 055	11 488
鄂北—武汉北	2 609	13 893	16 502	2 741	13 961	16 702
武汉北—鄂南	4 749	18 034	22 783	4 783	18 839	23 622
武汉—麻城	3 763	8 135	11 898	3 730	9 079	12 809
麻城—鄂东	1 650	6 720	8 370	1 767	8 559	10 326
武汉—杨柳	1 517	1 622	3 139	1 428	1 478	2 906
武东—黄石	10 831	8 926	19 757	10 381	8 545	18 926
黄石—黄梅	5 092	8 346	13 438	4 965	8 028	12 993
黄梅—鄂皖界	2 591	7 810	10 401	2 570	8 518	11 088
黄梅—鄂赣界	4 336	7 952	12 288	4 420	7 087	11 507
黄冈北—黄石	2 076	6 343	8 419	2 088	5 083	7 171
黄陂—府河	10 026	1 560	11 586	9 440	1 600	11 040
武汉绕城(顺时针)	4 113	11 627	15 740	4 021	11 180	15 201
汉南—新滩	1 442	729	2 171	1 326	731	2 057
麻城—浠水	1 919	6 461	8 380	1 925	5 106	7 031
龚家岭—黄石西	3 094	2 365	5 459	2 964	2 129	5 093
黄石西—鄂赣界	1 521	6 372	7 893	1 644	4 788	6 432
鄂东南—鄂湘	841	1 154	1 995	717	1 195	1 912
十堰西—鄂陕	1 024	1 523	2 547	985	1 319	2 304
咸安—大冶	801	3 080	3 881	814	2 695	3 509
咸宁—通山	1 101	467	1 568	1 034	395	1 429
玉泉—远安北	100	119	219	90	94	184
葛店—黄州	799	297	1 096	547	287	834
宜昌北—神农溪	571	296	867	279	235	514

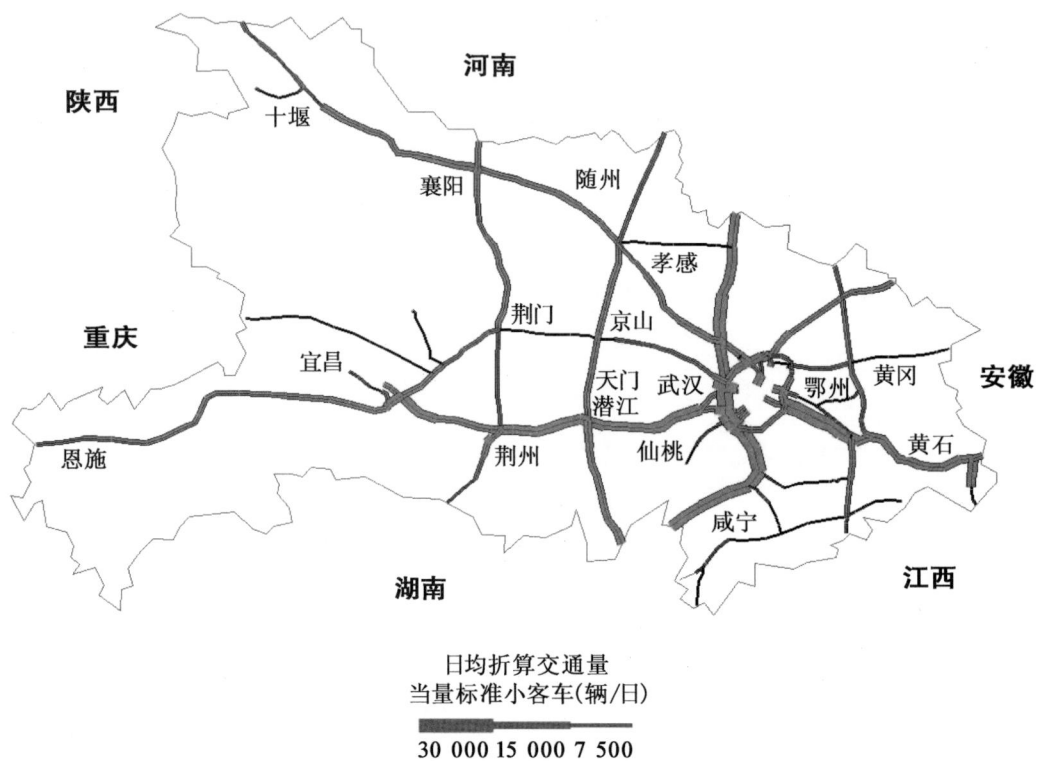

图 4.45　2014 年湖北省高速公路日均交通量

4.14　湖南省高速公路运输密度

4.14.1　客运密度分布如表4.46和图4.46所示。

2014年湖南省高速公路客运密度　　　　　　　　　　　　　　　　　表4.46

路段起止点	客运密度 （人公里/公里）	路段起止点	客运密度 （人公里/公里）
羊楼司（湘鄂界）—岳阳	16 929	岳阳—羊楼司（湘鄂界）	16 044
岳阳—长沙	41 967	长沙—岳阳	42 261
长沙—永安	32 003	永安—长沙	30 257
长沙—湘潭	62 133	湘潭—长沙	60 283
湘潭—醴陵	41 366	醴陵—湘潭	40 248
望城区—湘潭	22 449	湘潭—望城区	21 842
湘潭—衡阳蒸湘	22 884	衡阳蒸湘—湘潭	21 899
衡阳—常宁	13 654	常宁—衡阳	14 185
常宁—临武	12 793	临武—常宁	13 416
新晃（湘黔界）—怀化南	17 898	怀化南—新晃（湘黔界）	19 567
怀化南—洞口	34 982	洞口—怀化南	34 702
洞口—隆回	43 771	隆回—洞口	43 312
隆回—邵阳南	50 740	邵阳南—隆回	49 470
邵阳南—娄底	29 311	娄底—邵阳南	31 554
娄底—新化	9 085	新化—娄底	8 284
娄底—韶山	30 640	韶山—娄底	31 879
韶山—湘潭	40 952	湘潭—韶山	43 669
小塘（湘粤界）—宜章	25 826	宜章—小塘（湘粤界）	25 480
宜章—郴州	39 860	郴州—宜章	39 103
郴州—耒阳	35 605	耒阳—郴州	34 245
耒阳—衡阳	35 327	衡阳—耒阳	34 606
衡阳—湘潭	40 354	湘潭—衡阳	39 304
枣木铺（湘桂界）—永州	11 465	永州—枣木铺（湘桂界）	11 404
永州—石埠	12 682	石埠—永州	13 071
石埠—衡阳	14 880	衡阳—石埠	15 724
张家界—常德	13 169	常德—张家界	14 207
常德—益阳	34 691	益阳—常德	38 597
益阳—长沙	59 182	长沙—益阳	66 872
常德—吉首	10 769	吉首—常德	10 303
吉首—茶峒	15 993	茶峒—吉首	15 648
吉首—怀化南	20 932	怀化南—吉首	20 366
邵阳县—永州东	24 819	永州东—邵阳县	19 800
永州东—宁远	28 355	宁远—永州东	21 742
宁远东—蓝山	29 210	蓝山—宁远东	19 814
衡东—炎陵	8 628	炎陵—衡东	8 526

续上表

路段起止点	客运密度 （人公里/公里）	路段起止点	客运密度 （人公里/公里）
大浦—松木塘	3 658	松木塘—大浦	3 439
松木塘—邵阳	10 323	邵阳—松木塘	10 378
长沙—株洲	13 704	株洲—长沙	13 695
郴州南—嘉禾	3 798	嘉禾—郴州南	3 501
嘉禾—宁远南	6 102	宁远南—嘉禾	5 665
宁远南—道州西	2 574	道州西—宁远南	2 623
道州—江永	1 683	江永—道州	1 387
郴州—汝城	6 444	汝城—郴州	6 774
宜章—堡城	5 567	堡城—宜章	5 616
张家界—花垣东	5 097	花垣东—张家界	4 556
怀化南—通道	4 767	通道—怀化南	4 465
醴陵—上塔市	4 536	上塔市—醴陵	4 532
蕉溪—张坊	997	张坊—蕉溪	1 357
洞阳—大瑶	694	大瑶—洞阳	325
凤凰—凤凰西	8 323	凤凰西—凤凰	9 302
醴陵工业园—攸县	7 701	攸县—醴陵工业园	7 535
常德—城头山	5 152	城头山—常德	4 492
湘潭—学士	1 096	学士—湘潭	10
怀化—新化	4 959	新化—怀化	5 184
涟源—娄底	7 043	娄底—涟源	7 069
娄底—岳麓	8 822	岳麓—娄底	10 383

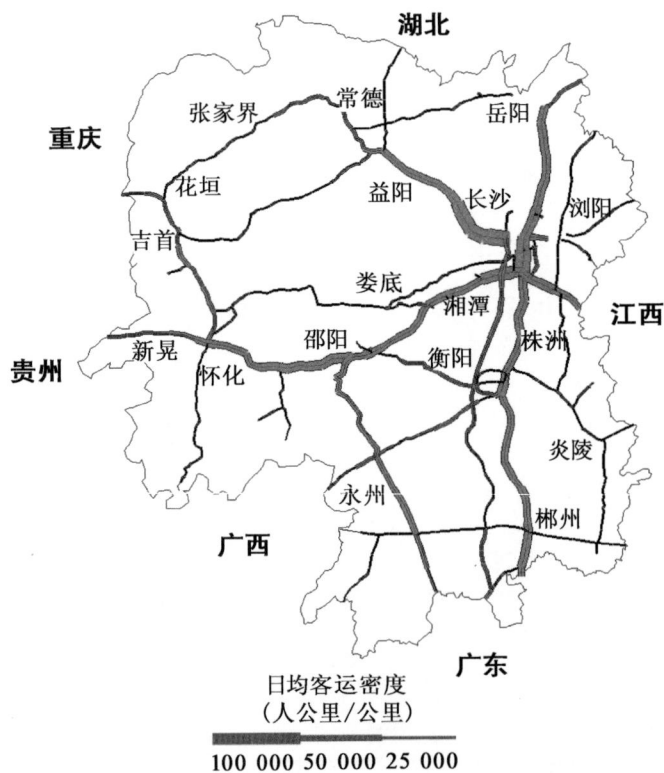

图 4.46　2014年湖南省高速公路日均客运密度

4.14.2 货运密度分布如表 4.47 和图 4.47 所示。

2014 年湖南省高速公路货运密度

表 4.47

路段起止点	货运密度 (吨公里/公里)	路段起止点	货运密度 (吨公里/公里)
羊楼司(湘鄂界)—岳阳	110 871	岳阳—羊楼司(湘鄂界)	96 271
岳阳—长沙	182 222	长沙—岳阳	143 588
长沙—永安	10 071	永安—长沙	9 692
长沙—湘潭	128 607	湘潭—长沙	111 147
湘潭—醴陵	58 091	醴陵—湘潭	56 565
望城区—湘潭	17 790	湘潭—望城区	17 897
湘潭—衡阳蒸湘	17 841	衡阳蒸湘—湘潭	13 581
衡阳—常宁	8 466	常宁—衡阳	5 262
常宁—临武	7 211	临武—常宁	4 897
新晃(湘黔界)—怀化南	25 867	怀化南—新晃(湘黔界)	36 996
怀化南—洞口	38 571	洞口—怀化南	47 815
洞口—隆回	43 066	隆回—洞口	55 456
隆回—邵阳南	43 467	邵阳南—隆回	57 935
邵阳南—娄底	27 548	娄底—邵阳南	46 183
娄底—新化	4 516	新化—娄底	3 527
娄底—韶山	26 406	韶山—娄底	38 927
韶山—湘潭	29 415	湘潭—韶山	40 557
小塘(湘粤界)—宜章	74 451	宜章—小塘(湘粤界)	74 322
宜章—郴州	99 503	郴州—宜章	101 513
郴州—耒阳	96 595	耒阳—郴州	96 187
耒阳—衡阳	95 700	衡阳—耒阳	95 563
衡阳—湘潭	123 486	湘潭—衡阳	113 059
枣木铺(湘桂界)—永州	62 980	永州—枣木铺(湘桂界)	48 885
永州—石埠	60 334	石埠—永州	51 727
石埠—衡阳	59 712	衡阳—石埠	53 187
张家界—常德	4 609	常德—张家界	8 705
常德—益阳	17 538	益阳—常德	20 642
益阳—长沙	28 050	长沙—益阳	29 764
常德—吉首	17 286	吉首—常德	11 668
吉首—茶峒	15 433	茶峒—吉首	18 119
吉首—怀化南	20 305	怀化南—吉首	17 476
邵阳县—永州东	15 791	永州东—邵阳县	10 631
永州东—宁远	16 540	宁远—永州东	9 136
宁远东—蓝山	13 284	蓝山—宁远东	6 815
衡东—炎陵	4 784	炎陵—衡东	4 948
大浦—松木塘	1 573	松木塘—大浦	1 332
松木塘—邵阳	9 745	邵阳—松木塘	6 960
长沙—株洲	4 227	株洲—长沙	4 593

续上表

路段起止点	货运密度 （吨公里/公里）	路段起止点	货运密度 （吨公里/公里）
郴州南—嘉禾	3 585	嘉禾—郴州南	4 247
嘉禾—宁远南	7 632	宁远南—嘉禾	6 266
宁远南—道州西	4 611	道州西—宁远南	4 180
道州—江永	3 417	江永—道州	3 387
郴州—汝城	15 123	汝城—郴州	14 035
宜章—堡城	8 905	堡城—宜章	5 459
张家界—花垣东	2 541	花垣东—张家界	1 645
怀化南—通道	3 623	通道—怀化南	3 727
醴陵—上塔市	3 197	上塔市—醴陵	1 896
蕉溪—张坊	680	张坊—蕉溪	516
洞阳—大瑶	243	大瑶—洞阳	1 008
凤凰—凤凰西	10 112	凤凰西—凤凰	6 087
醴陵工业园—攸县	3 625	攸县—醴陵工业园	2 033
常德—城头山	5 149	城头山—常德	5 099
湘潭—学士	34	学士—湘潭	0
怀化—新化	2 192	新化—怀化	4 271
涟源—娄底	3 235	娄底—涟源	5 466
娄底—岳麓	3 066	岳麓—娄底	4 911

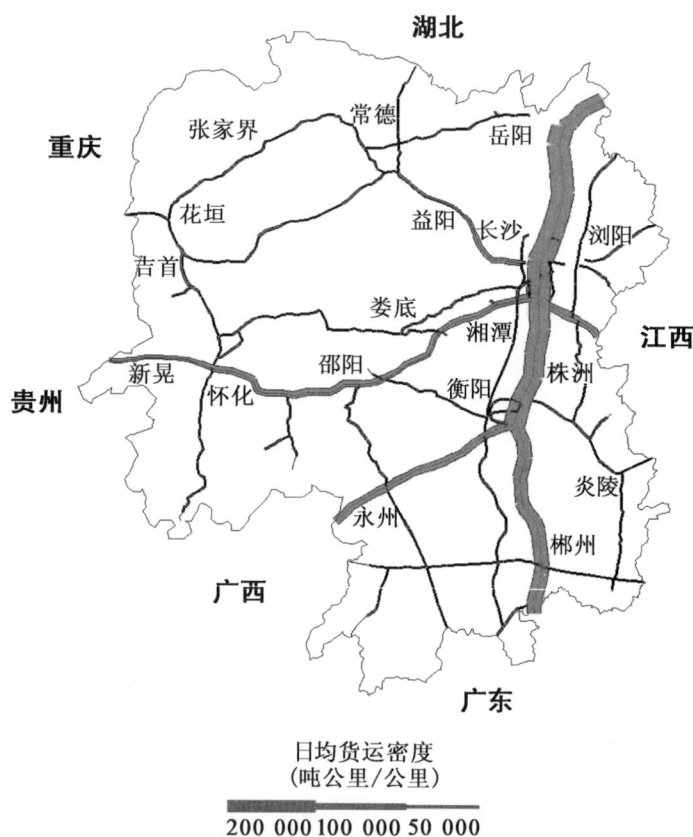

图 4.47　2014 年湖南省高速公路日均货运密度

4.14.3 交通量分布如表4.48和图4.48所示。

2014年湖南省高速公路交通量 表4.48

路段起止点	正 向			反 向		
	客车折算交通量（辆/日）	货车折算交通量（辆/日）	小 计	客车折算交通量（辆/日）	货车折算交通量（辆/日）	小 计
羊楼司(湘鄂界)—岳阳	2 644	15 345	17 989	2 412	15 710	18 122
岳阳—长沙	6 746	25 543	32 289	6 964	25 171	32 135
长沙—永安	7 690	3 228	10 918	7 096	2 918	10 014
长沙—湘潭	11 800	21 782	33 582	11 477	21 605	33 082
湘潭—醴陵	6 668	10 378	17 046	6 643	9 878	16 521
望城区—湘潭	3 898	3 446	7 344	3 933	3 341	7 274
湘潭—衡阳蒸湘	4 085	3 162	7 247	3 888	2 707	6 595
衡阳—常宁	2 381	1 551	3 932	2 561	1 228	3 789
常宁—临武	1 768	1 275	3 043	1 973	978	2 951
新晃(湘黔界)—怀化南	2 229	4 684	6 913	2 401	6 015	8 416
怀化南—洞口	3 870	7 328	11 198	3 983	7 670	11 653
洞口—隆回	5 185	8 307	13 492	5 321	8 845	14 166
隆回—邵阳南	6 106	8 625	14 731	6 362	9 280	15 642
邵阳南—娄底	4 786	5 914	10 700	5 309	7 414	12 723
娄底—新化	2 214	1 090	3 304	1 981	896	2 877
娄底—韶山	5 709	5 257	10 966	6 100	6 712	12 812
韶山—湘潭	7 862	6 019	13 881	8 724	7 164	15 888
小塘(湘粤界)—宜章	3 134	11 911	15 045	2 832	10 363	13 195
宜章—郴州	5 406	16 359	21 765	4 933	14 815	19 748
郴州—耒阳	4 768	15 853	20 621	4 274	13 819	18 093
耒阳—衡阳	4 896	15 826	20 722	4 585	13 820	18 405
衡阳—湘潭	6 376	20 021	26 397	6 081	17 121	23 202
枣木铺(湘桂界)—永州	1 835	9 177	11 012	1 793	7 502	9 295
永州—石埠	2 155	9 016	11 171	2 208	7 710	9 918
石埠—衡阳	2 552	9 048	11 600	2 729	7 918	10 647
张家界—常德	2 062	1 539	3 601	2 301	1 571	3 872
常德—益阳	5 698	3 864	9 562	6 528	4 466	10 994
益阳—长沙	11 324	6 158	17 482	12 654	7 031	19 685
常德—吉首	1 661	2 974	4 635	1 587	3 092	4 679
吉首—茶峒	2 252	2 906	5 158	2 135	3 839	5 974
吉首—怀化南	2 751	4 303	7 054	2 758	3 451	6 209
邵阳县—永州东	2 420	3 072	5 492	2 108	2 053	4 161
永州东—宁远	3 004	3 068	6 072	2 501	1 769	4 270
宁远东—蓝山	2 775	2 528	5 303	1 927	1 316	3 243
衡东—炎陵	1 056	955	2 011	977	922	1 899
大浦—松木塘	779	368	1 147	748	431	1 179

续上表

路段起止点	正 向			反 向		
	客车折算交通量（辆/日）	货车折算交通量（辆/日）	小 计	客车折算交通量（辆/日）	货车折算交通量（辆/日）	小 计
松木塘—邵阳	1 525	1 443	2 968	1 441	1 447	2 888
长沙—株洲	3 461	1 392	4 853	3 388	1 381	4 769
郴州南—嘉禾	883	634	1 517	840	780	1 620
嘉禾—宁远南	1 217	1 226	2 443	1 128	1 222	2 350
宁远南—道州西	665	810	1 475	656	809	1 465
道州—江永	432	667	1 099	360	609	969
郴州—汝城	977	2 253	3 230	1 063	2 510	3 573
宜章—堡城	1 016	1 698	2 714	1 025	1 240	2 265
张家界—花垣东	961	525	1 486	849	601	1 450
怀化南—通道	850	867	1 717	798	776	1 574
醴陵—上塔市	1 091	682	1 773	1 093	464	1 557
蕉溪—张坊	267	209	476	340	173	513
洞阳—大瑶	195	115	310	83	134	217
凤凰—凤凰西	1 056	1 703	2 759	1 176	1 922	3 098
醴陵工业园—攸县	1 749	747	2 496	1 707	639	2 346
常德—城头山	1 131	1 410	2 541	994	932	1 926
湘潭—学士	231	21	253	3	0	3
怀化—新化	839	649	1 488	933	813	1 746
涟源—娄底	1 367	824	2 191	1 478	978	2 456
娄底—岳麓	1 959	800	2 759	2462	930	3 392

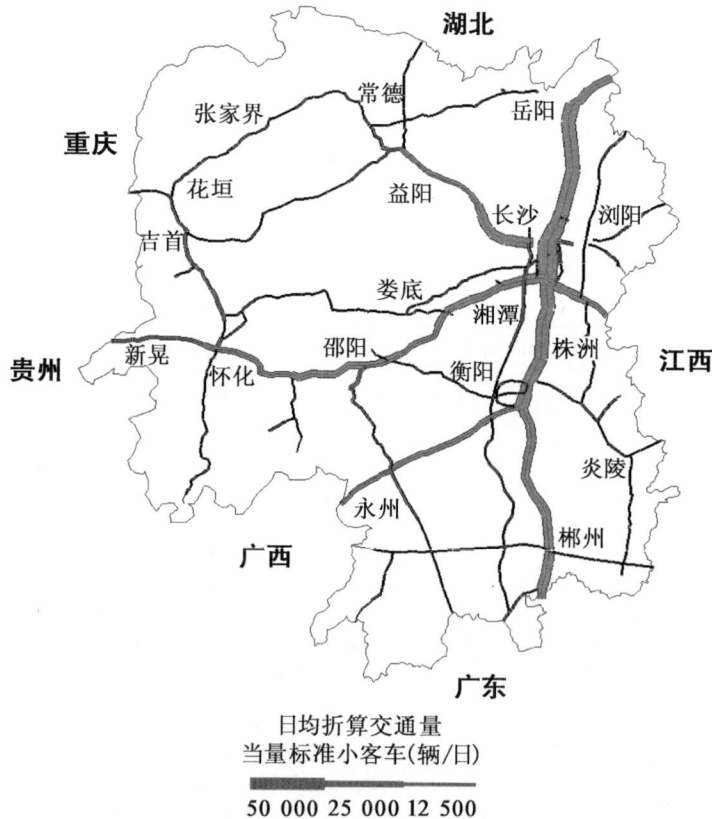

图4.48　2014年湖南省高速公路日均交通量

4.15　广东省高速公路运输密度

4.15.1　客运密度分布如表 4.49 和图 4.49 所示。

2014 年广东省高速公路客运密度　　　　　　　表 4.49

路段起止点	客运密度 （人公里/公里）	路段起止点	客运密度 （人公里/公里）
广州—阳江	79 524	阳江—广州	73 499
阳江—湛江	37 956	湛江—阳江	31 146
粤西—湛江	3 242	湛江—粤西	14 545
湛江—徐闻	10 412	徐闻—湛江	11 179
广州—三水	126 201	三水—广州	129 201
三水—云浮	68 003	云浮—三水	62 572
云浮—平台	31 359	平台—云浮	30 458
粤北主线—广州	15 035	广州—粤北主线	16 931
韶关—梅关	9 696	梅关—韶关	9 201
广州—太平	149 446	太平—广州	136 569
太平—深圳皇岗	138 433	深圳皇岗—太平	123 140
广州—惠州	61 373	惠州—广州	57 434
惠州—河源	51 460	河源—惠州	47 381
惠州—凌坑	32 593	凌坑—惠州	29 956
惠州—龙岗	45 264	龙岗—惠州	42 020
河源—粤赣	20 977	粤赣—河源	19 547
东源—梅州	19 177	梅州—东源	18 129
城西—广福主线	5 307	广福主线—城西	5 059
梅州—揭阳	10 154	揭阳—梅州	9 729
揭阳—潮州	13 367	潮州—揭阳	12 303
揭阳—东港	17 449	东港—揭阳	17 034
汾水关—汕头	17 486	汕头—汾水关	19 460
汕头—陆丰	21 247	陆丰—汕头	30 646
陆丰—惠东	48 296	惠东—陆丰	58 783
惠东—深圳	52 658	深圳—惠东	49 129
珠海—东城	8 335	东城—珠海	8 675
江门—珠海西	19 307	珠海西—江门	19 580
司前—斗山	10 651	斗山—司前	9 257
广州—怀集	61 259	怀集—广州	60 099
清新—凤头岭	35 891	凤头岭—清新	34 674

续上表

路段起止点	客运密度 （人公里/公里）	路段起止点	客运密度 （人公里/公里）
义和—沥林	12 013	沥林—义和	10 633
月环—南屏主线	22 986	南屏主线—月环	23 777
沙溪—坦洲	45 170	坦洲—沙溪	40 300
附城—替滨主线	29 697	替滨主线—附城	27 242
粤北—广州（复）	21 692	广州—粤北主线（复）	25 544

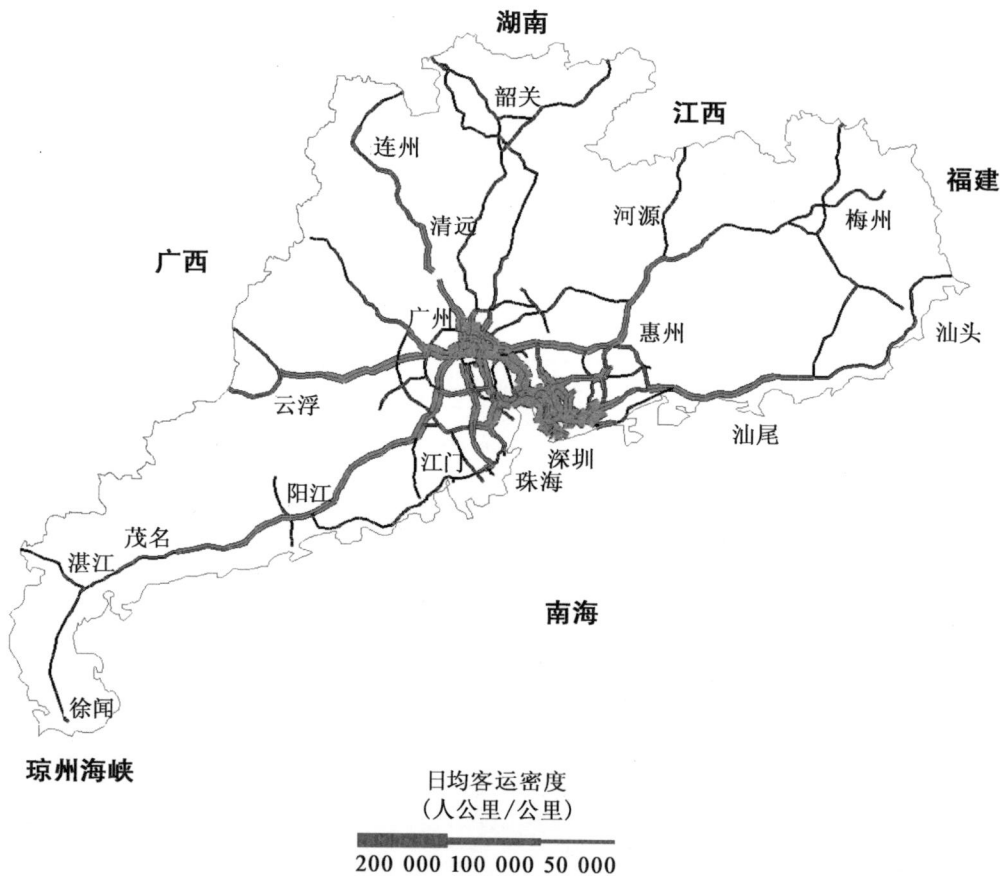

图 4.49　2014 年广东省高速公路日均客运密度

4.15.2 货运密度分布如表 4.50 和图 4.50 所示。

2014 年广东省高速公路货运密度

表 4.50

路段起止点	货运密度 （吨公里/公里）	路段起止点	货运密度 （吨公里/公里）
广州—阳江	104 655	阳江—广州	99 968
阳江—湛江	72 937	湛江—阳江	54 509
粤西—湛江	28 813	湛江—粤西	35 270
湛江—徐闻	24 410	徐闻—湛江	23 541
广州—三水	108 919	三水—广州	122 203
三水—云浮	77 720	云浮—三水	91 352
云浮—平台	36 286	平台—云浮	46 298
粤北主线—广州	53 146	广州—粤北主线	43 942
韶关—梅关	74 607	梅关—韶关	82 108
广州—太平	104 788	太平—广州	82 611
太平—深圳皇岗	43 930	深圳皇岗—太平	32 855
广州—惠州	93 162	惠州—广州	77 097
惠州—河源	61 951	河源—惠州	88 039
惠州—凌坑	66 804	凌坑—惠州	50 272
惠州—龙岗	40 543	龙岗—惠州	27 454
河源—粤赣	43 901	粤赣—河源	67 472
东源—梅州	21 372	梅州—东源	19 859
城西—广福主线	15 947	广福主线—城西	27 608
梅州—揭阳	63 859	揭阳—梅州	48 614
揭阳—潮州	30 069	潮州—揭阳	27 646
揭阳—东港	30 417	东港—揭阳	25 851
汾水关—汕头	55 626	汕头—汾水关	52 654
汕头—陆丰	61 902	陆丰—汕头	63 943
陆丰—惠东	75 914	惠东—陆丰	85 454
惠东—深圳	32 409	深圳—惠东	27 365
珠海—东城	9 392	东城—珠海	7 548
江门—珠海西	19 773	珠海西—江门	18 501
司前—斗山	8 507	斗山—司前	8 530
广州—怀集	64 175	怀集—广州	75 312
清新—凤头岭	28 475	凤头岭—清新	35 724

续上表

路段起止点	货运密度 （吨公里/公里）	路段起止点	货运密度 （吨公里/公里）
义和—沥林	13 074	沥林—义和	9 763
月环—南屏主线	10 412	南屏主线—月环	8 918
沙溪—坦洲	36 478	坦洲—沙溪	25 439
附城—督滨主线	40 014	督滨主线—附城	46 163
粤北—广州（复）	132 332	广州—粤北主线（复）	127 306

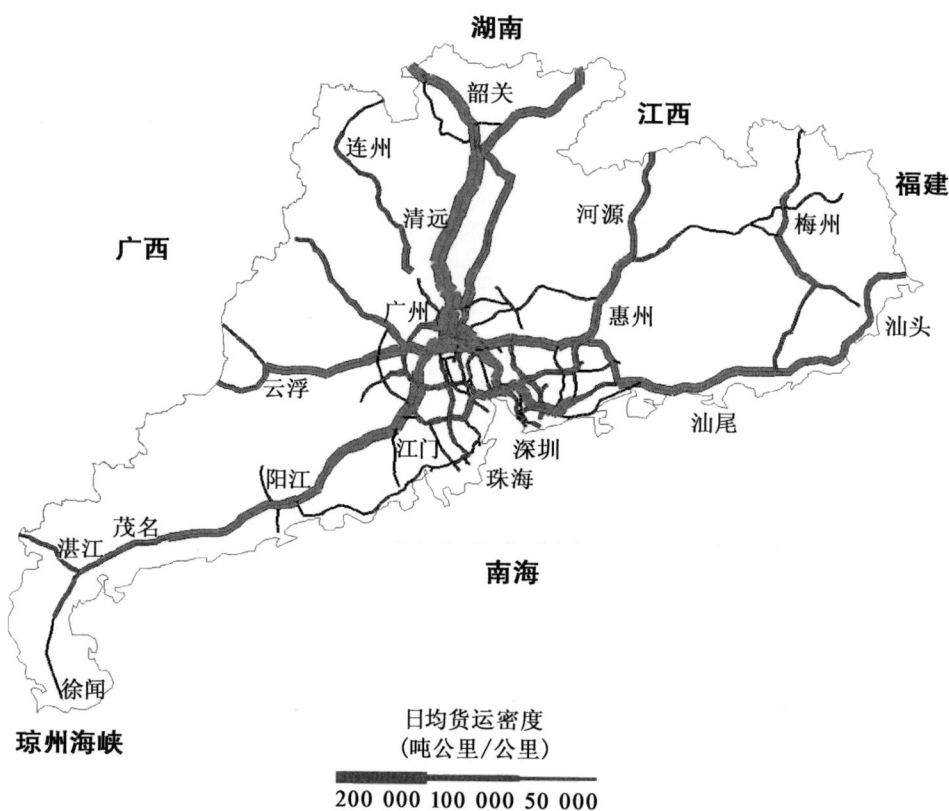

图 4.50　2014年广东省高速公路日均货运密度

4.16　重庆市高速公路运输密度

4.16.1　客运密度分布如表 4.51 和图 4.51 所示。

2014 年重庆市高速公路客运密度　　　　　　表 4.51

路段起止点	客运密度 (人公里/公里)	路段起止点	客运密度 (人公里/公里)
G50 江北—长寿	66 760	长寿—G50 江北	66 914
长寿—垫江	40 399	垫江—长寿	39 501
垫江—万州	21 906	万州—垫江	21 612
万州—云阳	17 894	云阳—万州	17 841
云阳—巫山	8 106	巫山—云阳	7 624
小周—开县	16 430	开县—小周	12 269
夔门—巫溪	4 271	巫溪—夔门	3 345
垫江—牡丹源	8 155	牡丹源—垫江	7 925
垫江—忠县	11 222	忠县—垫江	11 792
忠县—冷水	10 579	冷水—忠县	10 395
长寿—涪陵	15 570	涪陵—长寿	15 271
G65 渝北—草坝场	28 081	草坝场—G65 渝北	28 239
G65 巴南—南川	39 569	南川—G65 巴南	38 857
南川—武隆	28 014	武隆—南川	27 782
武隆—黔江	19 583	黔江—武隆	19 405
黔江—濯水	15 788	濯水—黔江	16 032
濯水—G65 洪安	16 247	G65 洪安—濯水	15 711
G75 巴南—綦江	54 202	綦江—G75 巴南	52 440
綦江—观音桥	31 259	观音桥—綦江	27 313
綦江—南川	10 041	南川—綦江	9 828
西彭—白沙	22 544	白沙—西彭	22 613
G85 九龙坡—永川	73 034	永川—G85 九龙坡	68 191
永川—渝箭	36 963	渝箭—永川	35 354
G93 沙坪坝—铜梁	45 636	铜梁—G93 沙坪坝	44 912
铜梁—书房坝	27 137	书房坝—铜梁	25 893
G75 北碚—合川	50 376	合川—G75 北碚	49 313
合川—钱塘	22 380	钱塘—合川	20 943
西彭——品	30 143	一品—西彭	31 040
一品—复盛	14 606	复盛——品	14 282
复盛—G75 北碚	25 595	G75 北碚—复盛	22 857
G75 北碚—璧山	34 598	璧山—G75 北碚	33 847
璧山—西彭	30 515	西彭—璧山	30 453
G50 南岸—麻柳嘴	13 210	麻柳嘴—G50 南岸	13 130
茶店互通—涪陵南	17 399	涪陵南—茶店互通	18 028
涪陵南—丰都	11 296	丰都—涪陵南	11 544
丰都—石柱	7 859	石柱—丰都	8 065
马鞍—双河口	8 739	双河口—马鞍	8 906
沙坪坝—大足	9 005	大足—沙坪坝	9 386
永川—石蟆	1 756	石蟆—永川	347

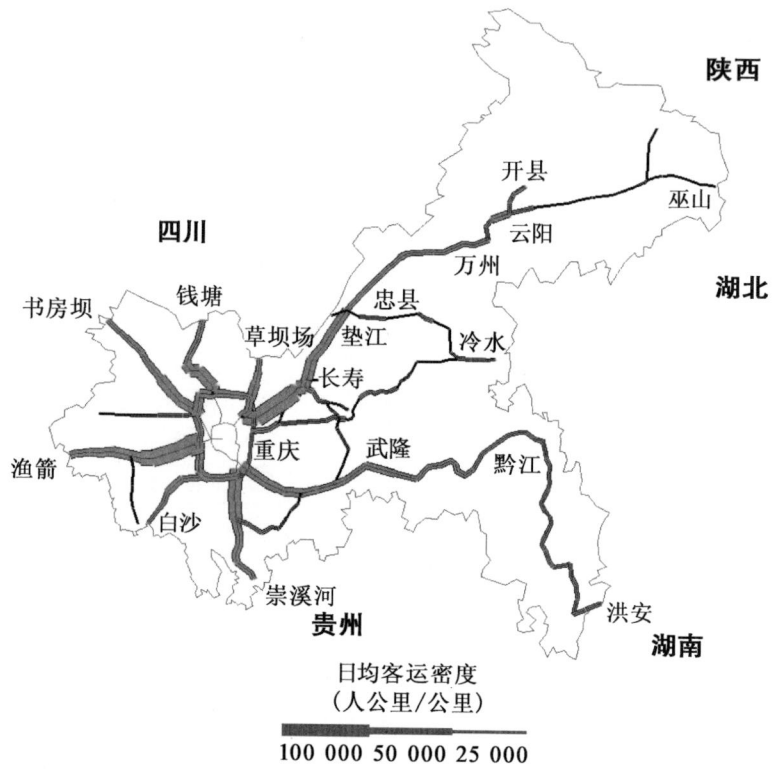

图 4.51　2014 年重庆市高速公路日均客运密度

4.16.2　货运密度分布如表 4.52 和图 4.52 所示。

路段起止点	货运密度 (吨公里/公里)	路段起止点	货运密度 (吨公里/公里)
G50 江北—长寿	29 397	长寿—G50 江北	32 671
长寿—垫江	13 754	垫江—长寿	8 815
垫江—万州	8 719	万州—垫江	5 340
万州—云阳	5 057	云阳—万州	2 641
云阳—巫山	2 077	巫山—云阳	1 136
小周—开县	4 944	开县—小周	5 437
夔门—巫溪	1 742	巫溪—夔门	1 030
垫江—牡丹源	21 407	牡丹源—垫江	19 111
垫江—忠县	16 140	忠县—垫江	20 770
忠县—冷水	20 093	冷水—忠县	28 411
长寿—涪陵	15 432	涪陵—长寿	18 434
G65 渝北—草坝场	14 856	草坝场—G65 渝北	24 321
G65 巴南—南川	18 624	南川—G65 巴南	20 995
南川—武隆	18 126	武隆—南川	21 931
武隆—黔江	21 154	黔江—武隆	26 221
黔江—濯水	18 726	濯水—黔江	25 029
濯水—G65 洪安	18 573	G65 洪安—濯水	26 094
G75 巴南—綦江	32 161	綦江—G75 巴南	27 253
綦江—观音桥	28 399	观音桥—綦江	23 818
綦江—南川	2 968	南川—綦江	5 498
西彭—白沙	10 000	白沙—西彭	7 077
G85 九龙坡—永川	34 305	永川—G85 九龙坡	28 304
永川—渝箭	23 751	渝箭—永川	17 818
G93 沙坪坝—铜梁	45 903	铜梁—G93 沙坪坝	38 487
铜梁—书房坝	52 847	书房坝—铜梁	38 370
G75 北碚—合川	20 670	合川—G75 北碚	23 147
合川—钱塘	10 270	钱塘—合川	8 016
西彭——一品	24 379	一品—西彭	25 819
一品—复盛	22 359	复盛——一品	23 805
复盛—G75 北碚	30 680	G75 北碚—复盛	27 837
G75 北碚—璧山	40 676	璧山—G75 北碚	31 917
璧山—西彭	24 976	西彭—璧山	25 959
G50 南岸—麻柳嘴	5 029	麻柳嘴—G50 南岸	10 992
茶店互通—涪陵南	7 448	涪陵南—茶店互通	13 509
涪陵南—丰都	12 184	丰都—涪陵南	22 442
丰都—石柱	12 751	石柱—丰都	22 820
马鞍—双河口	11 427	双河口—马鞍	14 557
沙坪坝—大足	2 928	大足—沙坪坝	1 531
永川—石蟆	2 465	石蟆—永川	305

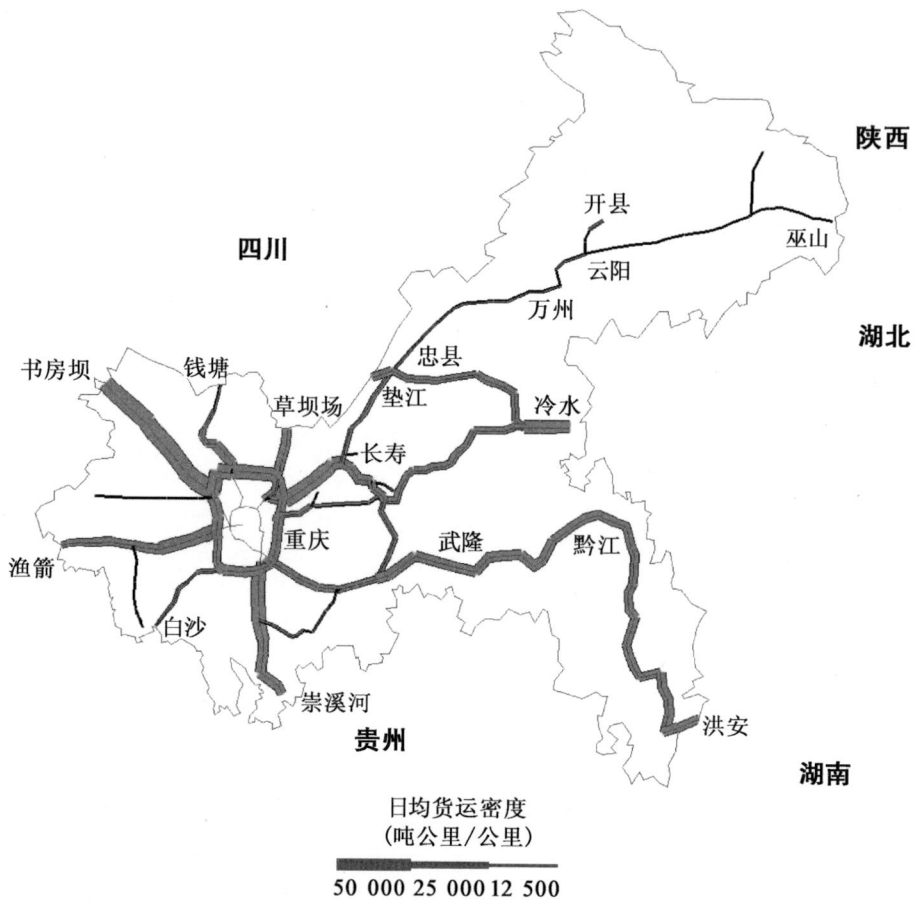

图 4.52　2014 年重庆市高速公路日均货运密度

4.16.3 交通量分布如表 4.53 和图 4.53 所示。

路段起止点	正 向			反 向		
	客车折算交通量（辆/日）	货车折算交通量（辆/日）	小 计	客车折算交通量（辆/日）	货车折算交通量（辆/日）	小 计
G50 江北—长寿	12 578	7 208	19 786	12 528	7 630	20 158
长寿—垫江	7 363	3 040	10 403	7 047	2 715	9 761
垫江—万州	4 188	1 938	6 126	4 067	1 656	5 723
万州—云阳	3 612	1 370	4 982	3 541	1 222	4 763
云阳—巫山	1 501	613	2 114	1 384	488	1 872
小周—开县	3 623	1 477	5 100	2 774	1 172	3 946
夔门—巫溪	881	459	1 340	687	401	1 088
垫江—牡丹源	1 525	3 776	5 301	1 441	3 351	4 792
垫江—忠县	1 888	2 845	4 733	2 076	3 408	5 484
忠县—冷水	1 577	3 711	5 288	1 567	4 588	6 155
长寿—涪陵	3 047	3 302	6 349	3 017	3 863	6 880
G65 渝北—草坝场	5 431	4 792	10 223	5 442	4 813	10 255
G65 巴南—南川	7 271	3 978	11 249	7 041	4 292	11 333
南川—武隆	4 508	3 491	7 999	4 412	4 176	8 588
武隆—黔江	2 729	3 760	6 489	2 695	4 663	7 358
黔江—濯水	2 038	3 354	5 392	2 075	4 395	6 470
濯水—G65 洪安	2 028	3 445	5 473	1 934	4 400	6 334
G75 巴南—綦江	10 918	5 925	16 843	10 715	6 117	16 832
綦江—观音桥	5 722	4 766	10 488	4 931	4 911	9 842
綦江—南川	2 164	1 057	3 221	2 112	1 062	3 174
西彭—白沙	4 215	2 139	6 353	4 201	2 160	6 361
G85 九龙坡—永川	12 511	8 247	20 758	11 608	7 216	18 824
永川—渝箭	5 590	4 790	10 380	5 253	4 234	9 487
G93 沙坪坝—铜梁	9 441	9 502	18 943	9 281	8 532	17 813
铜梁—书房坝	5 715	9 280	14 995	5 449	8 203	13 652
G75 北碚—合川	8 818	4 655	13 473	9 541	4 405	13 946
合川—钱塘	4 033	2 189	6 222	3 761	2 042	5 803
西彭——品	5 762	5 120	10 882	6 200	5 511	11 711
一品—复盛	2 816	5 106	7 922	2 692	4 804	7 496
复盛—G75 北碚	5 264	7 181	12 445	4 501	6 341	10 842
G75 北碚—璧山	8 078	10 880	18 958	8 020	9 714	17 734
璧山—西彭	6 869	6 994	13 863	6 898	6 882	13 780
G50 南岸—麻柳嘴	2 775	1 301	4 076	2 683	1 804	4 487
茶店互通—涪陵南	3 726	1 755	5 481	3 773	2 514	6 287
涪陵南—丰都	2 211	2 616	4 827	2 192	3 838	6 030
丰都—石柱	1 498	2 686	4 184	1 466	3 814	5 280
马鞍—双河口	1 356	2 156	3 512	1 446	2 667	4 113
沙坪坝—大足	1 915	597	2 512	1 945	566	2 511
永川—石蟆	343	511	854	81	62	143

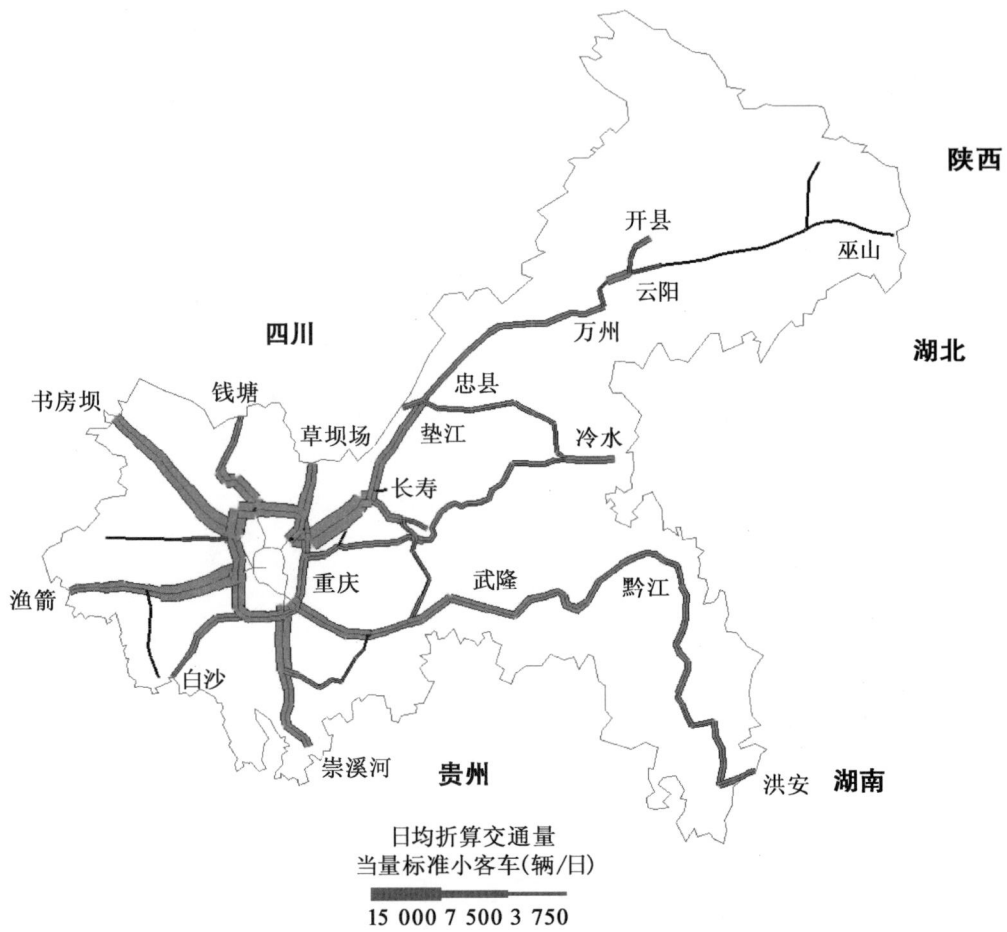

图 4.53　2014 年重庆市高速公路日均交通量

4.17　四川省高速公路运输密度

4.17.1　客运密度分布如表 4.54 和图 4.54 所示。

2014 年四川省高速公路客运密度　　　　表 4.54

路段起止点	客运密度 (人公里/公里)	路段起止点	客运密度 (人公里/公里)
棋盘关—广元	16 208	广元—棋盘关	16 497
广元—绵阳	28 915	绵阳—广元	29 766
绵阳—德阳	42 939	德阳—绵阳	41 787
德阳—成都	73 245	成都—德阳	74 877
绵阳南—什邡北	18 197	什邡北—绵阳南	18 394
什邡北—成都	41 717	成都—什邡北	45 702
成都—崇州	124 773	崇州—成都	110 677
崇州—邛崃	49 703	邛崃—崇州	50 029
桑园—名山	16 706	名山—桑园	14 973
名山—汉源北	23 785	汉源北—名山	23 496
汉源北—西昌	14 821	西昌站—汉源北	14 821
西昌—盐边	10 768	盐边—西昌	10 438
盐边—田房	5 782	田房—盐边	6 148
成都机场—成都	2 831	成都—成都机场	2 315
成都—眉山	95 834	眉山—成都	91 839
眉山—乐山	44 839	乐山—眉山	42 905
乐山—宜宾北	10 967	宜宾北—乐山	9 912
名山—青龙	27 491	青龙—名山	27 779
成都—简阳	78 437	简阳—成都	73 391
简阳—内江	48 673	内江—简阳	43 348
内江—隆昌	45 535	隆昌—内江	43 589
隆昌—渔箭	26 055	渔箭—隆昌	26 136
隆昌—泸州	31 577	泸州—隆昌	28 938
泸州—纳溪	14 670	纳溪—泸州	13 597
纳溪—麻城	9 219	麻城—纳溪	8 640
内江—自贡	37 487	自贡—内江	36 139
自贡—宜宾北	28 357	宜宾北—自贡	27 165
宜宾北—四川主线	13 890	四川主线—宜宾北	12 815
成都—都江堰	60 062	都江堰—成都	59 936
都江堰—映秀	23 509	映秀—都江堰	23 105
映秀—汶川	0	汶川—映秀	4
成都绕城(顺时针)	116 764	成都绕城(逆时针)	113 145
成都—仁寿	36 050	仁寿—成都	36 839

续上表

路段起止点	客运密度 （人公里/公里）	路段起止点	客运密度 （人公里/公里）
仁寿—自贡东	24 637	自贡东—仁寿	25 409
自贡东—龙贯山	10 189	龙贯山—自贡东	10 018
象鼻—白鹤林	12 061	白鹤林—象鼻	10 973
白鹤林—泸渝四川	18 115	泸渝四川—白鹤林	17 552
内江北—安居	10 064	安居—内江北	9 778
成都—红涪	55 185	红涪—成都	53 907
红涪—西眉	27 025	西眉—红涪	27 116
红涪—南充	31 273	南充—红涪	29 768
南充—武胜	18 365	武胜—南充	17 804
南充—邻水	30 430	邻水—南充	30 435
邻水—垫江	11 285	垫江—邻水	11 121
邻水—达渝四川	23 785	达渝四川—邻水	23 517
邻水—达州	23 107	达州—邻水	25 036
达州—达州南	14 035	达州南—达州	15 724
魏兴虚—万源	7 502	万源—魏兴虚	7 279
成都—三台	3 321	三台—成都	3 099
三台—遂宁东	23 246	遂宁东—三台	23 986
遂宁东—西眉	9 970	西眉—遂宁东	10 042
三台—李桥	15 809	李桥—三台	15 604
三台—张家坪	10 544	张家坪—三台	10 811
南充绕城（顺时针）	9 194	南充绕城（逆时针）	8 890
南充北—李桥	15 481	李桥—南充北	15 209
李桥—苍溪	29 645	苍溪—李桥	31 654
苍溪—张家湾	28 206	张家湾—苍溪	28 528
广元—元坝	22 153	元坝—广元	22 322
元坝—巴中西	17 978	巴中西—元坝	18 407
巴中—李桥	26 096	李桥—巴中	25 660
达县—达万四川	13 980	达万四川—达县	13 499
乐山南—峨眉山	6 710	峨眉山—乐山南	5 957
峨眉山—雅安东	7 649	雅安东—峨眉山	7 102
遂宁西—资阳东	4 923	资阳东—遂宁西	4 659
昭化—广甘四川	5 338	广甘四川—昭化	5 024
攀田—丽攀四川	3 977	丽攀四川—攀田	3 163
乐宜—内宜	6 722	内宜—乐宜	6 525
龙贯山—成自泸四川	6 734	成自泸四川—龙贯山	5 145
南梁南广邻—宾人谷	5 556	宾人谷—南梁南广邻	5 089
巴中东—魏兴	7 624	魏兴—巴中东	6 943

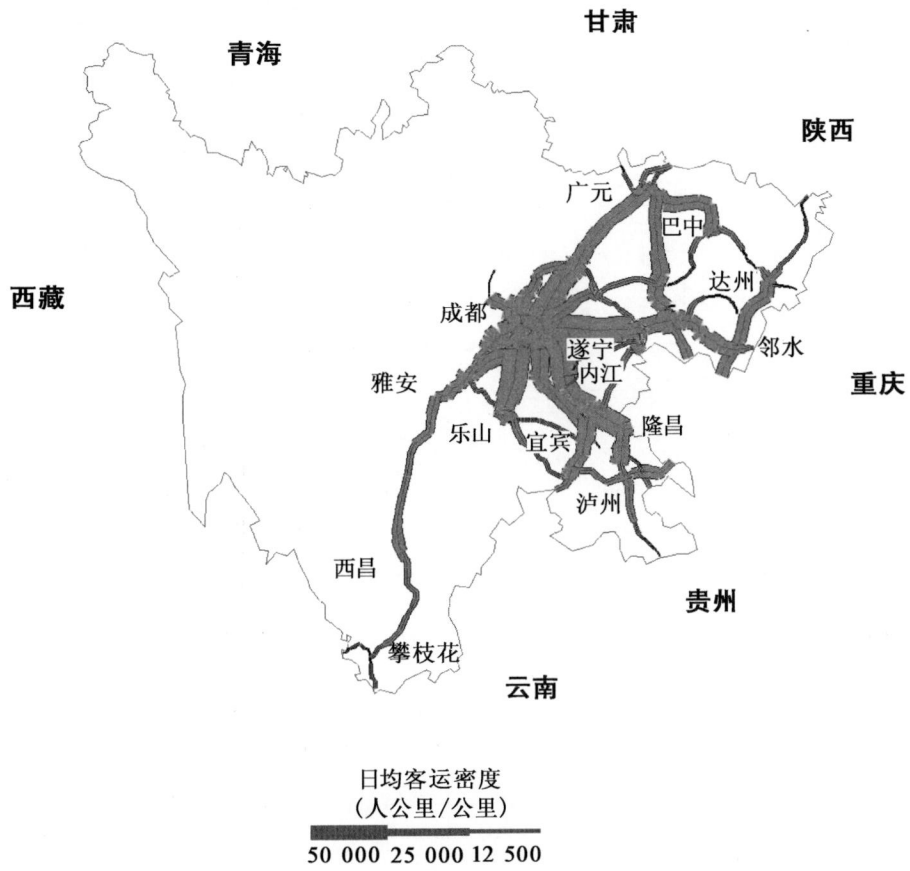

图 4.54　2014 年四川省高速公路日均客运密度

4.17.2 货运密度分布如表 4.55 和图 4.55 所示。

2014 年四川省高速公路货运密度 表 4.55

路段起止点	货运密度 （吨公里/公里）	路段起止点	货运密度 （吨公里/公里）
棋盘关—广元	82 742	广元—棋盘关	47 924
广元—绵阳	78 306	绵阳—广元	54 360
绵阳—德阳	41 464	德阳—绵阳	33 603
德阳—成都	34 837	成都—德阳	30 871
绵阳南—什邡北	44 395	什邡北—绵阳南	31 991
什邡北—成都	31 191	成都—什邡北	41 138
成都—崇州	32 541	崇州—成都	34 114
崇州—邛崃	20 429	邛崃—崇州	20 108
桑园—名山	17 999	名山—桑园	17 930
名山—汉源北	19 536	汉源北—名山	19 951
汉源北—西昌	13 841	西昌站—汉源北	14 645
西昌—盐边	10 605	盐边—西昌	13 431
盐边—田房	7 953	田房—盐边	9 974
成都机场—成都	37 758	成都—成都机场	84 525
成都—眉山	37 628	眉山—成都	55 361
眉山—乐山	22 722	乐山—眉山	34 869
乐山—宜宾北	13 240	宜宾北—乐山	8 778
名山—青龙	4 765	青龙—名山	8 411
成都—简阳	35 226	简阳—成都	19 312
简阳—内江	27 839	内江—简阳	17 138
内江—隆昌	35 548	隆昌—内江	29 034
隆昌—渔箭	17 927	渔箭—隆昌	20 135
隆昌—泸州	19 005	泸州—隆昌	13 514
泸州—纳溪	6 852	纳溪—泸州	8 166
纳溪—麻城	5 788	麻城—纳溪	3 693
内江—自贡	27 598	自贡—内江	24 129
自贡—宜宾北	26 432	宜宾北—自贡	17 927
宜宾北—四川主线	20 917	四川主线—宜宾北	12 172
成都—都江堰	7 111	都江堰—成都	11 172
都江堰—映秀	5 878	映秀—都江堰	22 108
映秀—汶川	0	汶川—映秀	1
成都绕城（顺时针）	48 038	成都绕城（逆时针）	44 387
成都—仁寿	13 266	仁寿—成都	10 708
仁寿—自贡东	14 440	自贡东—仁寿	10 091
自贡东—龙贯山	7 329	龙贯山—自贡东	4 660

续上表

路段起止点	货运密度 （吨公里/公里）	路段起止点	货运密度 （吨公里/公里）
象鼻—白鹤林	11 284	白鹤林—象鼻	8 232
白鹤林—泸渝四川	6 474	泸渝四川—白鹤林	6 340
内江北—安居	7 909	安居—内江北	12 788
成都—红涪	60 749	红涪—成都	57 298
红涪—西眉	37 764	西眉—红涪	41 344
红涪—南充	35 959	南充—红涪	33 644
南充—武胜	7 162	武胜—南充	6 411
南充—邻水	26 115	邻水—南充	43 413
邻水—垫江	19 000	垫江—邻水	18 638
邻水—达渝四川	22 702	达渝四川—邻水	17 023
邻水—达州	21 261	达州—邻水	33 686
达州—达州南	14 171	达州南—达州	16 010
魏兴虚—万源	10 387	万源—魏兴虚	17 733
达县—开江	1 079	开江—达县	601
成都—三台	6 869	三台—成都	4 340
三台—遂宁东	8 926	遂宁东—三台	6 914
遂宁东—西眉	26 227	西眉—遂宁东	28 542
三台—李桥	4 560	李桥—三台	2 413
三台—张家坪	4 920	张家坪—三台	7 450
南充绕城（顺时针）	14 384	南充绕城（逆时针）	11 138
南充北—李桥	18 072	李桥—南充北	16 671
李桥—苍溪	16 657	苍溪—李桥	17 238
苍溪—张家湾	13 851	张家湾—苍溪	17 834
广元—元坝	19 065	元坝—广元	8 892
元坝—巴中西	17 094	巴中西—元坝	3 966
乐山南—峨眉山	4 266	峨眉山—乐山南	6 523
峨眉山—雅安东	5 405	雅安东—峨眉山	5 638
巴中—李桥	2 543	李桥—巴中	7 919
遂宁西—资阳东	1 746	资阳东—遂宁西	1 276
昭化—广甘四川	4 970	广甘四川—昭化	5 446
攀田—丽攀四川	1 436	丽攀四川—攀田	2 106
乐宜—内宜	8 268	内宜—乐宜	5 850
龙贯山—成自泸四川	6 429	成自泸四川—龙贯山	2 630
南梁南广邻—赏人谷	2 800	赏人谷—南梁南广邻	2 376
巴中东—魏兴	3 738	魏兴—巴中东	872

青海　　甘肃

陕西

西藏

广元
巴中
达州
成都
邻水
遂宁
内江
雅安
重庆
隆昌
乐山
宜宾
泸州
西昌
贵州
攀枝花
云南

日均货运密度
（吨公里/公里）
50 000　25 000　12 500

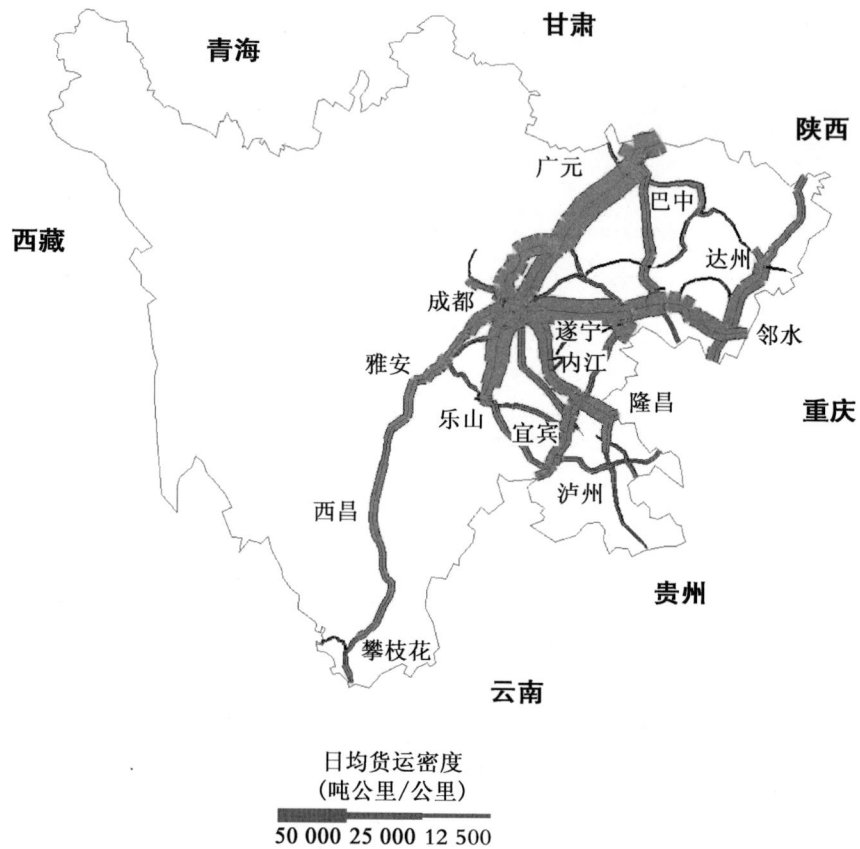

图 4.55　2014 年四川省高速公路日均货运密度

4.17.3 交通量分布如表 4.56 和图 4.56 所示。

表 4.56

2014 年四川省高速公路交通量

路段起止点	正向			反向		
	客车折算交通量（辆/日）	货车折算交通量（辆/日）	小计	客车折算交通量（辆/日）	货车折算交通量（辆/日）	小计
棋盘关—广元	1 186	5 702	6 888	1 161	6 273	7 434
广元—绵阳	5 056	12 682	17 738	5 223	13 845	19 068
绵阳—德阳	8 270	8 253	16 523	8 596	9 095	17 691
德阳—成都	15 933	8 999	24 933	16 403	8 999	25 402
绵阳南—什邡北	4 390	8 132	12 523	4 327	8 132	12 460
什邡北—成都	10 210	9 061	19 271	11 165	9 721	20 886
成都—崇州	30 215	12 377	42 593	26 517	12 264	38 780
崇州—邛崃	11 649	5 946	17 595	11 631	6 508	18 139
桑园—名山	3 868	3 963	7 831	3 431	4 419	7 850
名山—汉源北	4 629	4 171	8 800	4 525	4 171	8 695
汉源北—西昌	2 771	2 917	5 689	2 766	2 962	5 728
西昌—盐边	2 045	2 940	4 985	2 032	2 796	4 829
盐边—田房	1 268	2 002	3 271	1 338	2 203	3 541
成都机场—成都	10 257	13 809	24 066	12 457	13 782	26 239
成都—眉山	19 810	13 986	33 796	18 768	13 411	32 178
眉山—乐山	8 757	8 217	16 975	8 432	7 281	15 713
乐山—宜宾北	2 134	2 684	4 817	1 883	2 355	4 239
名山—青龙	5 352	1 969	7 321	5 473	2 158	7 631
成都—简阳	13 876	8 496	22 372	12 863	7 378	20 241
简阳—内江	8 380	6 231	14 612	7 378	5 481	12 860
内江—隆昌	7 453	7 499	14 952	7 048	7 269	14 316
隆昌—渔箭	3 519	4 178	7 697	3 667	4 312	7 979
隆昌—泸州	5 710	5 021	10 731	5 101	4 043	9 144
泸州—纳溪	2 347	2 378	4 726	2 155	2 123	4 278
纳溪—麻城	1 577	1 239	2 816	1 481	1 147	2 628
内江—自贡	6 156	6 229	12 385	6 027	5 405	11 433
自贡—宜宾北	4 988	5 585	10 573	4 772	4 505	9 277
宜宾北—四川主线	2 814	4 289	7 103	2 601	2 870	5 471
成都—都江堰	13 018	3 257	16 275	12 901	4 493	17 394
都江堰—映秀	3 848	2 365	6 214	3 793	4 527	8 321
映秀—汶川	0	0	0	1	0	1
成都绕城（顺时针）	28 780	17 600	46 380	29 756	17 349	47 105
成都—仁寿	8 067	3 569	11 636	8 006	3 261	11 267
仁寿—自贡东	5 407	3 349	8 756	5 360	2 999	8 359
自贡东—龙贯山	2 267	1 600	3 867	2 161	1 491	3 652

续上表

路段起止点	正　向		小　计	反　向		小　计
	客车折算交通量（辆/日）	货车折算交通量（辆/日）		客车折算交通量（辆/日）	货车折算交通量（辆/日）	
象鼻—白鹤林	2 502	2 415	4 917	2 279	2 070	4 349
白鹤林—泸渝四川	3 423	1 824	5 247	3 293	1 856	5 149
内江北—安居	1 777	2 133	3 910	1 691	2 465	4 157
成都—红涪	11 615	12 451	24 066	11 319	13 627	24 946
红涪—西眉	2 577	3 805	6 382	2 556	3 683	6 239
红涪—南充	6 183	7 347	13 530	5 856	7 868	13 724
南充—武胜	3 118	1 940	5 059	3 027	1 721	4 748
南充—邻水	6 031	7 922	13 953	5 977	7 983	13 960
邻水—垫江	1 909	3 602	5 511	1 928	3 910	5 838
邻水—达渝四川	4 225	4 477	8 702	4 232	4 346	8 579
邻水—达州	4 655	6 285	10 940	4 917	6 190	11 107
达州—达州南	2 755	3 947	6 703	3 149	4 471	7 621
魏兴虚—万源	1 530	3 295	4 825	1 462	2 966	4 428
达县—开江	536	231	768	494	274	768
成都—三台	4 677	1 803	6 480	4 788	1 825	6 613
三台—遂宁东	1 764	1 598	3 362	1 773	1 629	3 402
遂宁东—西眉	4 019	7 625	11 644	4 007	8 714	12 721
三台—李桥	2 140	1 017	3 157	2 161	1 097	3 258
三台—张家坪	1 841	1 662	3 503	1 766	1 486	3 252
南充绕城（顺时针）	2 754	3 373	6 127	2 752	4 058	6 809
南充北—李桥	5 780	4 154	9 934	6 353	4 714	11 067
李桥—苍溪	5 323	3 971	9 295	5 412	4 404	9 816
苍溪—张家湾	3 986	3 689	7 675	4 072	3 927	7 999
广元—元坝	2 998	3 273	6 271	3 045	3 130	6 175
元坝—巴中西	4 895	3 333	8 229	4 795	3 416	8 211
乐山南—峨眉山	3 479	1 527	5 006	3 290	1 634	4 924
峨眉山—雅安东	1 442	1 177	2 619	1 268	1 673	2 941
巴中—李桥	136	163	300	125	147	272
遂宁西—资阳东	1 113	566	1 679	1 052	606	1 658
昭化—广甘四川	1 033	1 080	2 113	999	976	1 975
攀田—丽攀四川	909	725	1 635	723	624	1 347
乐宜—内宜	1 341	1 423	2 764	1 303	1 689	2 992
龙贯山—成自泸四川	1 425	1 376	2 801	1 035	875	1 910
南梁南广邻—寰人谷	1 267	1 175	2 442	1 142	685	1 827
巴中东—魏兴	1 671	904	2 576	1 535	951	2 486

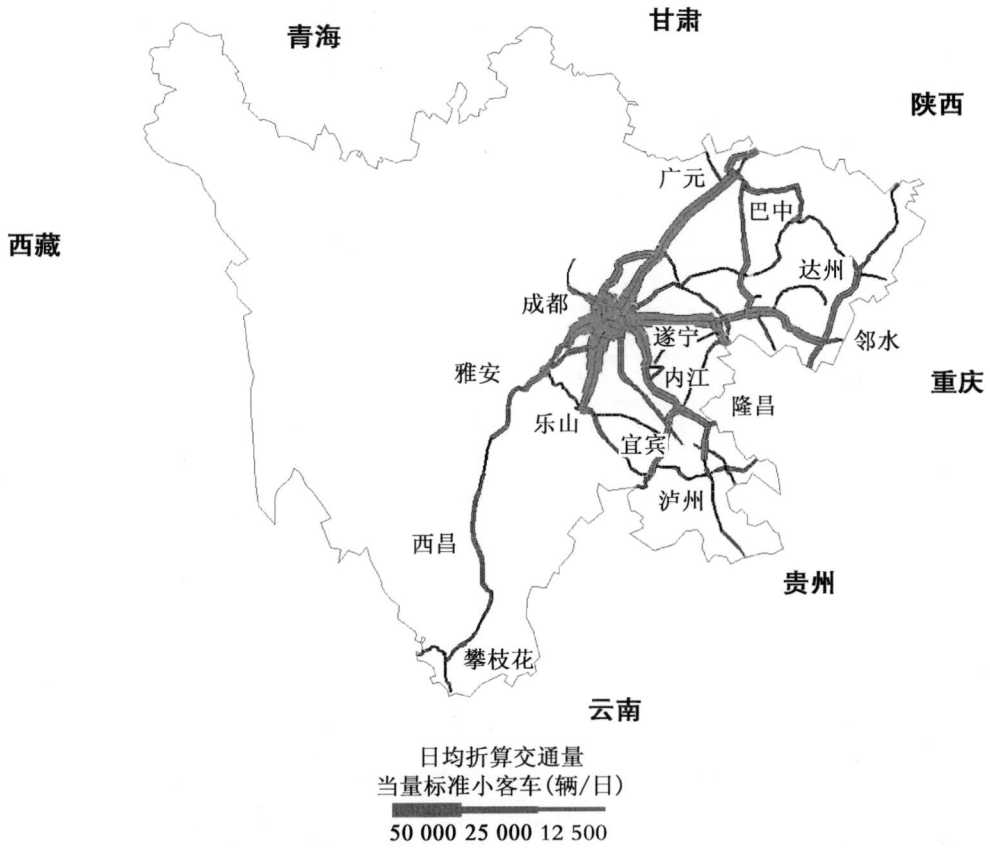

青海

甘肃

陕西

西藏

广元

巴中

达州

成都

遂宁

邻水

重庆

雅安

内江

乐山

隆昌

西昌

宜宾

泸州

贵州

攀枝花

云南

日均折算交通量
当量标准小客车(辆/日)

50 000 25 000 12 500

图 4.56　2014 年四川省高速公路日均交通量

4.18 陕西省高速公路运输密度

4.18.1 客运密度分布如表 4.57 和图 4.57 所示。

2014 年陕西省高速公路客运密度 表 4.57

路段起止	客运密度 （人公里/公里）	路段起止	客运密度 （人公里/公里）
陕蒙界—榆林	6 070	榆林—陕蒙界	4 830
榆林—店塔	8 998	店塔—榆林	8 973
榆林—靖边	12 005	靖边—榆林	11 723
靖边—延安南	12 138	延安南—靖边	11 700
延安南—铜川	18 701	铜川—延安南	18 455
铜川—聂冯（环城）	32 661	聂冯（绕城）—铜川	29 670
新筑—禹门口	20 293	禹门口—新筑	20 443
灞桥—潼关	33 673	潼关—灞桥	33 278
香王—商洛西	21 186	商洛西—香王	22 046
商洛西—界碑	7 554	界碑—商洛西	7 773
阎村—漫川关主线	5 715	漫川关主线—阎村	5 712
曲江—五里	13 812	五里—曲江	12 834
流水—陕川界	5 232	陕川界—流水	5 069
河池寨—汉中	22 548	汉中—河池寨	21 757
汉中—宁强	11 495	宁强—汉中	11 408
三桥—咸阳西	65 641	咸阳西—三桥	60 215
咸阳西—杨凌	48 265	杨凌—咸阳西	42 480
杨凌—宝鸡	27 856	宝鸡—杨凌	24 371
宝鸡—陈仓	6 231	陈仓—宝鸡	5 585
六村堡—永寿南	41 572	永寿南—六村堡	41 032
永寿南—彬县	21 908	彬县—永寿南	22 582
彬县—陕甘界	12 812	陕甘界—彬县	12 477
汉城—机场	47 571	机场—汉城	46 392
法门寺—太白山	3 235	太白山—法门寺	3 035
西安南环城（逆时针）	47 944	西安南环城（顺时针）	48 759
西安北环城（逆时针）	35 879	西安北环城（顺时针）	34 218
牛家梁—史家湾	5 610	史家湾—牛家梁	5 558
吴堡主线—靖边	3 142	靖边—吴堡主线	3 125
靖边—王圈梁	7 856	王圈梁—靖边	7 669
陕西壶口—富县	2 558	富县—陕西壶口	2 726
富县—张家湾	778	张家湾—富县	771
虢镇—陇关	2 660	陇关—虢镇	2 643

路段起止	客运密度 （人公里/公里）	路段起止	客运密度 （人公里/公里）
茅坪—安康	2 127	安康—茅坪	2 131
安康—汉中	3 934	汉中—安康	3 843
汉中东—略阳	3 364	略阳—汉中东	3 271
神木—府谷	4 442	府谷—神木	4 400
渭南东—孙镇	10 112	孙镇—渭南东	9 651
商州—商洛	6 388	商洛—商州	6 185
榆林—陕西佳县	2 585	陕西佳县—榆林	2 471
沿河立交—吴起	3 614	吴起—沿河立交	3 481
马庄—旬邑	5 503	旬邑—马庄	3 525

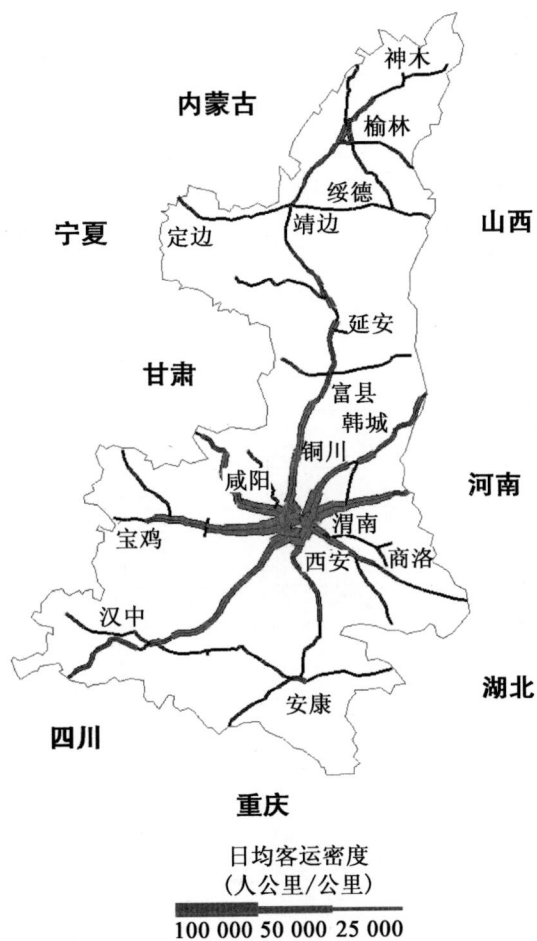

图 4.57　2014 年陕西省高速公路日均客运密度

4.18.2　货运密度分布如表 4.58 和图 4.58 所示。

2014 年陕西省高速公路货运密度 表 4.58

路段起止点	货运密度 （吨公里/公里）	路段起止点	货运密度 （吨公里/公里）
陕蒙界—榆林	65 768	榆林—陕蒙界	12 483
榆林—店塔	8 776	店塔—榆林	21 482
榆林—靖边	86 419	靖边—榆林	18 903
靖边—延安南	96 593	延安南—靖边	27 174
延安南—铜川	99 445	铜川—延安南	50 735
铜川—聂冯（环城）	90 961	聂冯（绕城）—铜川	36 096
新筑—禹门口	21 545	禹门口—新筑	37 653
灞桥—潼关	89 686	潼关—灞桥	122 068
香王—商洛西	132 858	商洛西—香王	65 428
商洛西—界碑	89 840	界碑—商洛西	44 154
阎村—漫川关主线	37 773	漫川关主线—阎村	22 873
曲江—五里	22 827	五里—曲江	10 294
流水—陕川界	16 397	陕川界—流水	9 697
河池寨—汉中	71 166	汉中—河池寨	44 381
汉中—宁强	84 452	宁强—汉中	44 953
三桥—咸阳西	55 516	咸阳西—三桥	43 837
咸阳西—杨凌	62 738	杨凌—咸阳西	44 855
杨凌—宝鸡	57 272	宝鸡—杨凌	39 885
宝鸡—陈仓	34 358	陈仓—宝鸡	24 263
六村堡—永寿南	57 433	永寿南—六村堡	101 556
永寿南—彬县	53 496	彬县—永寿南	77 198
彬县—陕甘界	49 718	陕甘界—彬县	57 284
汉城—机场	7	机场—汉城	4
法门寺—太白山	3 265	太白山—法门寺	803
西安南环城（逆时针）	38 626	西安南环城（顺时针）	48 499
西安北环城（逆时针）	89 554	西安北环城（顺时针）	115 634
牛家梁—史家湾	41 174	史家湾—牛家梁	8 427
吴堡主线—靖边	63 902	靖边—吴堡主线	92 391
靖边—王圈梁	62 778	王圈梁—靖边	53 035
陕西壶口—富县	4 660	富县—陕西壶口	5 614
富县—张家湾	869	张家湾—富县	868
虢镇—陇关	3 656	陇关—虢镇	9 163
茅坪—安康	2 290	安康—茅坪	1 356
安康—汉中	2 590	汉中—安康	3 201
汉中东—略阳	4 934	略阳—汉中东	1 890
神木—府谷	65 530	府谷—神木	8 762
渭南东—孙镇	10 980	孙镇—渭南东	15 942
商州—商洛	3 062	商洛—商州	3 716
榆林—陕西佳县	8 088	陕西佳县—榆林	4 060
沿河立交—吴起	1 327	吴起—沿河立交	872
马庄—旬邑	1 532	旬邑—马庄	4 892

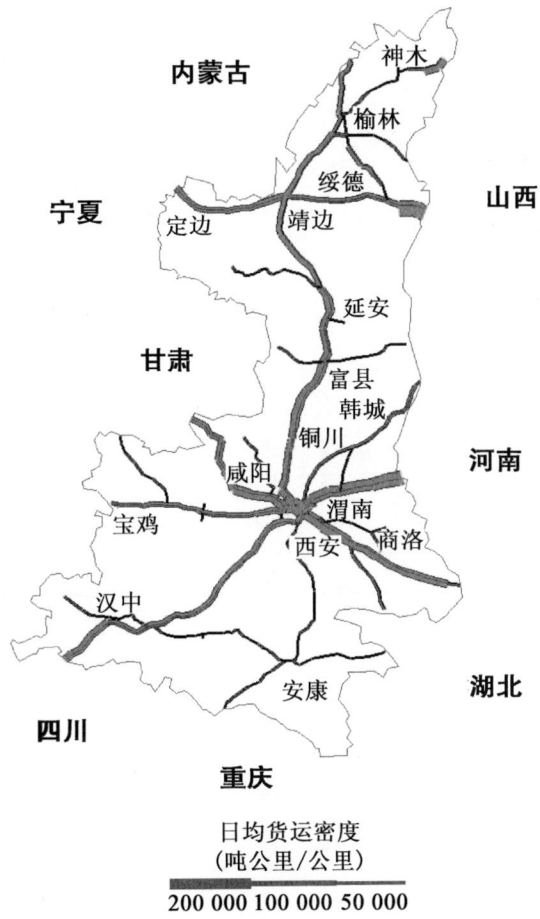

图 4.58 2014 年陕西省高速公路日均货运密度

4.18.3 道路负荷分布如表 4.59 和图 4.59 所示。

2014 年陕西省高速公路轴载　　　　　　　　　　表 4.59

路段起止点	轴载 （标准轴载当量轴次/日）	路段起止点	轴载 （标准轴载当量轴次/日）
陕蒙界—榆林	15 106	榆林—陕蒙界	2 753
榆林—店塔	2 126	店塔—榆林	4 539
榆林—靖边	17 591	靖边—榆林	3 860
靖边—延安南	21 314	延安南—靖边	4 941
延安南—铜川	22 164	铜川—延安南	10 071
铜川—聂冯（环城）	23 371	聂冯（绕城）—铜川	7 498
新筑—禹门口	3 862	禹门口—新筑	8 631
灞桥—潼关	13 771	潼关—灞桥	24 472
香王—商洛西	28 792	商洛西—香王	10 672
商洛西—界碑	17 592	界碑—商洛西	6 951
阎村—漫川关主线	10 181	漫川关主线—阎村	3 739
曲江—五里	6 909	五里—曲江	1 926
流水—陕川界	4 876	陕川界—流水	2 088
河池寨—汉中	16 530	汉中—河池寨	6 790
汉中—宁强	18 977	宁强—汉中	6 893
三桥—咸阳西	13 884	咸阳西—三桥	10 492
咸阳西—杨凌	15 706	杨凌—咸阳西	10 126
杨凌—宝鸡	14 424	宝鸡—杨凌	8 251
宝鸡—陈仓	8 059	陈仓—宝鸡	5 014
六村堡—永寿南	11 963	永寿南—六村堡	26 586
永寿南—彬县	9 711	彬县—永寿南	19 533
彬县—陕甘界	8 040	陕甘界—彬县	13 859
汉城—机场	1	机场—汉城	0
法门寺—太白山	770	太白山—法门寺	333
西安南环城（逆时针）	7 510	西安南环城（顺时针）	10 665
西安北环城（逆时针）	19 123	西安北环城（顺时针）	24 324
牛家梁—史家湾	9 389	史家湾—牛家梁	1 835
吴堡主线—靖边	8 996	靖边—吴堡主线	23 765
靖边—王圈梁	7 963	王圈梁—靖边	12 084
陕西壶口—富县	1 166	富县—陕西壶口	1 354
富县—张家湾	267	张家湾—富县	262
虢镇—陇关	1 160	陇关—虢镇	2 914
茅坪—安康	748	安康—茅坪	438
安康—汉中	696	汉中—安康	858
汉中东—略阳	813	略阳—汉中东	325
神木—府谷	13 338	府谷—神木	2 019
渭南东—孙镇	1 795	孙镇—渭南东	3 952
商州—商洛	922	商洛—商州	766
榆林—陕西佳县	1 472	陕西佳县—榆林	690
沿河立交—吴起	424	吴起—沿河立交	305
马庄—旬邑	451	旬邑—马庄	1 524

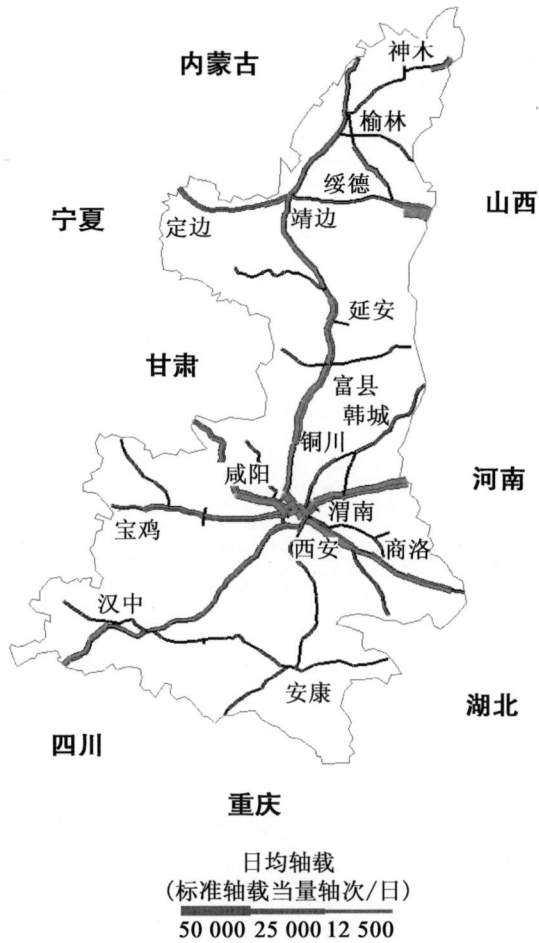

日均轴载
(标准轴载当量轴次/日)

50 000 25 000 12 500

图 4.59　2014 年陕西省高速公路日均轴载

4.18.4 交通量分布如表4.60和图4.60所示。

2014年陕西省高速公路交通量　　　　　　　　　表4.60

路段起止点	正　向		小　计	反　向		小　计
	客车折算交通量（辆/日）	货车折算交通量（辆/日）		客车折算交通量（辆/日）	货车折算交通量（辆/日）	
陕蒙界—榆林	1 359	7 028	8 387	1 092	6 028	7 120
榆林—店塔	2 235	3 464	5 699	2 230	3 492	5 722
榆林—靖边	2 769	9 793	12 562	2 684	10 951	13 635
靖边—延安南	2 682	10 741	13 423	2 583	11 005	13 588
延安南—铜川	3 892	11 530	15 422	3 854	11 818	15 672
铜川—聂冯（环城）	7 902	11 634	19 536	7 638	12 249	19 887
新筑—禹门口	4 870	5 560	10 430	4 887	5 348	10 235
灞桥—潼关	7 469	12 960	20 429	7 449	16 454	23 903
香王—商洛西	3 928	15 103	19 031	3 912	11 657	15 569
商洛西—界碑	1 315	9 833	11 148	1 333	7 045	8 378
阎村—漫川关主线	1 126	4 474	5 600	1 122	4 180	5 302
曲江—五里	2 711	3 108	5 819	2 569	3 542	6 111
流水—陕川界	1 172	2 350	3 522	1 145	2 565	3 710
河池寨—汉中	3 847	8 951	12 798	3 775	10 031	13 806
汉中—宁强	2 113	10 057	12 170	2 121	10 375	12 496
三桥—咸阳西	16 025	10 172	26 197	14 593	8 767	23 360
咸阳西—杨凌	10 700	9 855	20 555	9 146	8 221	17 367
杨凌—宝鸡	6 390	8 079	14 469	5 633	6 767	12 400
宝鸡—陈仓	1 434	4 422	5 856	1 257	3 544	4 801
六村堡—永寿南	9 098	13 236	22 334	9 110	12 427	21 537
永寿南—彬县	4 138	10 204	14 342	4 299	9 253	13 552
彬县—陕甘界	2 377	7 712	10 089	2 338	6 943	9 281
汉城—机场	12 100	9	12 109	11 792	11	11 803
法门寺—太白山	729	456	1 185	699	451	1 150
西安南环城（逆时针）	13 987	7 368	21 355	14 191	8 391	22 582
西安北环城（逆时针）	10 156	16 256	26 412	9 879	17 722	27 601
牛家梁—史家湾	1 607	4 351	5 958	1 602	3 321	4 923
吴堡主线—靖边	832	10 137	10 969	821	9 729	10 550
靖边—延安南	1 829	9 033	10 862	1 767	7 311	9 078
陕西壶口—富县	548	829	1 377	541	824	1 365
富县—张家湾	212	209	421	213	250	463
虢镇—陇关	727	1 064	1 791	711	1 133	1 844
茅坪—安康	467	526	993	467	374	841
安康—汉中	849	581	1 430	835	619	1 454
汉中东—略阳	752	745	1 497	729	673	1 402
神木—府谷	1 194	6 845	8 039	1 210	16 356	17 566
渭南东—孙镇	2 422	2 524	4 946	2 259	2 257	4 516
商州—商洛	1 515	752	2 267	1 453	767	2 220
榆林—陕西佳县	772	1 145	1 917	750	1 609	2 359
沿河立交—吴起	896	335	1 231	850	324	1 174
马庄—旬邑	1 477	1 105	2 582	1 023	653	1 676

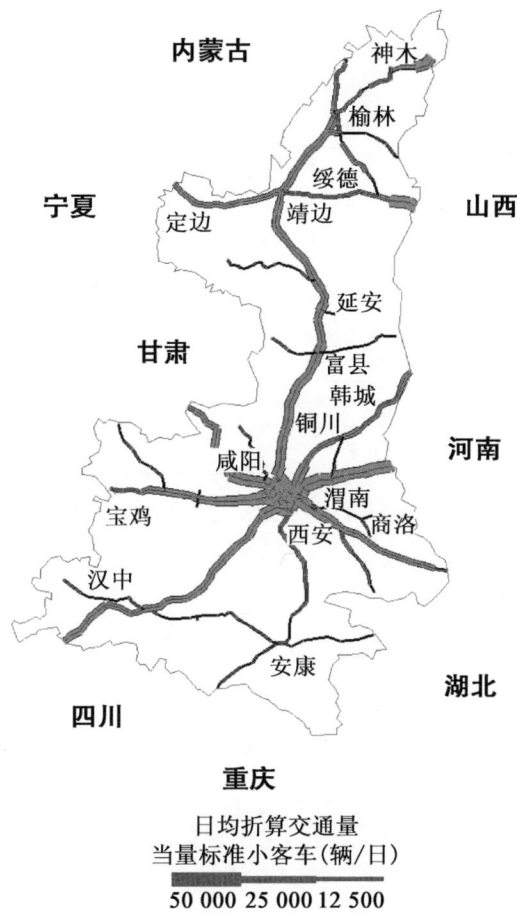

图 4.60 2014 年陕西省高速公路日均交通量

4.19 贵州省高速公路运输密度

4.19.1 客运密度分布见表 4.61 和图 4.61。

2014 年贵州省高速公路客运密度

表 4.61

路段起止点	客运密度 （人公里/公里）	路段起止点	客运密度 （人公里/公里）
黔渝界松坎主线—桐梓	23 372	桐梓—黔渝界松坎主线	22 508
桐梓—遵义	30 509	遵义—桐梓	29 818
遵义—黔川界茅台主线	27 465	黔川界茅台主线—遵义	26 412
遵义—金沙	12 632	金沙—遵义	12 247
金沙—毕节	6 248	毕节—金沙	5 960
遵义—息烽	60 186	息烽—遵义	64 135
息烽—贵阳	79 462	贵阳—息烽	87 463
贵阳—清镇	55 492	清镇—贵阳	63 605
清镇—安顺	51 272	安顺—清镇	49 717
安顺—普定	5 016	普定—安顺	5 435
安顺—晴隆	24 649	晴隆—安顺	22 376
晴隆—黔滇界胜境关主线	12 867	黔滇界胜境关主线—晴隆	11 629
晴隆—兴仁	5 404	兴仁—晴隆	5 608
惠水—紫云	5 990	紫云—惠水	7 880
紫云—兴仁	5 925	兴仁—紫云	4 908
兴仁—兴义	15 861	兴义—兴仁	15 977
兴义—黔滇界岔江主线	4 242	黔滇界岔江主线—兴义	3 505
兴义—黔桂界板坝主线	5 960	黔桂界板坝主线—兴义	5 577
贵阳绕城（顺时针）	29 754	贵阳绕城（逆时针）	29 373
贵阳—贵定	64 251	贵定—贵阳	62 841
贵定—台江	45 781	台江—贵定	45 961
台江—三穗	33 211	三穗—台江	34 558
三穗—铜仁	21 773	铜仁—三穗	23 142
龙里—都匀	9 180	都匀—龙里	9 984
都匀—榕江	5 363	榕江—都匀	5 188
榕江—黔桂界雷洞主线	2 657	黔桂界雷洞主线—榕江	2 481
从江—黎平	3 097	黎平—从江	4 140
都匀—黔桂界新寨主线	18 574	黔桂界新寨主线—都匀	17 878
独山—荔波	1 731	荔波—独山	1 800
赤水—怀仁	6 306	怀仁—赤水	6 851
遵义汇川区高坪镇—绥阳	14 381	绥阳—遵义汇川区高坪镇	15 077
遵义—思南	28 546	思南—遵义	27 417

路段起止点	客运密度 (人公里/公里)	路段起止点	客运密度 (人公里/公里)
思南—镇远	3 845	镇远—思南	3 564
贵阳—惠水	15 457	惠水—贵阳	16 969
安顺—六枝	3 347	六枝—安顺	3 581
盘县—水城	2 997	水城—盘县	3 616
毕节—周家院主线	349	周家院主线—毕节	221
惠水—断杉	4 092	断杉—惠水	331
大方—黔西	96	黔西—大方	95
黔西—织金	633	织金—黔西	249
麻江—瓮安	7 473	瓮安—麻江	3 906
遵义绕城(顺)	3 686	遵义绕城(逆)	3 839
思南—铜仁	13 219	铜仁—思南	12 171
铜仁北—铜仁大兴	9 634	铜仁大兴—铜仁北	7 738
铜仁—黄板	1 713	黄板—铜仁	223
贵阳小绕(顺)	5 156	贵阳小绕(逆)	6 252
镇宁—魏旗站	1 883	魏旗站—镇宁	2 262
凯里北—丹寨	2 672	丹寨—凯里北	2 844

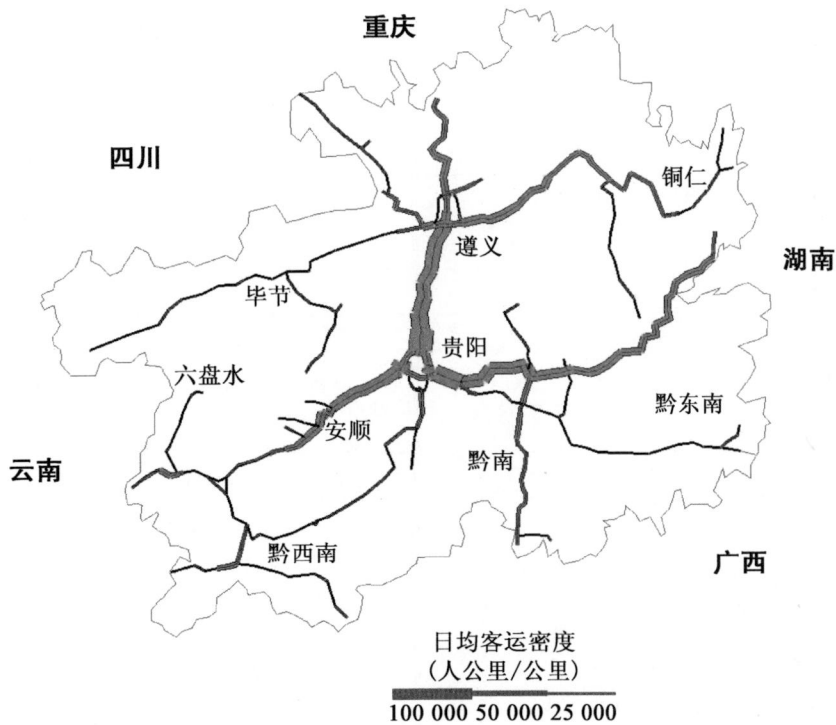

图 4.61 2014 年贵州省高速公路日均客运密度

4.19.2　货运密度分布见表 4.62 和图 4.62。

2014 年贵州省高速公路货运密度　　　　　　　　　　表 4.61

路段起止点	货运密度 （吨公里/公里）	路段起止点	货运密度 （吨公里/公里）
黔渝界松坎主线—桐梓	22 902	桐梓—黔渝界松坎主线	19 461
桐梓—遵义	22 456	遵义—桐梓	21 084
遵义—黔川界茅台主线	11 545	黔川界茅台主线—遵义	9 307
遵义—金沙	3 711	金沙—遵义	3 889
金沙—毕节	1 906	毕节—金沙	1 469
遵义—息烽	29 041	息烽—遵义	29 147
息烽—贵阳	31 464	贵阳—息烽	34 309
贵阳—清镇	24 209	清镇—贵阳	23 395
清镇—安顺	34 002	安顺—清镇	34 518
安顺—普定	1 634	普定—安顺	2 094
安顺—晴隆	25 222	晴隆—安顺	28 642
晴隆—黔滇界胜境关主线	22 851	黔滇界胜境关主线—晴隆	28 151
晴隆—兴仁	3 537	兴仁—晴隆	2 045
惠水—紫云	1 832	紫云—惠水	1 859
紫云—兴仁	2 443	兴仁—紫云	2 432
兴仁—兴义	6 460	兴义—兴仁	6 241
兴义—黔滇界岔江主线	5 024	黔滇界岔江主线—兴义	9 472
兴义—黔桂界板坝主线	13 724	黔桂界板坝主线—兴义	5 670
贵阳绕城（顺时针）	23 735	贵阳绕城（逆时针）	21 435
贵阳—贵定	52 634	贵定—贵阳	56 133
贵定—台江	40 509	台江—贵定	45 466
台江—三穗	28 710	三穗—台江	37 037
三穗—铜仁	16 266	铜仁—三穗	20 572
龙里—都匀	1 860	都匀—龙里	1 658
都匀—榕江	1 997	榕江—都匀	1 512
榕江—黔桂界雷洞主线	850	黔桂界雷洞主线—榕江	1 047
从江—黎平	758	黎平—从江	1 031
都匀—黔桂界新寨主线	24 497	黔桂界新寨主线—都匀	23 263
独山—荔波	223	荔波—独山	145
赤水—怀仁	3 781	怀仁—赤水	3 121
遵义汇川区高坪镇—绥阳	1 365	绥阳—遵义汇川区高坪镇	795
遵义—思南	9 934	思南—遵义	7 353
思南—镇远	1 203	镇远—思南	579
贵阳—惠水	4 590	惠水—贵阳	3 149
安顺—六枝	1 171	六枝—安顺	603

续上表

路段起止点	货运密度 (吨公里/公里)	路段起止点	货运密度 (吨公里/公里)
盘县—水城	1 829	水城—盘县	967
毕节—周家院主线	171	周家院主线—毕节	129
惠水—断杉	966	断杉—惠水	75
大方—黔西	39	黔西—大方	24
黔西—织金	231	织金—黔西	660
麻江—瓮安	2 185	瓮安—麻江	722
遵义绕城(顺)	2 323	遵义绕城(逆)	1 985
思南—铜仁	4 414	铜仁—思南	6 354
铜仁北—铜仁大兴	3 976	铜仁大兴—铜仁北	5 903
铜仁—黄板	274	黄板—铜仁	49
贵阳小绕(顺)	2 344	贵阳小绕(逆)	2 207
镇宁—魏旗站	980	魏旗站—镇宁	867
凯里北—丹寨	455	丹寨—凯里北	499

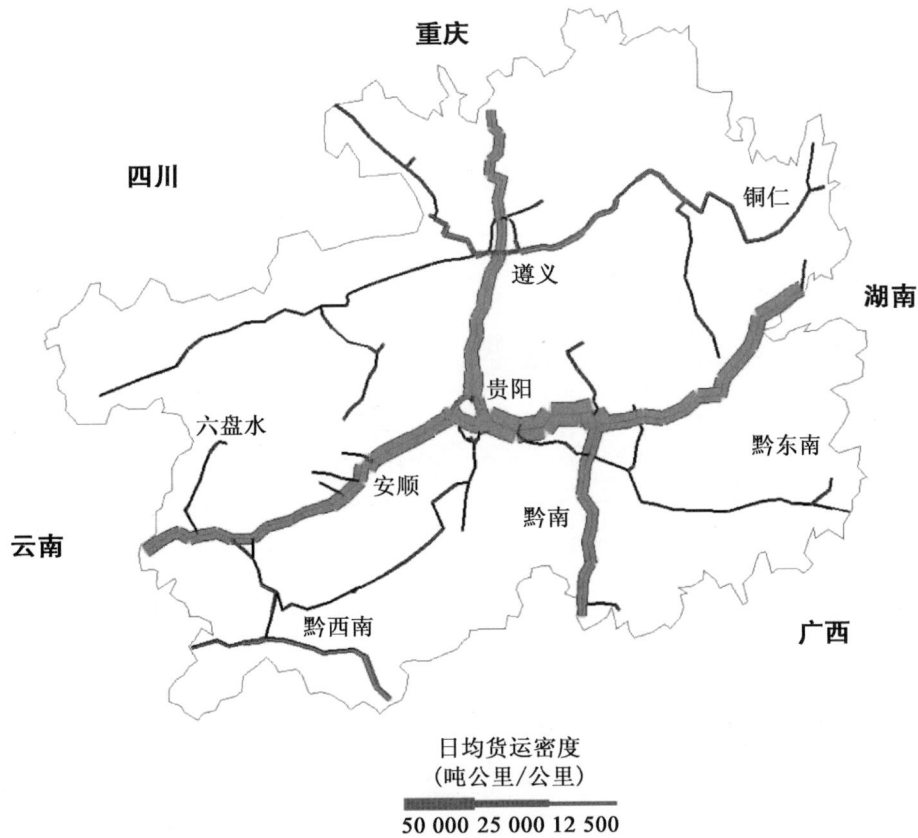

图 4.62 2014 年贵州省高速公路日均货运密度

— 195 —

4.19.3 交通量分布如表 4.63 和图 4.63 所示。

2014 年贵州省高速公路交通量 表 4.63

路段起止点	正 向			反 向		
	客车折算交通量（辆/日）	货车折算交通量（辆/日）	小 计	客车折算交通量（辆/日）	货车折算交通量（辆/日）	小 计
黔渝界松坎主线—桐梓	3 931	3 589	7 520	3 906	3 713	7 619
桐梓—遵义	5 512	4 001	9 513	5 538	4 052	9 590
遵义—黔川界茅台主线	6 110	2 546	8 656	6 097	2 564	8 661
遵义—金沙	2 464	1 204	3 668	2 429	940	3 369
金沙—毕节	1 246	470	1 716	1 260	438	1 698
遵义—息烽	11 567	5 941	17 508	11 763	5 770	17 533
息烽—贵阳	15 933	6 785	22 718	16 009	7 292	23 301
贵阳—清镇	12 399	5 543	17 942	13 113	6 537	19 650
清镇—安顺	9 399	6 588	15 987	9 160	6 382	15 542
安顺—普定	1 181	577	1 758	1 159	558	1 717
安顺—晴隆	4 224	4 610	8 834	4 059	4 427	8 486
晴隆—黔滇界胜境关主线	2 601	3 813	6 414	2 570	4 143	6 713
晴隆—兴仁	1 144	727	1 871	1 101	493	1 594
惠水—紫云	1 276	521	1 797	1 537	413	1 950
紫云—兴仁	1 069	689	1 758	1 138	535	1 673
兴仁—兴义	3 183	1 725	4 908	3 240	1 595	4 835
兴义—黔滇界岔江主线	685	1 103	1 788	664	1 570	2 234
兴义—黔桂界板坝主线	1 027	1 833	2 860	1 018	1 068	2 086
贵阳绕城（顺时针）	5 051	4 672	9 723	5 212	4 370	9 582
贵阳—贵定	11 181	8 845	20 026	10 806	9 259	20 065
贵定—台江	7 438	6 309	13 747	7 487	7 328	14 815
台江—三穗	4 986	4 409	9 395	5 135	5 602	10 737
三穗—铜仁	3 760	2 646	6 406	3 896	3 224	7 120
龙里—都匀	2 058	534	2 592	1 968	566	2 534
都匀—榕江	892	472	1 364	930	430	1 360
榕江—黔桂界雷洞主线	420	273	693	440	232	672
从江—黎平	674	262	936	682	325	1 007
都匀—黔桂界新寨主线	2 307	3 793	6 100	2 483	3 241	5 724
独山—荔波	319	71	390	332	75	407
赤水—怀仁	1 462	853	2 315	1 442	772	2 214
遵义汇川区高坪镇—绥阳	3 027	564	3 591	3 017	601	3 618
遵义—思南	5 285	2 167	7 452	5 143	2 409	7 552
思南—镇远	803	305	1 108	814	237	1 051
贵阳—惠水	3 591	1 382	4 973	3 653	1 045	4 698
安顺—六枝	895	345	1 240	904	425	1 329

续上表

路段起止点	正　向		小　计	反　向		小　计
	客车折算交通量（辆/日）	货车折算交通量（辆/日）		客车折算交通量（辆/日）	货车折算交通量（辆/日）	
盘县—水城	956	370	1 326	1 013	464	1 477
毕节—周家院主线	103	27	130	65	34	99
惠水—断杉	910	271	1 181	146	44	190
大方—黔西	28	13	41	26	12	38
黔西—织金	178	89	267	95	108	203
麻江—瓮安	1 788	638	2 426	911	410	1 321
遵义绕城（顺）	790	527	1 317	801	687	1 488
思南—铜仁	1 962	1 158	3 120	1 757	1 225	2 982
铜仁北—铜仁大兴	1 350	1 014	2 364	906	994	1 900
铜仁—黄板	513	124	637	60	26	86
贵阳小绕（顺）	1 482	687	2 169	1 532	815	2 347
镇宁—魏旗站	387	285	672	443	296	739
凯里北—丹寨	507	139	646	559	138	697

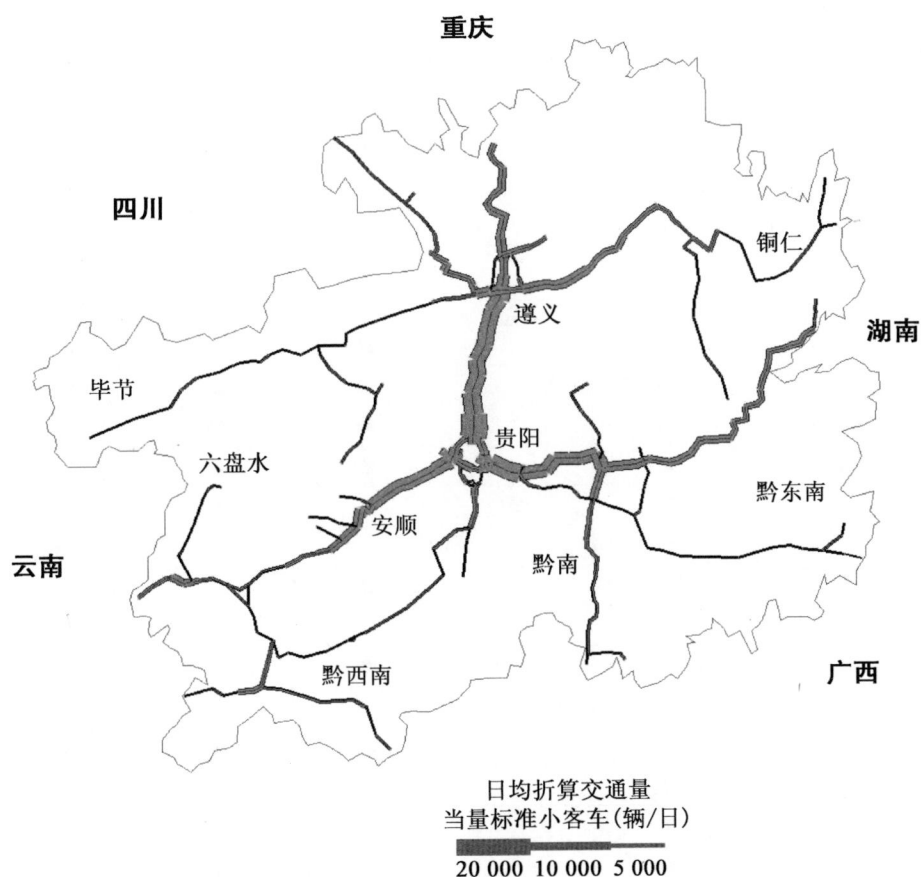

图 4.63　2014 年贵州省高速公路日均交通

附　录

附录1　各省(区、市)高速公路收费系统数据库信息类型

2014年,广东省高速公路进一步拓展计重收费里程。高速公路运输量统计主要数据来源更加完善,见附表1。

2014年度各省(区、市)收费系统数据库信息　　　　附表1

省(区、市)	车型	客车车型	货车车型	货车轴型	货车轴重	货车总重	货车轴数
北京	●						
天津		●		●		●	
河北		●		●	●	●	
山西		●		●	●	●	
内蒙古		●				●	●
辽宁		●				●	●
吉林		●				●	●
黑龙江		●		●	●	●	
上海		●	●				
江苏		●		●	●	●	
浙江		●				●	●
安徽		●				●	●
福建		●		●	●	●	
江西		●		●	●	●	
山东		●		●	●	●	
河南		●		●	●	●	
湖北		●		●	●	●	
湖南		●		●	●	●	
广东		●	●		●	●	●
广西		●				●	●
重庆		●		●		●	
四川		●				●	●
贵州		●		●		●	
云南		●				●	●
陕西		●		●		●	
甘肃		●				●	●
宁夏		●		●	●	●	
青海		●		●	●	●	
新疆		●				●	●

注:1. 表中●项表示数据库中有该项信息;

2. 海南省高速公路因不设收费站,无数据库信息。

附录2　各省(区、市)客车收费车型划分标准

北京、天津、河北、山西、内蒙古、辽宁、吉林、黑龙江、上海、江苏、浙江、安徽、江西、福建、山东、湖南、广西、四川、贵州、云南、陕西、宁夏、青海、新疆等省(区、市)执行部标 JT/T 489—2003《收费公路车辆通行费车型分类》(见附表2)。

收费客车车型划分(JT/T 489—2003)　　　　　　　　　　附表2

车型	Ⅰ	Ⅱ	Ⅲ	Ⅳ
座位数	≤7	8～19	20～39	≥40

其他省市见附表3～附表7。

河南省收费客车车型划分　　　　　　　　　　附表3

车型	Ⅰ	Ⅱ	Ⅲ
座位数	≤9	10～29	≥30

湖北省收费客车车型划分　　　　　　　　　　附表4

车型	Ⅰ	Ⅱ	Ⅲ	Ⅳ	Ⅴ
座位数	≤5	6～17	18～30	31～50	≥51

广东省收费客车车型划分　　　　　　　　　　附表5

车型	Ⅰ	Ⅱ	Ⅲ	Ⅳ
轴数	2	2	2	3
轮胎数	2～4	4	6	6～10
车头高度(m)	<1.3	≥1.3	≥1.3	≥1.3
轴距(m)	<3.2	≥3.2	≥3.2	≥3.2

重庆市收费客车车型划分　　　　　　　　　　附表6

车型	Ⅰ	Ⅱ	Ⅲ	Ⅳ
座位数	≤9	10～25	26～50	≥51

注:鸡石、通建、玉江高速公路路段执行上述标准;其余路段执行部颁标准(JT/T 489—2003)。

甘肃省收费客车车型划分　　　　　　　　　　附表7

车型	Ⅰ	Ⅱ	Ⅲ	Ⅳ
座位数	≤6	7～20	21～50	51

附录3　运输结构主要数据说明

在统计运输指标时,没有包括香港、澳门特别行政区和台湾省相关数据。各省(区、市)(不含海南省)已通车而相关数据未进入收费系统数据库的路段运输量也未计入。

高速公路运输结构指标性数据的处理和统计学测试等项参见《2008中国高速公路运输量调查分析报告》。

高速公路运输量统计调查工作采取统一核算方式。派专人到各省(区、市)高速公路管理部门和业主单位采集收费系统数据库数据和相关资料。全部数据汇总后,集中进行处理、核算和分析,撰写调查分析报告。

统一核算方式有助于提高高速公路运输量统计数据的质量,增强运输经济运行分析的可信度。同时,可以减轻各省(区、市)被调查部门和单位的工作量。

1. 高速公路运输与国民经济

(1)每万元国内生产总值(按现价计算)的高速公路货运量

$$=\frac{年度全国高速公路货运量(吨)}{年度国内生产总值(按当年价格计算)(万元)}$$

(2)每万元国内生产总值(按现价计算)的高速公路货物周转量

$$=\frac{年度全国高速公路货物周转量(吨公里)}{年度国内生产总值(按当年价格计算)(万元)}$$

(3)全国平均每人高速公路乘车次数

$$=\frac{年度全国高速公路客运量(人次)}{年度全国总人口}$$

(4)全国平均每人高速公路乘行距离(公里)

$$=\frac{年度全国高速公路旅客周转量(人公里)}{年度全国总人口}$$

2. 高速公路基础设施

(1)通车里程(公里)是指高速公路已建成通车的里程。

(2)车道里程(公里)是用于车辆通行的主线车道的长度,用于反映公路的综合通行能力。

(3)平均车道数(条)$=\dfrac{车道里程(公里)}{通车里程(公里)}$。

3. 高速公路交通状况

(1)货车在行驶量中比重(%)$=\dfrac{货车行驶量(车公里)}{行驶量(车公里)}$。

(2)路负荷以标准轴载当量轴次计。

在取得车辆轴重数据的省(区、市),绝大部分可按照部标《公路沥青路面设计规范》(JTG D50—2006)计算各个路段的道路负荷。

4. 高速公路旅客运输

(1)客运量(亿人)

为避免重复计算,全国高速公路客运量只汇总各省(区、市)的省(区、市)内客运量和出省(区、市)客运量。有23个省(区、市)(里程占全国高速公路通车里程的81.27%)可以同时求取高速公路客运量和旅客周转量两项指标;其他省(区、市)可以求取高速公路旅客周转量指标。通过23个省(区、市)的高速公路旅客周转量在全国高速公路旅客周转量中的比重,放大推算全国高速公路客运量。

(2)客运密度(万人公里/公里)

客运密度(万人公里/公里)$=\dfrac{旅客周转量(万人公里)}{通车里程(公里)}$

客运密度是指每公里高速公路上通过的旅客人数。客运密度分布是把各个路段的客运密度汇总在某一干线、某一省(区、市)或全国高速公路路网上。

(3)旅客平均行程(公里)

旅客平均行程(公里)$=\dfrac{旅客周转量(亿人公里)}{客运量(亿人)}$

旅客平均行程是指旅客在高速公路网中的旅行距离,是旅客完成一次旅行总距离的一部分。由23个省(区、市)(里程占全国高速公路通车里程的81.27%)的旅客周转量除以省(区、市)内客运量和出省

（区、市）客运量之和得到的。

（4）省（区、市）内旅客平均行程（公里）

省（区、市）内旅客平均行程（公里），由 23 个省（区、市）（里程占全国高速公路通车里程的 81.27%）的省（区、市）内旅客周转量除以省（区、市）内客运量得到的。

（5）跨省（区、市）的旅客平均行程（公里）

跨省（区、市）的旅客平均行程（公里），由 23 个省（区、市）（里程占全国高速公路通车里程的 81.27%）的跨省（区、市）旅客周转量除以出省（区、市）的客运量得到的。

（6）客车平均速度（公里/小时）

$$每辆客车的速度 = \frac{客车行驶距离（公里）}{运行时间（小时）}$$

这里的运行时间是指出口时刻与入口时刻之差，包括行驶时间、服务区（或停车区）休息时间、路边暂停时间以及出口交费等待时间。

客车平均速度由河北、江苏、山东、福建、湖北、湖南、四川、山西、河南、陕西、江西、广西、安徽和重庆等 14 个省（区、市）数据计算出的。

（7）高速公路客运结构分析

①≤7 座客运车辆在客车车数中的比重（%）。

②≤7 座客运车辆人数在客运量中的比重（%）。

③≤7 座客运车辆完成的周转量在旅客周转量中的比重（%）。

未执行部标（JT/T 489—2003）《收费公路车辆通行费车型分类》的省市，统计时把 I 型客车划入≤7 座客运车辆项目内。

④客运车辆平均座位数和乘坐率

大多数省（区、市）执行部标（JT/T 489—2003）《收费公路车辆通行费车型分类》，通过收费站的调查，求取各个车型客运车辆的平均座位数和乘坐率：

$$车型客运车辆的平均乘坐率（%） = \frac{该车型客运车辆乘客数}{该车型客运车辆座位数}$$

⑤轿车平均乘坐人数（人/车）

它是指 5 座轿车的平均乘坐人数（人/车）$= \dfrac{轿车乘客数（人）}{轿车数（车）}$。通过在收费站的调查求得。

5. 高速公路货物运输

（1）货运量（亿吨）

各省（区、市）高速公路货运量包括省（区、市）内货运量、出省（区、市）货运量、进省（区、市）货运量和穿越货运量。

为避免重复计算，全国高速公路货运量只汇总各省（区、市）的省（区、市）内货运量和出省省（区、市）货运量。有 23 个省（区、市）（里程占全国高速公路通车里程的 81.27%）可以同时求取高速公路货运量和货物周转量两项指标；其他省（区、市）可以求取高速公路货物周转量指标。通过 23 个省（区、市）的高速公路货物周转量在全国高速公路货物周转量中的比重，放大推算全国高速公路货运量。

（2）货运密度（万吨公里/公里）

$$货运密度（万吨公里/公里） = \frac{货物周转量（万吨公里）}{通车里程（公里）}$$

货运密度是每公里高速公路上通过的货物量。货运密度分布是把各个路段的货运密度汇总在某一干线、某一省区市或全国高速公路路网上。

（3）货物平均运距（公里）

$货物平均运程（公里） = \dfrac{货物周转量（亿吨公里）}{货运量（亿吨）}$，仅指货物在高速公路网中的运输距离，是货物完成一次运输过程总距离的一部分。由23个省(区、市)(里程占全国高速公路通车里程的81.27%)的货物周转量除以省(区、市)内货运量和出省(区、市)货运量之和求出。

(4)省(区、市)内货物平均运距(公里)

省(区、市)内货物平均运距(公里),由23个省(区、市)(里程占全国高速公路通车里程的81.27%)的省(区、市)内货物周转量除以省(区、市)内货运量求出。

(5)跨省(区、市)的货物平均运距(公里)

跨省(区、市)的货物平均运距(公里),由23个省(区、市)(里程占全国高速公路通车里程的81.27%)的跨省货物周转量除以出省(区、市)货运量求出。

(6)货车平均速度(公里/小时)

$$每辆货车的速度(公里/小时)=\frac{货车行驶距离(公里)}{运行时间(小时)}$$

这里的运行时间是指出口时刻与入口时刻之差,包括行驶时间、服务区(或停车区)休息时间、路边暂停时间以及出口交费等待时间。

货车平均速度由河北、江苏、山东、福建、湖北、湖南、山西、河南、陕西、江西、广西、安徽和重庆等13个省(区、市)数据求出。

(7)高速公路货运结构分析

①货车轴型构成

货车轴型构成是指各种轴型货车在高速公路网的货车车数、货车行驶量以及完成的货物周转量中的比重。轴型按轴数、轮胎数、单一车体和汽车列车划分为2轴4胎、2轴6胎、3轴和4轴单车以及半挂列车4大类。

②货车空驶状况

货车空驶状况用空车走行率来衡量。

$$空车走行率(\%)=\frac{空车行驶量(车公里)}{重车行驶量(车公里)}$$

③货车超限运输状况

车辆的轴载质量限值按国标GB 1589—2004《道路车辆外廓尺寸、轴载及质量限值》规定为:

单轴(每侧单轮胎)7吨;

单轴(每侧双轮胎)10吨;

并装双轴(每侧双轮胎)18吨(每少两个轮胎减4吨);

并装三轴(每侧双轮胎)24吨(每少两个轮胎减少4吨)。

根据车辆轴型确定车辆总质量限值。

按照行政治超的限值规定,车辆总质量的限值为:

2轴货车　20吨;

3轴货车　30吨;

4轴货车　40吨;

5轴货车　50吨;

6轴货车　55吨。

分别按两种规定的限值,计算超限0~30%(含30%),30%~50%(含50%),50%~100%(含100%)以及>100%的超限运输车辆在货车总数中的比重(超限率)。

6.县乡运输量比重(%)

县乡运输量比重是指从县级及县级以下地区内的高速公路收费站进入的客运量和货运量与总客运量和总货运量之比。

所列指标根据河北、山西、辽宁、江苏、浙江、安徽、江西、福建、山东、河南、湖北、湖南、广西、陕西、甘肃等 15 个省区(里程占全国高速公路通车里程的 61.41%)统计得到。其中江苏省长江以南地区、浙江省杭州、嘉兴、湖州、绍兴、宁波五市全部辖区都列入城市区域。

7.省(区、市)的穿越车流状况

省(区、市)的穿越车流是指起止点都不在省(区、市)域高速公路网内的车流。穿越车流与被穿越的省份社会经济发展并无直接关系,但这部分车流的畅通影响全国高速公路网整体平稳有序的运营。

8.道路负荷分布

按照 JTG D50—2006《公路沥青路面设计规范》的规定,标准轴载为单轴双胎轴载 10 吨。

各型车轴标准轴载当量轴次 m 为:

(1) 单轴单胎　　$m=6.4\times\left(\dfrac{P}{10}\right)^{4.35}$;

(2) 单轴双胎　　$m=1.0\times\left(\dfrac{P}{10}\right)^{4.35}$;

(3) 双联轴单胎　$m=2.2\times6.4\times\left(\dfrac{P}{20}\right)^{4.35}$;

(4) 双联轴双胎　$m=2.2\times\left(\dfrac{P}{20}\right)^{4.35}$;

(5) 三联轴单胎　$m=3.4\times6.4\times\left(\dfrac{P}{30}\right)^{4.35}$;

(6) 三联轴双胎　$m=3.4\times\left(\dfrac{P}{30}\right)^{4.35}$。

式中:P——该型车轴的总轴重(吨)。

高速公路多为沥青路面,上述当量轴次算式用在以设计弯沉值为指标及沥青层层底拉应力验算时。

省(市)的道路负荷分布是把各个路段的标准轴载当量轴次汇总在省(市)高速公路路网上。

9.交通量分布

按交通运输部办公厅文件《关于调整公路交通情况调查车型分类及折算系数的通知》(厅规划字〔2010〕205 号),对公路交通情况调查机动车车型分类和公路交通情况调查机动车型折算系数参考值进行了修订,其中与高速公路有关的车型划分见附表8。

公路交通情况调查机动车型折算系数参考值　　　　　　附表 8

序　号	车　型	特　征　值	当量标准小客车换算系数
1	小型客车	≤19 座	1.0
2	大型客车	≥20 座	1.5
3	小型货车	载货量≤2 吨	1.0
4	中型货车	>2 吨,≤7 吨	1.5
5	大型货车	>7 吨,≤14 吨	3.0
6	特大型货车	>14 吨	4.0
7	拖挂车		4.0
8	集装箱车		4.0

把公路交通情况调查机动车型折算系数参考值与部标 JT/T 489—2003《收费公路车辆通行费车型分类》(见附表 2)对照后,高速公路客车交通量的当量标准小客车换算系数可按附表 9 计算。

高速公路客车的当量标准小客车换算系数 附表9

收 费 车 型	座 位 数	交 通 车 型	当量标准小客车换算系数
Ⅰ 型	≤7	小型客车	1.0
Ⅱ 型	8～19	小型客车	1.0
Ⅲ 型	20～39	大型客车	1.5
Ⅳ 型	≥40	大型客车	1.5

在附表2中一些省(市)收费客车车型划分与部标 JT/T 489—2003 有出入,但是也可以参照部颁标准进行划分。

将高速公路货车按轴型分类后,与公路交通情况调查机动车型折算系数参考值对比后,高速公路货车交通量的当量标准小客车换算系数可按附表10计算。

2014 高速公路货车的当量标准小客车换算系数 附表10

轴 型	轴 数	交 调 车 型	当量标准小客车换算系数
	2 轴 4 胎	小型货车	1.0
	2 轴 6 胎	中型货车	1.23
	3 轴单车	大型货车	3.0
	4 轴单车	大型货车	3.0
	4 轴半挂列车	拖挂车、集装箱车	4.0
	5 轴半挂列车		
	6 轴半挂列车		

省(市)的交通量分布是把各个路段(含重车和空车)的标准小客车当量车次汇总在省(市)高速公路路网上。

2014年中国高速公路客运密度

客运密度图例（人公里/公里）

—— <2 000 001
—— 2 000 001～5 000 000
—— 5 000 001～10 000 000
—— 10 000 001～50 000 000
—— >50 000 000
----- 未纳入统计

乌鲁木齐

哈尔滨
长春
沈阳

呼和浩特
北京
天津
石家庄
济南
银川
太原
西宁
兰州
郑州
西安
合肥 南京
上海
拉萨
成都
武汉
杭州
重庆
南昌
长沙
福州
贵阳
台北
昆明
广州
南宁
香港
澳门
东沙群岛
海口

南宁
广东
海南
香港
澳门
东沙群岛
台湾
西沙群岛
中沙群岛
南沙群岛

南海诸岛

2014年中国高速公路货运密度

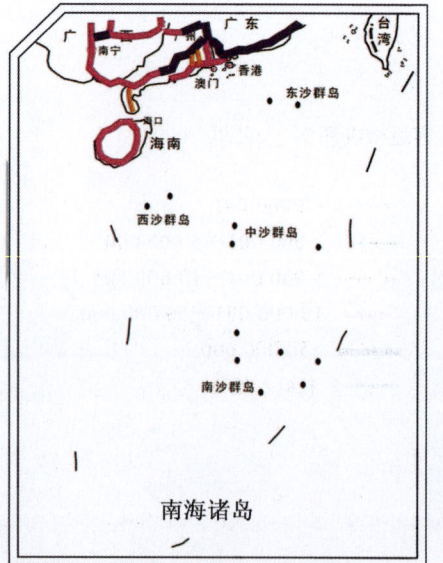

乌鲁木齐

哈尔滨

长春

沈阳

呼和浩特

北京

天津

银川

石家庄

太原

济南

西宁

兰州

郑州

西安

合肥 南京

上海

成都

武汉

杭州

拉萨

重庆

南昌

长沙

福州

贵阳

台北

昆明

广州

南宁

香港

澳门

东沙群岛

海口

货运密度图例(吨公里/公里)

——	<2 000 001
——	2 000 001～5 000 000
——	5 000 001～10 000 000
——	10 000 001～50 000 000
——	>50 000 000
- - -	未纳入统计

广 广东 台湾

南宁 澳门 香港 东沙群岛

海南

西沙群岛 中沙群岛

南沙群岛

南海诸岛